La
biblia del
feng shui

La biblia del feng shui

Guía definitiva para practicar el feng shui

Simon Brown

Primera edición: abril de 2011
Primera reimpresión: enero de 2016
Tercera reimpresión: enero de 2024

Título original: *The Feng Shui Bible*

Traducción: Miguel Iribarren

Publicado originalmente en Reino Unido, 2005,
por Godsfield, una división de Octopus Publishing Group Ltd.,
Carmelite House 50 Victoria Embankment Londres EC4Y 0DZ

Copyright © Octopus Publishing Group Ltd, 2005, 2009
Del texto © Simon Brown, 2005, 2009

De la presente edición:
© Distribuciones Alfaomega S.L., Gaia Ediciones, 2010, 2015, 2020, 2023
   Alquimia, 6 - 28933 Móstoles (Madrid)
   Tel.: 91 617 08 67
   www.grupogaia.es - grupogaia@grupogaia.es

ISBN: 978-84-8445-339-0
Depósito legal: M. 31.181-2015

Impreso en Malasia

Cualquier forma de reproducción, distribución, comunicación pública
o transformación de esta obra solo puede ser realizada con la
autorización de sus titulares, salvo excepción prevista por la ley.
Diríjase a CEDRO (Centro Español de Derechos Reprográficos,
www.cedro.org) si necesita fotocopiar o escanear
algún fragmento de esta obra.

ÍNDICE

Las bases del feng shui 6
Los pilares básicos del feng shui 64
Directorio del feng shui 94
- El feng shui y tu hogar 104
- El feng shui y tu salud 124
- El feng shui y tus estados de ánimo 146
- El feng shui y tus relaciones 170
- El feng shui y tu creatividad 198
- El feng shui y tu economía 226
- El feng shui y cambiar de casa 248
- El feng shui y tu familia 276
- El feng shui y tu profesión 308
- El feng shui y la naturaleza 328
- El feng shui y tu vida espiritual 350

Glosario 384
Índice 389
Sobre el autor 398
Agradecimientos 400

LAS BASES DEL FENG SHUI

INTRODUCCIÓN

A pesar de su actual popularidad, el feng shui no es un fenómeno nuevo: desde la antigüedad la gente ha tratado de poner riendas a las fuerzas naturales y a la energía de la tierra para intentar mejorar su entorno y su calidad de vida. Actualmente, cuando la existencia nos plantea tantos desafíos, es esencial conseguir que las fuerzas de la naturaleza trabajen a nuestro favor para poder expresar nuestro pleno potencial y crear un ambiente más positivo en el que conseguir el éxito, y aquí es donde el feng shui nos ofrece tantas respuestas.

El feng shui se ha convertido en un fenómeno importante en todo el mundo: lo usan todos los estratos de la sociedad, desde los famosos y las grandes corporaciones hasta los vecinos de tu calle, porque intuitivamente vemos que tiene sentido: en el am-

Usa el feng shui para crear el mejor ambiente en el que tu familia pueda prosperar.

biente adecuado te sientes mejor y puedes funcionar a plena capacidad. Y lo que es más importante, pronto comprobarás que el feng shui funciona realmente y que puede ayudarte a mejorar, no sólo tu casa y tu entorno inmediato, tu salud y tus estados de ánimo, sino también tus relaciones, creatividad, economía, vida familiar, profesión y tu vida espiritual.

Éstas son algunas de las mejoras que puedes experimentar haciendo uso del feng shui:

- Más control de tu propio destino
- Mejor comprensión de la vida
- Un ambiente más feliz en tu hogar
- Mayor conciencia de las fuerzas naturales
- La capacidad de crear un entorno que ayude a desarrollar tu pleno potencial

El feng shui no ofrece soluciones mágicas; más bien te ayuda a crecer y disponer de los medios necesarios para interiorizar el poder que te rodea y vivir tu vida al máximo.

Cómo sacar el máximo partido de este libro

El conocimiento contenido en esta libro te permitirá vivir el sueño feng shui y utilizar a tu favor la energía de tu entorno. Es una guía que te llevará desde el principio mismo hasta el final. Leyendo este libro puedes llegar a dominar:

- Los **conceptos clave** que constituyen los fundamentos del feng shui (véanse páginas 12-63). Si los entiendes, todo lo demás tendrá mucho sentido. Aprende qué es el feng shui y cómo funciona, y este fascinante tema pasará del ámbito del mito y la superstición a ser una ciencia natural, algo que es casi de sentido común.

- Los **diferentes estilos del feng shui**, que a veces puede parecer que se contradicen entre ellos. Aquí se explica cada escuela de feng shui (véase página 20) para que puedas identificar rápidamente los distintos estilos y reconocer desde dónde parten otras actitudes o personas.

- **El chi** (véase página 24), que es el «material» fundamental en el que se basa la práctica del feng shui: una carga sutil de energía electromagnética que conecta tu propia energía emocional con el espacio que te rodea. La combinación y mezcla de tu propio chi con el chi de tu hogar es lo que define cómo te sentirás en él.

- **Yin y yang** (véase pág. 28). Estas palabras describen cómo reaccionas al chi

Para decidir qué tipo de silla usar y dónde sentarte has de combinar todos los conceptos del feng shui.

que se mezcla con tu campo energético. Yin y yang son dos polaridades opuestas y complementarias que establecen la conexión vital entre tú y todo lo demás.

- Los **cinco elementos** (madera, fuego, tierra, metal y agua; véase página 30), que generan un ciclo en el que interactúan cinco tipos de chi diferentes para aportar soluciones a problemas comunes.

- Los **cinco animales** (fénix, tigre, tortuga, dragón y serpiente; véase página 34), que ofrecen maravillosas reflexiones sobre cómo el simple hecho de sentarte en cierto lugar de la habitación puede hacer que te sientas mejor.

- Los **ocho trigramas** (véase página 36), que dan carácter y color a los ocho tipos de chi diferentes. Simplemente integrando más de una de estas energías puedes ajustar cómo te sientes y tu percepción de la vida.

- El **cuadrado mágico** (véase página 42), que es el sistema que lo aúna todo y te permite aplicar todas las formas del feng shui a tu hogar, a tu jardín, a la astrología y a ti mismo.

- Los **ladrillos básicos del feng shui** (véanse páginas 64-93), que son los factores que marcan la verdadera diferencia para sentirse en casa.

- Los **elementos de diseño,** que definen la energía emocional de un hogar (véanse páginas 66-75). Lee esta sección antes de redecorar o renovar una casa para poder hacer elecciones informadas y diseñar un ambiente óptimo para ti.

- **Remedios feng shui** (véanse páginas 78-93), soluciones que puedes emplear para mejorar cómo te sientes en tu hogar sin tener que emprender reformas drásticas. Se trata de artículos que puedes comprar fácilmente (o tal vez ya tengas) y que puedes situar estratégicamente para cambiar la energía que te rodea.

- Los procesos que tienes que aprender para **adaptar el feng shui a tus necesidades personales**. Aprende a trabajar con los planos de la vivienda, haz un mapa feng shui de tu hogar y lee cómo fluye la energía en cada habitación (véanse páginas 104-123).

- **La aplicación del feng shui a los problemas de la vida real**, con sugerencias para mejorar tu salud (véanse páginas 124-145), estados de ánimo (véanse páginas 146-169), relaciones (véanse páginas 170-197), creatividad (véanse páginas 198-225), economía (véanse páginas 226-247), vida familiar (véanse páginas 276-307), profesión (véanse páginas 308-327) y espiritualidad (véanse páginas 350-383). El directorio también incluye secciones sobre cuándo y cómo cambiar de casa (véanse páginas 248-275) y cómo conectar mejor con el entorno natural que te rodea (véanse páginas 328-349).

Esta habitación tan llena y con tanto dibujo estimula la vista, pero no es adecuada para un descanso profundo.

¿QUÉ ES EL FENG SHUI?

ELEMENTOS VITALES

Feng shui se traduce literalmente como «viento y agua». La mezcla, la interacción, el flujo y la interpenetración de estos dos elementos generadores de vida describen de manera óptima la energía esencial (conocida como «chi») que forma la base del feng shui.

Lo fundamental del feng shui es entender cómo interactúas con tu entorno. Teniendo en cuenta que tu hogar tiene una gran influencia sobre tu vida (y como es algo sobre lo que tienes control), en la práctica, el feng shui tiende a centrarse en los espacios donde vive la gente.

Evidentemente, también puedes aplicar el feng shui a tu entorno de trabajo, a tu jardín, a tu cafetería favorita y a cualquier espacio donde te guste pasar tiempo. Entendiendo las conexiones vitales del feng shui puedes cambiar las cosas que más influyen en ti, y por tanto cambiar también cómo te sientes.

Los orígenes del feng shui

El feng shui se remonta a las antiguas civilizaciones de Egipto, India y China. De hecho, muchos edificios de la antigüedad, como los círculos de piedra de Europa, los grandes templos aztecas de Centroamérica y las pirámides de Egipto son ejemplos del proceso básico de emplear estructuras construidas por la mano del hombre para influir en los sentimientos de la gente.

Las piedras se usaban como antenas para acumular y extender la energía del cielo y la tierra, para cargar y vitalizar un área. Los círculos de piedra como Stonehenge en el Reino Unido se diseñaron para que los rayos de sol del amanecer se dirigieran hacia su centro, intensificando todo el efecto. Las grandes pirámides de Egipto y los templos aztecas de América Central usaban su estructura pirami-

dal para combinar las energías naturales de la tierra con las procedentes del espacio, y para contenerlas en sus cámaras centrales. Una vez más, se emplea-

Las pirámides son uno de los primeros ejemplos de cómo el ser humano puso riendas al chi.

ban aperturas para hacer que los rayos del sol bañaran el corazón del edificio.

Los pueblos antiguos tenían una gran conciencia del sistema solar y eran capaces de calcular con gran precisión los solsticios de verano y de invierno, y los equinoccios de primavera y otoño. Las construcciones estaban diseñadas para que el sol concentrara toda su fuerza en ellas durante alguna de estas poderosas fases.

La influencia china

Los principios básicos que constituyen el feng shui moderno se originaron en China. La cultura china ya había incorporado el concepto de que el chi, una carga de energía electromagnética sutil, conecta a las personas con el mundo que les rodea. Los conceptos de yin y yang, los cinco elementos y los trigramas definieron cómo ocurren estas interacciones. Estos conceptos se usaron en las diversas tradiciones chinas de curación, filosofía, astrología y artes marciales, unificando todas las disciplinas por medio de hilos comunes. Los especialistas simplemente

Se considera que China es el país donde se originó el feng shui. Parte del reto del feng shui moderno es adoptar un contexto global.

aplicaban los mismos principios a diferentes sujetos y objetos.

Al filósofo (y posterior emperador) Fu Hsi se le atribuye el mérito de haber aplicado los principios básicos a los edificios, cuando diseñó su «cuadrado mágico» (también conocido como «ba gua»). Por tanto, se le puede considerar el padre del feng shui tal como lo conocemos.

El desarrollo del feng shui

Como muchas otras antiguas formas de manipular la energía extendidas por todo el mundo, el feng shui se aplicó inicialmente a los cementerios. Con el tiempo, su radio de acción se amplió para incluir edificios importantes. De hecho, es posible que fuera una práctica secreta, restringida a los poderosos y lejos del alcance de las masas. Durante el periodo del comunismo chino que siguió a la Segunda Guerra Mundial, el feng shui fue suprimido y sólo floreció en áreas circundantes como Japón, Hong Kong, Taiwán, Singapur, Malasia y Corea. Ahora se conoce en todo el globo.

Cómo funciona el feng shui

El feng shui funciona sobre la base de que tienes un campo de energía que circula a través y alrededor de tu cuerpo. Esta energía constituye el «aura» que te rodea; la energía fluye dentro de ti a través de centros de actividad llamados «chakras», y recorre senderos conocidos como «meridianos». Esta carga sutil de energía electromagnética transporta tus pensamientos, ideas y emociones a cada célula de tu cuerpo. El proceso va en ambas direcciones, por lo que tu manera de usar el cuerpo también influye en tu mente y en tu corazón. Esta dinámica por la que la energía carga y colorea cada una de tus células vincula tu ser físico con tu ser emocional.

Además, tu energía superficial se mezcla con el ambiente que te rodea, produciéndose cambios sutiles en tu manera de pensar y sentir. Esta mezcla con las energías externas, prolongada en el tiempo, puede llegar a afectar a tu cuerpo físico. Las influencias externas que pueden actuar sobre tu campo energético son muchas y variadas, y entre ellas se incluyen los paisajes, las ciudades, las personas con las que vives, tu hogar y puesto de trabajo, el tiempo atmosférico, la energía solar, la luna y la posición de los planetas.

Tu energía emocional está interactuando constantemente con la energía de tu hogar; en consecuencia, algunos de tus sentimientos reflejan el lugar donde vives. Y no sólo eso, sino que tu energía se derrama hacia las habitaciones donde pasas tiempo, llenando su atmósfera con algunas de tus emociones.

En resumen: tus pensamientos, sentimientos e ideas se mezclan constantemente con el mundo que te rodea, y siempre estás siendo influido por las diferentes energías que entran en tu campo energético. Al mismo tiempo, tú irradias energía que se dispersa en el espacio que ocupas.

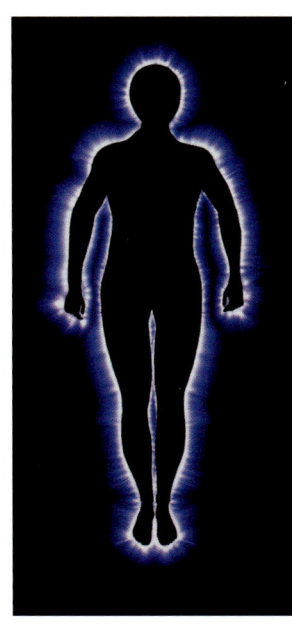

Todo ser vivo está rodeado por un campo energético que puede verse usando la fotografía Kirlian.

¿QUÉ PUEDE HACER EL FENG SHUI POR TI?

APLICACIONES DEL FENG SHUI

Experimenta y trata de aplicar el feng shui a tu:

- *Salud*
- *Estados de ánimo*
- *Relaciones*
- *Creatividad*
- *Capacidad de gestionar tu economía*
- *Vida familiar*
- *Profesión*
- *Espiritualidad*

Al asumir el control de cómo la energía que te rodea se mezcla con tu propia energía, puedes empezar a ajustar cómo te sientes. El objetivo es identificar lo que tienes que cambiar dentro de ti para tener más éxito en la vida. De modo que, si necesitas más confianza para tener éxito en tu profesión, usa el feng shui para potenciarla en lugar de asumir que éste hará que tengas más éxito en tu profesión.

Con este razonamiento puedes aplicar el feng shui a cualquier aspecto de tu vida sobre el que tengas una influencia directa. Por ejemplo: para tener más amigos podrías tener que hacerte más expresivo; para conseguir mejores resultados en las entrevistas quizá deberías ser más asertivo; y para disfrutar de una buena relación con alguien tal vez debieras mostrar una mayor comprensión. El feng shui no puede ayudarte con los eventos que están fuera de tu control. Por eso es poco probable que el dinero empiece a llegar sin más, que surja de la nada el amante perfecto o que el secreto de la vida eterna se te revele de repente.

Trasladarse de casa puede precipitar cambios duraderos conforme vayas viviendo en el nuevo entorno.

¿Es un problema al que se le puede aplicar el feng shui?

Una clave importante de la posible eficacia del feng shui es ver si tus problemas empezaron después de un traslado o después de haber realizado cambios en tu casa. Mira si puedes asociar el efecto de la mudanza sobre tus emociones con el feng shui de tu nuevo hogar. Otra clave es la historia de tu casa. Si varios de sus residentes anteriores sufrieron problemas similares (descalabro económico, divorcio o mala salud), comprueba el feng shui de tu hogar y mira si hay una causa o razón identificable.

Si no se ha producido un traslado o una reforma, es posible que tu hogar tenga menos relevancia, pero en cualquier caso el feng shui puede mejorar las áreas de tu vida que requieren atención. A veces sólo hace falta un pequeño cambio en tu energía para que se produzcan enormes alteraciones.

LISTA DE CONSULTA FENG SHUI

1. *¿Empezaron tus problemas después de cambiar de casa?*
2. *¿Has experimentado dificultades desde que hiciste cambios en tu hogar?*
3. *¿Las personas que vivieron antes en tu casa sufrieron dificultades similares?*

Si respondes sí a cualquiera de estas preguntas, comprueba si el feng shui de tu hogar guarda relación con los problemas que estás experimentando.

MITOS Y SUPERSTICIÓN

El feng shui se basa en una serie de conceptos subjetivos, y los conceptos no son la realidad misma. El feng shui simplemente es un modo de percibir el mundo. La clave no está en qué conceptos son correctos o equivocados, sino en qué conceptos o sistema de creencias es mejor para ti. Si eliges adoptar la percepción feng shui del universo tendrás ideas interesantes sobre cómo interactuar mejor con tu entorno y nuevas percepciones sobre cómo mejorar tu vida.

Como muchas otras disciplinas, algunos principios del feng shui son de sentido común, pero otros requieren ampliar la credulidad incluso de sus seguidores más fieles. Para evitar los mitos y la superstición es importante entender la disciplina y remitirse constantemente a los conceptos clave que tienen sentido para ti. Cualquier cosa que uses como remedio feng shui debe cambiar la energía de un espacio o tu manera de absorberla. Por ejemplo, una planta irradia su propia energía viviente, y por tanto cambia la energía de una habitación; girar tu cama te expone a una energía diferente mientras duermes.

Diferencias culturales

En la cultura china, ciertos objetos tienen una influencia simbólica, y no ejercen el mismo impacto en las personas que son ajenas a esa cultura. Por ejemplo, un sapo de tres patas tiene connotaciones específicas para algunos chinos, y cada vez que lo ven sienten algo especial. Algunos de estos objetos no cambian el ambiente de un espacio, sino que dependen de un sistema de creencias basado en el mito y la superstición.

MITO FRENTE A REALIDAD

- *Sapos de tres patas.* Se dice que traen buena suerte, pero esta creencia se basa en un arraigado simbolismo cultural.

- *Espejos ba gua.* Se dice que reflejan y alejan la energía negativa de un espacio, pero hablando estrictamente en términos del flujo del chi, el espejo ba gua es similar a cualquier otro.

- *Dragones.* Se usan para alejar los espíritus malignos, pero sólo funcionan si la persona cree en ellos.

- *Imágenes de agua.* Se usan como sustituto del agua real, aunque no cambian el entorno como lo cambia el agua de verdad.

- *Flautas.* Se recomiendan para elevar la energía, pero su uso se basa en la cultura china.

- *Bendiciones.* Los maestros espirituales bendicen ciertos objetos que después son llevados a un espacio para cambiar la suerte del mismo; su éxito depende de que ese objeto absorba el chi del maestro y lo irradie intensamente a lo largo del tiempo.

- *Plantas o flores de seda.* Se usan en lugar de los originales, pero no irradian energía viviente.

El espejo ba gua es un octaedro en el que están inscritos los ocho trigramas alrededor del espejo central.

Se dice que los dragones chinos expulsan los malos espíritus.

LAS DISTINTAS ESCUELAS DE FENG SHUI

Como el feng shui se ha desarrollado a lo largo de miles de años en muchos lugares y civilizaciones diferentes, no puede sorprendernos que existan diversas maneras de aplicarlo. Independientemente del sistema, los conceptos clave del chi, el yin y el yang, los cinco elementos, los trigramas y el cuadrado mágico permanecen igual, aunque el método usado para analizar y crear soluciones varíe. Actualmente existen cinco escuelas que se describen a continuación. El feng shui chino es la fuente de todas ellas, aunque una de las escuelas se desarrolló en Nueva York y otra en Japón. Se cree que el feng shui empezó hace seis mil años, y resulta difícil determinar exactamente cuándo se originaron los distintos estilos. Es probable que evolucionaran lentamente a lo largo de extensos periodos de tiempo a medida que se desarrollaba la civilización.

Las escuelas con y sin brújula

Una diferencia esencial es que en las áreas más montañosas de China se consideraba que el paisaje era la mayor influencia a la hora de establecer una casa, mientras que en las llanuras la fuerza predominante era el Sol. Los edificios orientados según la posición del Sol generaron un sistema de feng shui basado en las lecturas de la brújula, mientras que el feng shui sin brújula usaba el paisaje circundante para orientar las diferentes energías chi.

Escuela de las formas

En esta escuela se estudian las formas y los contornos del paisaje para intentar identificar cuatro animales míticos: el fénix, el tigre, la tortuga y el dragón. Seguidamente estos animales se usan para hacer un mapa de cómo fluye el chi natural por el terreno que ayuda a orientar y a establecer la vivienda. La idea es que en la parte frontal debe haber una gran vista abierta (representada por el fénix),

mientras que las montañas, los árboles o las colinas deben proteger la parte posterior (simbolizada por la tortuga).

Este espectacular paisaje evoca las imágenes de los animales chinos que se usaban para orientar las casas.

A la derecha deber haber algún tipo de protección baja y sólida (representada por el tigre), y a la izquierda una estructura más alta y ligera (el dragón).

La escuela de las tres puertas

Éste es un estilo de feng shui relativamente nuevo que se desarrolló en la década de los setenta en Nueva York. La posición de la puerta en un edificio o de una habitación orienta el cuadrado mágico (ba gua), que se sitúa sobre el plano de la vivienda, generando el mapa de cómo fluirá el chi en la casa y en cada habitación. Cada sector del ba gua representa un área de tu vida: la esquina izquierda más alejada de la puerta es la riqueza; la parte central más alejada, la fama; la parte derecha más alejada, las relaciones; la parte derecha de la zona media, los niños; la parte derecha de la zona próxima, la gente que nos ayuda; el centro de la zona próxima, la profesión; la parte izquierda de la zona próxima, el conocimiento; la parte izquierda de la zona media, la familia; el centro, tú.

Escuela de las ocho mansiones

En el método chino basado en la brújula, tu fecha de nacimiento define tu número kua (el chi con el que naciste), y también determina si formas parte de un grupo de vida-del-este o de vida-del-oeste. A partir de ahí, las casas que están frente a cuatro de las ocho direcciones de la brújula te son favorables, mientras que las que están frente a las otras cuatro direcciones pueden ser negativas. Además, la mitad de tu hogar suele ser positiva para ti, y la otra mitad es potencialmente dañina. Tu grupo de vida, la dirección hacia la que está orientado el edificio y la posición de la entrada principal definen cada mitad.

Escuela de la estrella voladora

En este sistema tradicional chino basado en la brújula, se combina una carta astrológica del periodo en que se construyó tu edificio con la carta del año actual, y seguidamente el cua-

Una brújula Lo Pan aporta información útil sobre la posición de las distintas energías.

drado mágico se orienta en función de la distribución del edificio y sus alrededores. En este método se usa una brújula especial o «Lo Pan» para hacer las lecturas. Se trata de una brújula inscrita en un disco rodeado por otros círculos concéntricos que ofrecen información feng shui. El disco se asienta en una caja cuadrada, y dos cuerdas rojas pasan por el centro de la brújula dividiéndola en dos. La caja puede apoyarse en una pared para tomar las lecturas. El feng shui del edificio tiene que ser actualizado cada año, cuando empieza a tener efecto la nueva carta anual.

Escuela de las ocho direcciones

Se trata de una variante japonesa del feng shui tradicional chino basado en la brújula. En esta escuela se usa una brújula para orientar las ocho direcciones sobre el plano de tu hogar. Basándose en el cuadrado mágico, cada dirección aporta un tipo de energía específica a la casa. Esta energía puede ser calmada o potenciada en función de tus necesidades. Además, tus posiciones al dormir o estar sentado determinan qué energías absorbes más. Las energías, en lugar de ser vistas como positivas o negativas, simplemente se usan para potenciar tu campo energético de la manera que te haga sentirte más feliz.

Combinaciones de estilos

Los sistemas de las ocho mansiones y de la estrella voladora se usan a menudo conjuntamente, y a veces también se incluye la escuela de las formas. No se puede decir que ninguno de estos estilos sea mejor que los demás, de modo que en realidad se trata de ver qué estilo sientes que tiene más sentido, es más aplicable y te inspira más. En este libro aprenderás a usar el feng shui de la escuela de las ocho direcciones. Es relativamente fácil de aprender, y abarca todos los principios del feng shui de una manera que resulta fácil de entender. Y con él se combina el sistema de astrología nueve ki feng shui (véase página 36), que usa los mismos principios para añadir una dimensión temporal al espacio donde se enfoca el feng shui.

CHI

El chi es la carga energética sutil de la energía electromagnética que lo recorre todo, transportando información de una cosa a otra. El chi que fluye a través de tu cuerpo transporta predominantemente pensamientos, creencias y emociones.

Parte de tu chi flota constantemente hacia fuera, y al mismo tiempo también vas absorbiendo nueva energía. El chi fresco que

Sentarte junto a esta ventana te expondrá a fuertes corrientes de chi, haciendo que éste sea un lugar estimulante para pensar.

atraes hacia tu campo energético trae consigo parte del mundo que te rodea. Esto incluye la energía del tiempo atmosférico, el chi de otra gente, la atmósfera de tu hogar y la energía viviente de la comida que tomas. A medida que el chi entra en tu campo energético, altera tu propio chi, lo que hace que te sientas de otra manera y tengas nuevos pensamientos.

Te guste o no, tu campo energético te conecta con todo lo demás. El secreto para hacer que esta energía funcione es comprender el proceso y averiguar cómo puede ayudarte en tu vida.

Chi en tu casa

Diferentes áreas de tu hogar contienen diferentes cantidades y calidades de chi:

- Hay corrientes de chi particularmente intensas alrededor de las puertas y ventanas. Cuando hay varias puertas en línea recta, esto puede generar un flujo rápido del chi, haciendo que en tu casa resulte difícil relajarse.

- Cuanto mayores sean las ventanas de tu hogar, más rápido puede fluir el chi, generando un espacio activo. Las ventanas que miran al sol aportan un chi más vivaz, fogoso y estimulante.
- El chi que atraviesa las puertas y ventanas genera un flujo horizontal, especialmente si los techos son bajos. Esto es común en apartamentos situados cerca del suelo. El efecto de este flujo horizontal es que el chi pasa rápidamente de una persona a la siguiente, haciendo que ese espacio sea ideal para las reuniones y la interacción social.
- Los espacios que tienen techos altos, o que están situados en la ladera de una montaña, o en lo alto de un edificio, tienen un flujo de chi más vertical. Esto es típico de los altillos y los espacios con el tejado inclinado. Aquí resulta fácil sentirse más individualista, que se te ocurran ideas originales y atreverte a ser diferente.
- Las esquinas afiladas que apuntan hacia dentro de la habitación generan un fuerte flujo de chi penetrante. Si una esquina apunta hacia tu cama o silla es posible que te cueste dormir o descansar allí.
- Las personas que viven en una casa también influyen en su ambiente. Las discusiones, la infelicidad o la violencia pueden llenar una habitación de chi negativo y, con el tiempo, ese espacio puede empezar a tener esa atmósfera.

Este tejado bajo e inclinado comprime el chi, haciendo que sea más difícil pensar libremente cuando se está sentado debajo de él.

TUS CHAKRAS, MERIDIANOS Y AURA

En el cuerpo humano hay una fuerte corriente de energía chi que se mueve en espiral por el canal central y asciende hasta lo alto de la cabeza. A medida que la energía transita por el cuerpo forma siete centros energéticos principales, en torno a los cuales gira. Estos centros de actividad se conocen como chakras; son lugares importantes para cambiar el flujo de chi que circula por el cuerpo.

Si miras a la coronilla de un bebé (o de alguien con el pelo muy corto), verás una espiral. Éste es el chakra coronario, el lugar a través del cual la energía del entorno entra con más facilidad en el cuerpo. Mientras duermes estás en un estado más receptivo, de modo que generalmente es entonces cuando recargas tu chi. En el feng shui es muy importante darse cuenta de hacia dónde apunta la coronilla de tu cabeza mientras duermes, pues eso determina el tipo de energía que absorbes.

Desde tus chakras discurren extensos canales de energía conocidos como meridianos: como los grandes vasos sanguíneos, alimentan de energía el resto de tu torso, brazos y piernas. A lo largo de cada meridiano hay puntos en los que puedes transmutar la energía más fácilmente; se les llama puntos de acupresión o «tsubos». Puedes transmutar la energía en estos puntos masajeándolos con los dedos (acupresión), o calentándolos (moxibustión), o introduciendo cuidadosamente en ellos un fina aguja metálica (acupuntura).

También tienes un campo energético externo que constituye tu aura. A través de ella interactúas más fácilmente con el mundo que te rodea, y a veces se le llama «sexto sentido». En ocasiones puedes proyectar esta energía más lejos (de manera parecida a una antena), conectando con el mundo que te rodea para acceder a una gran variedad de información cósmica. Esta capacidad puede proporcionarte conocimientos intuitivos y nuevas ideas asombrosas.

DESCUBRIR EL CHI DE LOS CHAKRAS

Si quieres localizar los chakras de una persona, basta con atar un hilo de algodón de aproximadamente un metro de largo a un anillo metálico para poder suspenderlo. Haz que tu amigo se tumbe y después mueve lentamente el anillo sobre su cuerpo tratando de encontrar áreas donde el chi sea más intenso y espiral.

Cuando encuentras un chakra, el anillo debe empezar a dar vueltas en círculo en el extremo del hilo. La dirección de giro refleja el sentido de giro de la energía, de manera parecida a los vórtices que crea el agua cuando se vacía una bañera.

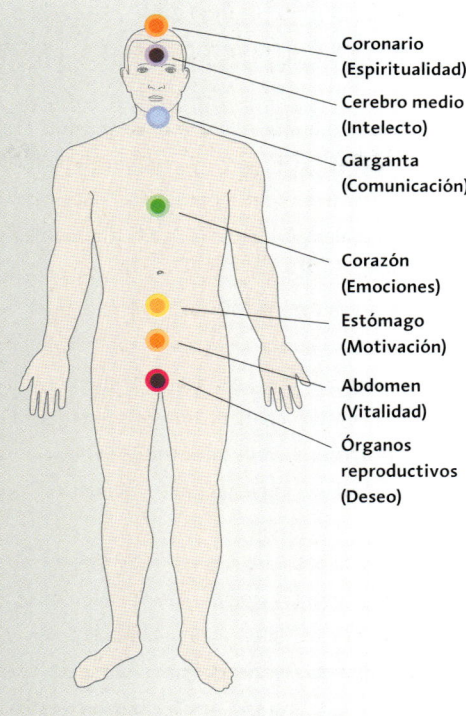

En cada uno de los chakras el chi se relaciona con un aspecto diferente de tu carácter.

- Coronario (Espiritualidad)
- Cerebro medio (Intelecto)
- Garganta (Comunicación)
- Corazón (Emociones)
- Estómago (Motivación)
- Abdomen (Vitalidad)
- Órganos reproductivos (Deseo)

YIN Y YANG

«Yin» y «yang» son palabras que se usan para describir distintos tipos de chi. El chi yin es más lento, disperso y fresco. El chi yang es más rápido, comprimido y caliente. Literalmente, estas palabras significan el lado sombrío de una montaña (yin) y el lado soleado (yang). Son aspectos opuestos y complementarios que te permiten conectarte con todo lo que te rodea; de esta manera, puedes decidir rápidamente lo que necesitas para recuperar el equilibrio.

Las personas siempre son más yin o más yang, y la mayor parte del tiempo esto es saludable. Pero a veces puedes tener problemas por ser demasiado yin o demasiado yang, de modo que, una vez que has identificado cuál de ellos eres, simplemente incorpora más del tipo opuesto de chi y reduce el que tienes en exceso.

Los cuadros de la página siguiente muestran cómo funciona esto. Por ejemplo, si descubres que te afecta algo en la lista «demasiado yin», prueba ideas de la lista «para hacerte más yang» y reduce las que aparecen en la lista «para hacerte más yin».

Las cualidades naturales del yin

Busca un rostro ovalado, una complexión enjuta y dedos largos en las manos y pies. Los ojos grandes, los labios llenos y las mejillas carnosas también son más yin. Alguien que parpadee a menudo y le cueste establecer contacto ocular también será más yin. Entre las cualidades yin se incluyen ser creativo, imaginativo, sensible, flexible, amable y de trato fácil. No obstante, alguien que sea más yin de manera natural puede deslizarse con más facilidad hacia ser demasiado yin que hacia ser demasiado yang.

Las cualidades naturales del yang

Un rostro más redondo, una complexión más robusta y una mirada fija son más yang. Los ojos pequeños, los labios finos y una mandíbula bien desarrollada son característicos de esta polaridad. Las cualidades yang incluyen mantenerse centrado, estar alerta, ser preciso y activo, y preferir un estilo de vida dinámico. A estas personas les resulta más fácil hacerse demasiado yang que pasar por periodos yin.

DEMASIADO YIN

- *Tener frío*
- *Frecuentes enfermedades infecciosas*
- *Piel fría y pegajosa*
- *Diarrea*
- *Letargo*
- *Depresión*
- *Mentalidad de víctima*

DEMASIADO YANG

- *Rigidez/apretura*
- *Tensión*
- *Piel seca*
- *Estreñimiento*
- *Estrés*
- *Enfado*
- *Necesidad de controlar*

PARA HACERTE MÁS YIN

- *Medita*
- *Come más fruta fresca y ensaladas*
- *Bebe agua y zumos*
- *Lleva ropa de colores pastel*
- *Ponte ropa suelta y floja*
- *Haz ejercicios de estiramiento*
- *Sal a la naturaleza*
- *Escucha música relajante*
- *Usa luz suave o velas*

PARA HACERTE MÁS YANG

- *Practica artes marciales*
- *Juega a deportes competitivos*
- *Ponte ropa de colores brillantes*
- *Viste ropa elegante y formal*
- *Socializa*
- *Toma alimentos cocinados*
- *Come más verduras de raíz, cereales y pescado*
- *Pon orden en el desorden*
- *Haz ejercicio*

LOS CINCO ELEMENTOS

Los cinco elementos definen cómo interactúan las energías chi entre ellas. Generan un modelo en el que las energías pueden alimentarse, calmarse o destruirse mutuamente. Cada uno de los cinco tipos de chi es similar a un ambiente que puedes experimentar a cierta hora del día o en una estación particular. Reciben sus nombres de los elementos que encontramos en la naturaleza: madera, fuego, tierra, metal y agua.

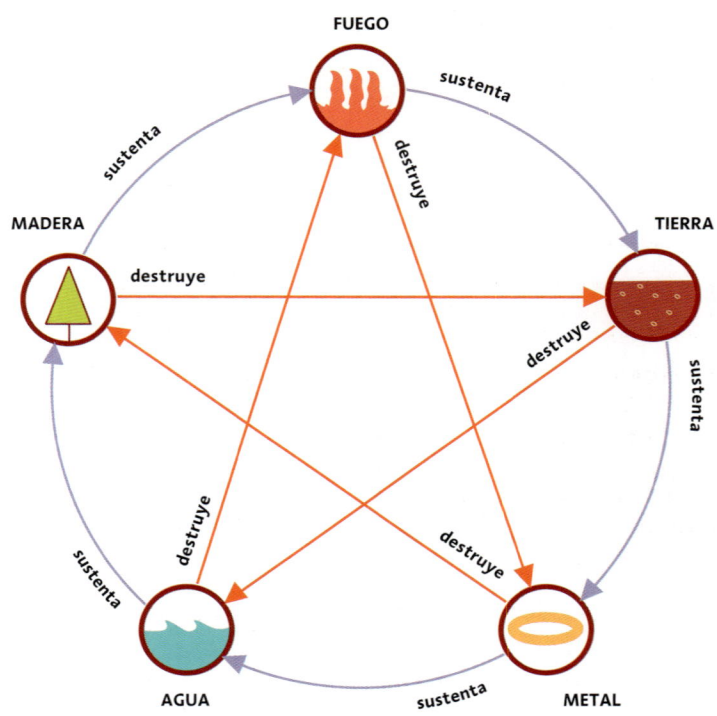

Mirar una puesta de sol en septiembre te permite experimentar la sensación que produce el chi metal.

ATRIBUTOS DE LOS ELEMENTOS

- La energía **madera** es ascendente, activa y está llena de nuevas esperanzas, tal como podrías sentirte en una soleada mañana de primavera. Está representada por la salida del sol por el este.

- El **fuego** se mueve hacia fuera, es expresivo y colorista, similar al mediodía de un caluroso día de verano. Viene representado por el sol de mediodía en el sur.

- La **tierra** se parece a la energía descendente, estable y segura del sol que desciende por el suroeste. Su símbolo es una tarde del final del verano.

- El **metal** describe el movimiento del chi hacia dentro, el chi que se concentra y se queda contenido; es como ver una gran puesta de sol otoñal en el oeste, con una sensación de compleción.

- El **agua** guarda relación con el flujo, la flexibilidad y la regeneración profunda: imagina una medianoche de mediados del invierno, mirando hacia el norte.

Si vives en el hemisferio sur, cambia el norte por el sur en las descripciones anteriores, pero deja el este y el oeste en su lugar.

LOS CINCO ELEMENTOS EN ACCIÓN

Aquí vemos algunos ejemplos prácticos de cómo aplicar los cinco elementos a tu vida:

¿Te sientes solitario, retirado o crees que pasas desapercibido? Mira si tienes un retrete, fregadero, bañera, ducha o lavadora (agua) en la parte sur (fuego) de tu casa, y si hay una falta del chi madera. Consejo: el agua destruye el fuego sin madera. Para completar el ciclo de los cinco elementos, pon más madera en la habitación en forma de plantas, suelos de madera, muebles u objetos, o usa el color verde.

¿No puedes sentirte romántico o contento, ni poner dinero en el banco? Comprueba si tienes una chimenea, cocina, caldera u horno (fuego) en la parte oeste (metal) de tu casa. Consejo: el fuego destruye el metal sin tierra. Pon allí más energía tierra en forma de carbón en un tiesto de arcilla, flores amarillas en un contenedor de arcilla o un suave suelo de piedra, o usa el color amarillo.

¿Te sientes aislado, retirado y con ganas de esconderte? Comprueba si tu baño (agua) u otros elementos agua están en el norte (agua). Consejo: demasiado chi de agua; calma el chi agua con chi madera y restringe el chi metal. Cultiva muchas plantas (madera) en tu baño y retira cualquier objeto de metal.

Cuando están presentes todas estas energías, operan en perfecta armonía, alimentándose y calmándose mutuamente. Mira el cuadro y verás que el agua alimenta la madera, la madera alimenta el fuego, y así sucesivamente. Al mismo tiempo, la madera calma el agua, el fuego calma la madera, y así sucesivamente siguiendo el círculo. Por ejemplo, para calmar un exceso de fuego usa menos madera y más tierra; para aumentar una carencia del chi de fuego usa más madera y menos tierra.

Cuando hay una deficiencia seria de uno de los elementos, la energía precedente puede destruir a la energía siguiente. Por ejemplo, si hay una deficiencia seria de chi de fuego, el chi madera sería destructivo para el chi tierra.

Las situaciones más comunes en las que dos energías chi entran en una relación mutuamente destructiva guardan relación con el fuego y el agua. En el hogar asociamos las calderas, chimeneas, cocinas y hornos con la energía fuego, y los baños, retretes, fregaderos, lavadoras y lavaplatos con la energía agua. El remedio consiste simplemente en añadir más de la energía deficiente. Así, en un baño que esté en la parte sur del hogar, necesitarás añadir más energía madera para restaurar una relación armoniosa entre el agua, la madera y el fuego.

Las plantas absorberán el chi agua del fregadero, ayudando a contenerlo si no está en armonía con el chi del ambiente.

LOS CINCO ANIMALES

Los cinco animales —el dragón, el fénix, el tigre, la tortuga y la serpiente— representan tu campo de energía externo. Si estás sentado o de pie en la postura correcta, tu flujo natural de chi será más poderoso al fundirse naturalmente con el chi del entorno.

Los cinco animales proporcionan imágenes del tipo de chi que rodea tu cuerpo. Este campo de chi externo se mueve contigo; el fénix siempre está enfrente de ti.

El chi situado delante de ti (el fénix) se extiende hacia fuera y se eleva, y será libre de hacer esto si tienes un amplio espacio delante de ti. A tu derecha, tu chi está representado por el tigre, cuyo objetivo es protegerte y avanzar contigo (el brazo de una silla, un mueble bajo y sólido o una pared baja podrían lograr esto). Tu parte posterior está protegida simbólicamente por el duro caparazón de la tortuga, y este chi busca estructuras sólidas (el respaldo de una silla, un muro, un árbol o una montaña). El dragón vuela a tu izquierda buscando nuevas oportunidades, de modo que puedes alimentar este chi con cualquier cosa que produzca una sensación ligera (como una mesa ligera, una fuente o un seto). La serpiente se sienta en el centro de los cuatro animales y te representa a ti.

El lugar ideal para sentarse

El concepto de los cinco animales es particularmente útil a la hora de elegir dónde sentarse, bien sea en el hogar, en un café o restaurante, en el trabajo o durante las reuniones. Gracias a este conocimiento podrás encontrar la posición que mejor sustente tu chi. El objetivo es asegurar que tengas la mayor cantidad de habitación posible ante ti, y preferiblemente una buena vista de la entrada y de las ventanas. Esto significa que el fénix será libre de expandirse y llenar el espacio situado delante de ti. Igualmente importante es encontrar una pared, una silla con el respaldo alto o algún mueble alto para proteger tu espalda; si das la espalda a un área donde hay mucha actividad (por ejemplo, una puerta que se use mucho), eso te distraerá y te dejará en una posición débil. Si es posible, ten algo sólido y bajo a tu derecha (un cofre o una mesa pesada) y algo más ligero a tu izquierda (una planta o lámpara de pie).

NUEVE NÚMEROS

El principio de los nueve números es que estás rodeado por ocho tipos de chi diferentes, de modo que girándote hacia cada una de las direcciones afrontas otro tipo de chi. El chi es diferente por el modo en que el sol afecta al planeta, por el campo magnético terrestre y las fuerzas de otros planetas. Esto significa que cambiando de posición puedes absorber más de un tipo de chi particular en tu propio campo energético e integrar más las características de esa energía. La manera más fácil de conseguirlo es dormir de manera que la parte alta de tu cabeza apunte en la dirección que representa la energía que más necesitas.

En este sistema, las nueve energías se corresponden con los cuatro puntos cardinales (norte, este, sur y oeste), las cuatro direcciones intermedias (noreste, noroeste, sureste y suroeste) y una para el centro. A cada tipo de chi se le asigna un número del uno al nueve, que hace referencia a la posición de esa energía en el cuadrado mágico (ba gua). Para clarificar la energía de cada dirección, se lo asocia con un momento del día, una estación, un elemento y un trigrama. (El trigrama es una serie de tres líneas paralelas que pueden ser continuas o partidas; las líneas continuas son yang y las partidas son yin.) Los trigramas están vinculados con un miembro de la familia (por ejemplo, el hijo mayor), y los que tienen en común uno de los cinco elementos tienen su propio símbolo tomado de la naturaleza (como el trueno).

Lee la descripción que se da en las páginas 37-41 de cada dirección para ver si necesitas más de algún tipo particular de chi.

Cada dirección está asociada con cierto carácter del chi. Es esencial entender los distintos sabores del chi para dominar el feng shui.

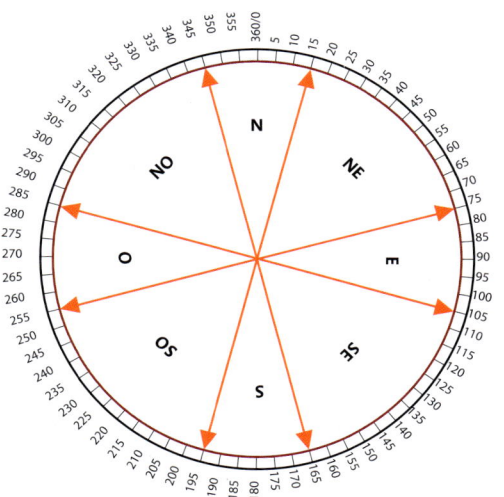

ESTE

Número del cuadrado mágico	3	**Trigrama**	Yin/yin/yang
Elemento	Madera	**Símbolo**	Trueno
Miembro de la familia	Hijo mayor	**Color**	Verde brillante, como una hoja nueva
Hora	Mañana, salida del sol	**Estación**	Primavera

Ayuda a sentirse entusiasta, confiado y asertivo; fortalece el deseo de comenzar nuevos proyectos, de estar alerta, de centrarse en los detalles, de hacer las cosas bien, de analizar, de ser preciso y estar concentrado. El símbolo del trueno da a esta energía un filo fuerte y sonoro, animándote a salir y a hacer cosas. Este chi es útil si quieres despertar y levantarte temprano, pero puede incrementar el riesgo de sentir ira y frustración.

SURESTE

Número del cuadrado mágico	4	**Trigrama**	Yang/yang/yin
Elemento	Madera	**Símbolo**	Viento
Miembro de la familia	Hija mayor	**Color**	El verde oscuro de una hoja natural; azul cielo

Hora   Media mañana, el sol elevándose en el cielo

Estación   El cambio de primavera a verano

Ayuda a ser persistente, sensible y positivo; incrementa el deseo de ser creativo e imaginativo, de generar nuevas ideas, de buscar la armonía y de comunicar. Es ideal para extender ideas, tal como el viento extiende las semillas. Este chi es bueno para progresar en la vida y trabajar en la prosperidad futura, pero puede incrementar el riesgo de sentirse irritable e impaciente.

SUR

Número del cuadrado mágico	9	**Trigrama**	Yang/yin/yang
Elemento	Fuego	**Símbolo**	Fuego
Miembro de la familia	Hija mediana	**Color**	Un rojizo púrpura muy brillante

Hora   Mediodía, el sol en su punto más alto

Estación   Mitad del verano

Es bueno para sentirse apasionado, excitado, orgulloso, generoso, exultante y dramático; pero también puede llevar a mostrarse autocentrado, estresado e histérico. Incrementa el deseo de expresarse, de hacerse notar, de ser sociable, extrovertido y espontáneo, de marcar tendencias y tener una mente rápida. Esta energía fogosa es brillante, colorista e irradia chi. El riesgo es que podrías sentirte estresado, excesivamente emocional y sufrir de histeria.

SUROESTE

Número del cuadrado mágico 2	**Trigrama** Yin/yin/yin
Elemento Tierra	**Símbolo** Tierra
Miembro de la familia Madre	**Color** Negro, marrón, beige o amarillo; similar al carbón o a la tierra

Hora   La tarde, el sol bajando por el cielo

Estación   El cambio del verano al otoño

Es bueno para mostrarse atento, paciente y simpático; incrementa el deseo de ser práctico y tocar tierra, de consolidar y estar seguro. Es el chi ideal para mejorar la calidad de cualquier cosa que hagas. Piensas en los frutos madurando en la viña. Este chi de tocar tierra ayuda a profundizar en todo tipo de relaciones. No obstante, puede incrementar el riesgo de sentirse celoso y dependiente.

OESTE

Número del cuadrado mágico 7	**Trigrama** Yin/yang/yang
Elemento Metal	**Símbolo** Lago
Miembro de la familia Hija más joven	**Color** El color del atardecer; rojo oxidado, marrón o rosa
Hora Al atardecer, puesta de sol	**Estación** Otoño

Es bueno para sentirse romántico, contento y juguetón; incrementa el deseo de ser rico, de establecer nuevas relaciones, de ser elegante y de completar proyectos. Está asociado con el tiempo de la cosecha y el final del día; este chi es ideal para llevar las cosas a una conclusión provechosa. El chi de la hija más joven está asociado con ser juguetón, con buscar diversión y disfrutar de los placeres de la vida, pero puede incrementar el riesgo de sentirse deprimido y pesimista.

NOROESTE

Número del cuadrado mágico	6	**Trigrama**	Yang/yang/yang
Elemento	Metal	**Símbolo**	Cielo
Miembro de la familia	Padre	**Color**	Gris plateado o blancuzco; cercano al color del metal
Hora	Final de la tarde, crepúsculo	**Estación**	El cambio del otoño al invierno

Este chi es bueno para estar al cargo, para mostrarse digno y responsable; incrementa el deseo de tomar el control, de organizar y planear con tiempo, de ser respetado y sentirse íntegro. El símbolo del cielo significa que este chi ayuda a tener una mayor sabiduría y una intuición más clara; representa la experiencia y la madurez, y permite conseguir fácilmente la confianza de la gente, imponer respeto o encontrar un mentor. No obstante, puede incrementar el riesgo de mostrarse autoritario o arrogante.

NORTE

Número del cuadrado mágico	1	**Trigrama**	Yin/yang/yin
Elemento	Agua	**Símbolo**	Agua
Miembro de la familia	Hijo mediano	**Color**	Crema con acabado brillante, barniz claro u otros acabados traslúcidos; negro brillante
Hora	Noche, oscuridad	**Estación**	Mitad del invierno

Este chi es bueno para sentirse sexual, espiritual e independiente; incrementa el deseo de ser flexible, de encontrar paz, de estudiar, de desarrollarse, de mejorar la salud, de ser objetivo y diferente. Resulta útil para tener ideas originales sin dejarse distraer por otros; es ideal para la concepción, para curarse y para sentir vitalidad. Este chi aquietado también ayuda si tienes problemas para dormir, pero corres el riesgo de sentirte aislado y desconectado.

NORESTE

Número del cuadrado mágico   8   **Trigrama**   Yang/yin/yin

Elemento   Tierra   **Símbolo**   Montaña

Miembro de la familia   Hijo más joven   **Color**   Blanco brillante, como una montaña cubierta de nieve

Hora   Primera hora de la mañana, la primera luz

Estación   El cambio del invierno a la primavera

Este chi es bueno para sentirse motivado, impulsado y extrovertido; incrementa el deseo de aprovechar las oportunidades, de ganar, de competir, de aprender, de mostrase decidido, aventurero y de tener claridad mental. Es afilado, penetrante y cambia rápidamente, haciendo que sea bueno para cerrar negocios o comerciar. También resulta útil para limpiar la mente, pues te ayuda a tener más decisión y a pensar en orientar tu vida hacia una nueva dirección. No obstante, también puede favorecer la avaricia y la obsesión.

CENTRO

Número del cuadrado mágico   5   **Trigrama**   Ninguno

Elemento   Tierra   **Símbolo**   Ninguno

Miembro de la familia   Ninguno   **Color**   Amarillo o naranja

Hora   Ninguno   **Estación**   Ninguna

Esta energía vincula las ocho direcciones. No tiene un trigrama, hora o estación específicos, pero se puede decir que los representa todos. Como tal, es una energía que puede ayudarte a convertirte en el centro de atención y atraer gente hacia ti. Es el más poderoso de todos los chi, y por tanto se le debe tratar con respeto. Si es posible, el centro de una habitación o edificio debe mantenerse despejado y abierto para dejar que esta energía tenga espacio para moverse.

EL CUADRADO MÁGICO

Lo que unifica y asocia todos los conceptos del feng shui es el cuadrado mágico. Se trata de una rejilla de nueve números en la que cada número representa una de las energías de las ocho direcciones, junto con el centro. Los números se distribuyen de tal manera que, los sumes como los sumes, horizontalmente, verticalmente o en diagonal, siempre dan un total de 15.

Cuando se aplica a un hogar, el cuadrado mágico se usa en su forma estándar, con el número 5 en el centro. No obstante, también puede ordenarse de tal manera que cada uno de los otros ocho números tome su turno en el centro y los números circundantes se dispongan consecuentemente. El cuadrado es capaz de transformarse y pasar por nueve fases, lo que te permite aplicarlo tanto al tiempo como al espacio en forma del feng shui astrológico y del feng shui de tu hogar.

Cuando los números se ordenan de la manera estándar, el 1 está alineado con el norte. A continuación, los números siguen las direcciones de la brújula en el sentido de las agujas del reloj, de modo que el 8 está en el noreste, el 3 en el este, el 4 en sureste, el 9 en el sur, el 2 en el suroeste, el 7 en el oeste y el 6 en el noroeste, junto con el 5 en el centro.

El cuadrado mágico

En el sistema nueve ki (usando el término japonés «ki», equivalente a chi), las porciones norte, este, sur y oeste ocupan 30 grados cada una, y las direcciones intermedias (noreste, sureste, noroeste y suroeste) ocupan 60 grados cada una (véase página 113).

Es importante no confundir los números nueve ki con los números de la vida cotidiana: el número de una casa, los números de teléfono, y así sucesivamente. Aquí usamos los nueve números para nombrar el chi que representan, y es esencial tener en mente el carácter del chi al referirnos a estos números.

Las nueve pautas del chi

Cada gráfico representa una de las nueve pautas del chi. Usando estos nueve gráficos puedes ver en qué fase estás, qué direcciones son mejores para ti y cuándo es el mejor momento para realizar trabajos en tu hogar.

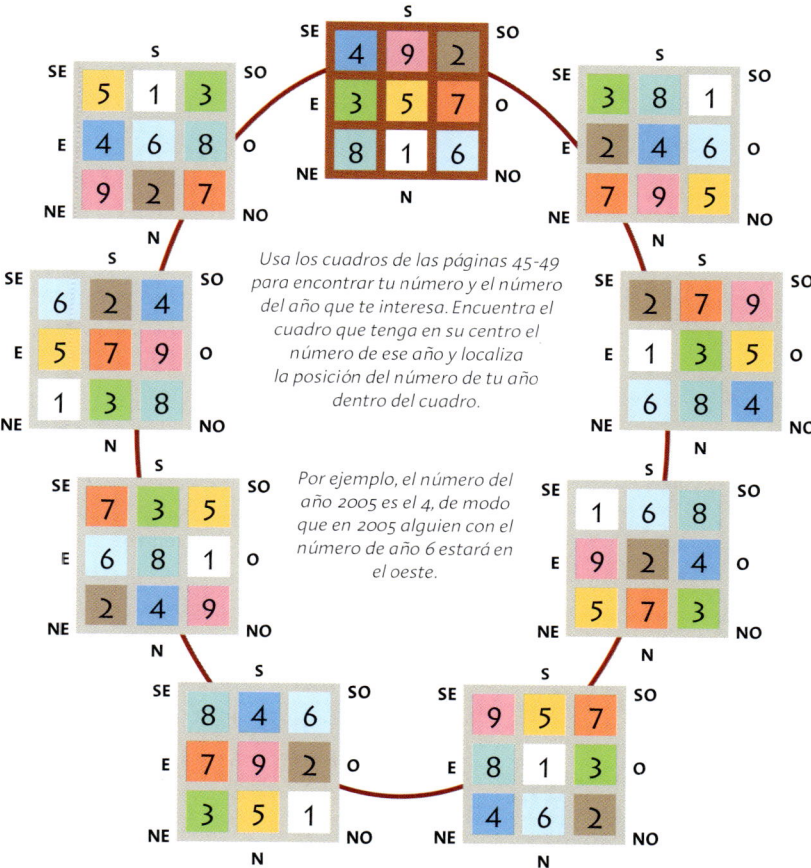

Usa los cuadros de las páginas 45-49 para encontrar tu número y el número del año que te interesa. Encuentra el cuadro que tenga en su centro el número de ese año y localiza la posición del número de tu año dentro del cuadro.

Por ejemplo, el número del año 2005 es el 4, de modo que en 2005 alguien con el número de año 6 estará en el oeste.

ENCUENTRA TUS NÚMEROS DEL CUADRADO MÁGICO

En el sistema de los nueve ki que usamos aquí, a cada persona le corresponden tres números del cuadrado mágico, y cada número te conecta con el chi que representa (véase página 36). Los tres números constituyen tu año, mes y tu número axial. El número del año define tu chi más profundo, el que se mueve por los chakras; el número del mes describe el chi de tu corazón y de tu mente; el número de tu eje describe tu chi superficial.

Usar la tabla de los nueve ki

Para encontrar tus tres números, usa la tabla para localizar el año y mes de tu nacimiento. El sistema de los nueve ki hace uso del calendario solar, de modo que los años y los meses no empiezan al mismo tiempo que los nuestros. El año nueve ki empieza el 3, 4 o 5 de febrero. Cada mes de la tabla tiene una fecha y una hora para indicar cuándo empieza el mes nueve ki. Si naciste antes de esa fecha, tienes que remitirte al mes anterior. Por ejemplo, si naciste el 2 de agosto de 1958, usa los números de julio de 1958: 692.

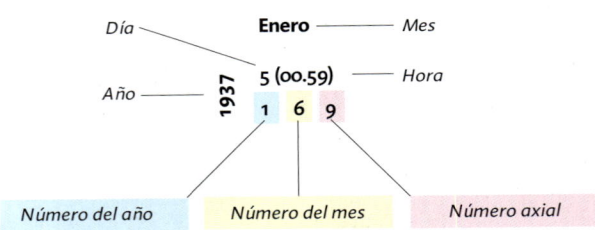

Encuentra tus números del cuadrado mágico

	Ene	Feb	Marzo	Abril	Mayo	Junio	Julio	Agos	Sept	Oct	Nov	Dic
1937	5 (00:59) 1 6 9	4 (14:30) 9 5 9	6 (10:34) 9 4 1	4 (17:32) 9 3 2	5 (13:20) 9 2 3	5 (19:34) 9 1 4	7 (08:41) 9 9 5	7 (19:57) 9 8 6	8 (00:37) 9 7 7	8 (18:13) 9 6 8	7 (23:00) 9 5 9	7 (17:30) 9 4 1
1938	6 (06:40) 9 3 2	4 (20:23) 8 2 2	6 (16:22) 8 1 3	4 (23:12) 8 9 4	5 (18:51) 8 8 5	6 (01:01) 8 7 6	7 (14:08) 8 6 7	8 (01:28) 8 5 8	8 (06:13) 8 4 9	8 (23:57) 8 3 1	8 (04:53) 8 2 2	7 (23:29) 8 1 3
1939	6 (12:41) 8 9 4	5 (02:08) 7 8 4	6 (22:13) 7 7 5	5 (05:24) 7 6 6	6 (00:24) 7 5 7	6 (07:39) 7 4 8	7 (19:37) 7 3 9	8 (07:02) 7 2 1	8 (12:45) 7 1 2	9 (05:46) 7 9 3	8 (10:48) 7 8 4	8 (05:28) 7 7 5
1940	6 (18:43) 7 6 6	5 (08:09) 6 5 6	6 (04:15) 6 4 7	4 (11:13) 6 3 8	5 (07:00) 6 2 9	5 (13:15) 6 1 1	7 (01:09) 6 9 2	7 (13:42) 6 8 3	7 (18:20) 6 7 4	8 (11:25) 6 6 5	7 (16:33) 6 5 6	7 (11:12) 6 4 7
1941	6 (00:07) 6 3 8	4 (13:54) 5 2 8	6 (10:00) 5 1 9	4 (16:56) 5 9 1	5 (12:40) 5 8 2	5 (18:52) 5 7 3	7 (08:00) 5 6 4	7 (19:19) 5 5 5	8 (00:02) 5 4 6	8 (17:40) 5 3 7	7 (22:29) 5 2 8	6 (17:17) 5 1 9
1942	6 (06:10) 5 9 1	4 (19:55) 4 8 1	6 (15:57) 4 7 2	4 (22:47) 4 6 3	5 (18:24) 4 5 4	6 (00:29) 4 4 5	7 (13:31) 4 3 6	8 (00:48) 4 2 7	8 (05:33) 4 1 8	8 (23:18) 4 9 9	8 (04:16) 4 8 1	7 (22:53) 4 7 2
1943	6 (12:08) 4 6 3	5 (01:38) 3 5 3	6 (21:46) 3 4 4	5 (04:58) 3 3 5	5 (23:58) 3 2 6	6 (07:08) 3 1 7	7 (18:59) 3 9 8	8 (06:20) 3 8 9	8 (12:00) 3 7 1	9 (05:00) 3 6 2	8 (10:02) 3 5 3	8 (04:43) 3 4 4
1944	6 (17:57) 3 3 5	5 (07:24) 2 2 5	6 (03:32) 2 1 6	4 (10:33) 2 9 7	5 (06:25) 2 8 8	5 (12:43) 2 7 9	7 (00:38) 2 6 1	7 (13:10) 2 5 2	7 (17:48) 2 4 3	8 (10:52) 2 3 4	7 (16:00) 2 2 5	7 (10:41) 2 1 6
1945	5 (23:374) 2 9 7	(13:23)6 1 8 7	(09:28)4 1 7 8	(16:24) 1 6 9	5 (12:08) 1 5 1	5 (18:21) 1 4 2	7 (07:25) 1 3 3	7 (18:41) 1 2 4	7 (23:19) 1 1 5	8 (16:52) 1 9 6	7 (21:40) 1 8 7	7 (16:25) 1 7 8
1946	6 (05:24) 1 6 9	4 (19:11) 9 5 9	6 (15:13) 9 4 1	4 (22:04) 9 3 2	5 (17:40) 9 2 3	5 (23:47) 9 1 4	7 (12:52) 9 9 5	8 (00:11) 9 8 6	8 (04:56) 9 7 7	8 (22:38) 9 6 8	8 (03:32) 9 5 9	7 (22:06) 9 4 1
1947	6 (11:19) 9 3 2	5 (00:48) 8 2 2	6 (20:55) 8 1 3	5 (04:08) 8 9 4	5 (23:09) 8 8 5	6 (06:23) 8 7 6	7 (18:18) 8 6 7	8 (05:43) 8 5 8	8 (11:27) 8 4 9	9 (04:28) 8 3 1	8 (09:29) 8 2 2	8 (04:06) 8 1 3
1948	6 (17:18) 8 9 4	5 (06:43) 7 8 4	6 (02:50) 7 7 5	4 (09:50) 7 6 6	5 (05:39) 7 5 7	5 (11:55) 7 4 8	6 (23:49) 7 3 9	7 (12:21) 7 2 1	7 (16:59) 7 1 2	8 (10:05) 7 9 3	7 (15:13) 7 8 4	7 (09:51) 7 7 5
1949	5 (22:43) 7 6 6	4 (12:26) 6 5 6	6 (08:30) 6 4 7	4 (15:25) 6 3 8	5 (11:11) 6 2 9	5 (17:25) 6 1 1	7 (05:18) 6 9 2	7 (17:52) 6 8 3	7 (22:36) 6 7 4	8 (16:15) 6 6 5	7 (21:05) 6 5 6	7 (15:50) 6 4 7
1950	6 (04:46) 6 3 8	4 (18:27) 5 2 8	6 (14:24) 5 1 9	4 (21:10) 5 9 1	5 (16:46) 5 8 2	5 (22:52) 5 7 3	7 (11:57) 5 6 4	7 (23:17) 5 5 5	8 (04:04) 5 4 6	8 (21:49) 5 3 7	8 (02:49) 5 2 8	7 (21:28) 5 1 9
1951	6 (10:43) 5 9 1	5 (00:11) 4 8 1	6 (20:15) 4 7 2	5 (03:21) 4 6 3	5 (22:18) 4 5 4	6 (05:27) 4 4 5	7 (17:20) 4 3 6	8 (04:43) 4 2 7	8 (09:36) 4 1 8	9 (03:28) 4 9 9	8 (08:31) 4 8 1	8 (03:11) 4 7 2
1952	6 (16:26) 4 6 3	5 (05:53) 3 5 3	6 (01:59) 3 4 4	4 (08:56) 3 3 5	5 (04:43) 3 2 6	5 (10:58) 3 1 7	6 (22:52) 3 9 8	7 (11:28) 3 8 9	7 (16:09) 3 7 1	8 (09:17) 3 6 2	7 (14:25) 3 5 3	7 (09:08) 3 4 4
1953	5 (22:04) 3 3 5	4 (11:49) 2 2 5	6 (07:53) 2 1 6	4 (14:46) 2 9 7	5 (10:28) 2 8 8	6 (16:36) 2 7 9	7 (04:25) 2 6 1	7 (16:55) 2 5 2	7 (21:37) 2 4 3	8 (15:15) 2 3 4	7 (20:07) 2 2 5	7 (14:53) 2 1 6

Las bases del feng shui

	Ene	Feb	Marzo	Abril	Mayo	Junio	Julio	Agos	Sept	Oct	Nov	Dic
1954	6 (03:52) 2 9 7	4 (17:37) 1 8 7	6 (13:38) 1 7 8	4 (20:27) 1 6 9	5 (16:01) 1 5 1	5 (22:05) 1 4 2	7 (11:06) 1 3 3	7 (22:24) 1 2 4	8 (03:10) 1 1 5	8 (20:56) 1 9 6	8 (01:55) 1 8 7	7 (20:33) 1 7 8
1955	6 (09:47) 1 6 9	4 (23:14) 9 5 9	6 (19:18) 9 4 1	5 (02:29) 9 3 2	5 (21:28) 9 2 3	6 (03:30) 9 1 4	7 (16:34) 9 9 5	8 (03:58) 9 8 6	8 (08:51) 9 7 7	9 (02:44) 9 6 8	8 (07:50) 9 5 9	8 (02:31) 9 4 1
1956	6 (15:46) 9 3 2	5 (05:11) 8 2 2	6 (01:17) 8 1 3	4 (00:14) 8 9 4	5 (04:00) 8 8 5	5 (10:16) 8 7 6	6 (22:08) 8 6 7	7 (10:39) 8 5 8	7 (12:15) 8 4 9	8 (08:22) 8 3 1	7 (13:30) 8 2 2	7 (08:14) 8 1 3
1957	5 (21:12) 8 9 4	4 (10:57) 7 8 4	6 (07:01) 7 7 5	4 (13:54) 7 6 6	5 (09:36) 7 5 7	5 (15:47) 7 4 8	7 (03:40) 7 3 9	7 (16:14) 7 2 1	7 (20:57) 7 1 2	8 (14:35) 7 9 3	7 (19:26) 7 8 4	7 (14:11) 7 7 5
1958	6 (03:10) 7 6 6	4 (16:54) 6 5 6	6 (09:43) 6 4 7	4 (19:40) 6 3 8	5 (15:14) 6 2 9	5 (21:18) 6 1 1	7 (10:22) 6 9 2	7 (21:43) 6 8 3	8 (02:32) 6 7 4	8 (20:19) 6 6 5	8 (01:17) 6 5 6	7 (19:54) 6 4 7
1959	6 (09:09) 6 3 8	2 (22:48) 5 2 8	6 (18:45) 5 1 9	5 (01:54) 5 9 1	5 (20:51) 5 8 2	6 (02:50) 5 7 3	7 (15:51) 5 6 4	8 (03:14) 5 5 5	8 (08:09) 5 4 6	9 (02:03) 5 3 7	8 (07:07) 5 2 8	8 (01:45) 5 1 9
1960	6 (14:58) 5 9 1	5 (04:23) 4 8 1	6 (00:29) 4 7 2	4 (07:27) 4 6 3	5 (03:15) 4 5 4	5 (09:30) 4 4 5	6 (21:25) 4 3 6	7 (10:01) 4 2 7	7 (14:44) 4 1 8	8 (07:55) 4 9 9	7 (13:05) 4 8 1	7 (07:49) 4 7 2
1961	5 (20:43) 4 6 3	4 (10:25) 3 5 3	6 (06:25) 3 4 4	4 (13:18) 3 3 5	5 (09:00) 3 2 6	5 (15:11) 3 1 7	7 (03:01) 3 9 8	7 (15:33) 3 8 9	7 (20:16) 3 7 1	8 (13:57) 3 6 2	7 (18:52) 3 5 3	7 (13:41) 3 4 4
1962	6 (02:41) 3 3 5	4 (16:23) 2 2 5	6 (12:19) 2 1 6	4 (19:03) 2 9 7	5 (14:36) 2 8 8	5 (20:40) 2 7 9	7 (09:42) 2 6 1	7 (21:02) 2 5 2	8 (01:50) 2 4 3	8 (19:38) 2 3 4	8 (00:40) 2 2 5	7 (19:21) 2 1 6
1963	6 (08:37) 2 9 7	4 (22:04) 1 8 7	6 (18:05) 1 7 8	5 (01:10) 1 6 9	5 (20:05) 1 5 1	6 (02:06) 1 4 2	7 (15:10) 1 3 3	8 (02:37) 1 2 4	8 (07:34) 1 1 5	9 (01:30) 1 9 6	8 (06:37) 1 8 7	8 (01:21) 1 7 8
1964	6 (14:38) 1 6 9	5 (04:04) 9 5 9	6 (00:08) 9 4 1	4 (07:02) 9 3 2	5 (01:51) 9 2 3	5 (08:55) 9 1 4	6 (20:47) 9 9 5	7 (09:19) 9 8 6	7 (15:25) 9 7 7	8 (07:09) 9 6 8	7 (12:19) 9 5 9	7 (07:05) 9 4 1
1965	5 (20:02) 9 3 2	4 (09:48) 8 2 2	6 (05:52) 8 1 3	4 (12:44) 8 9 4	5 (08:22) 8 8 5	5 (14:29) 8 7 6	7 (02:18) 8 6 7	7 (14:51) 8 5 8	7 (19:36) 8 4 9	8 (13:18) 8 3 1	7 (18:12) 8 2 2	7 (13:00) 8 1 3
1966	6 (01:59) 8 9 4	4 (15:42) 7 8 4	6 (11:41) 7 7 5	4 (18:26) 7 6 6	5 (13:58) 7 5 7	5 (20:00) 7 4 8	7 (09:00) 7 3 9	7 (20:19) 7 2 1	8 (01:08) 7 1 2	8 (18:58) 7 9 3	8 (00:00) 7 8 4	7 (18:42) 7 7 5
1967	6 (07:58) 7 6 6	4 (21:26) 6 5 6	6 (17:30) 6 4 7	5 (00:07) 6 3 8	5 (19:33) 6 2 9	6 (01:30) 6 1 1	7 (14:29) 6 9 2	8 (01:49) 6 8 3	8 (06:42) 6 7 4	9 (00:36) 6 6 5	8 (05:42) 6 5 6	8 (00:25) 6 4 7
1968	6 (13:41) 6 3 8	5 (03:06) 5 2 8	5 (23:11) 5 1 9	4 (06:06) 5 9 1	5 (00:58) 5 8 2	5 (08:05) 5 7 3	6 (19:59) 5 6 4	7 (07:24) 5 5 5	7 (13:13) 5 4 6	8 (06:22) 5 3 7	7 (11:33) 5 2 8	7 (06:19) 5 1 9
1969	5 (19:16) 5 9 1	4 (09:00) 4 8 1	6 (05:02) 4 7 2	4 (11:53) 4 6 3	5 (07:32) 4 5 4	5 (13:41) 4 4 5	7 (01:30) 4 3 6	7 (14:03) 4 2 7	7 (18:45) 4 1 8	8 (11:59) 4 9 9	7 (17:17) 4 8 1	7 (12:06) 4 7 2
1970	6 (01:21) 4 6 3	4 (14:51) 3 5 3	6 (10:48) 3 4 4	4 (17:33) 3 3 5	5 (13:04) 3 2 6	5 (19:06) 3 1 7	7 (08:07) 3 9 8	7 (19:27) 3 8 9	8 (00:16) 3 7 1	8 (18:03) 3 6 2	7 (23:03) 3 5 3	7 (17:41) 3 4 4

Encuentra tus números del cuadrado mágico

	Ene	Feb	Marzo	Abril	Mayo	Junio	Julio	Agos	Sept	Oct	Nov	Dic
1971	6 (06:54) 3 3 5	4 (06:02) 2 2 5	6 (16:23) 2 1 6	4 (23:00) 2 9 7	5 (18:25) 2 8 8	6 (00:26) 2 7 9	7 (13:30) 2 6 1	8 (00:56) 2 5 2	8 (05:56) 2 4 3	8 (23:54) 2 3 4	8 (05:01) 2 2 5	7 (23:43) 2 1 6
1972	6 (12:56) 2 9 7	5 (02:18) 1 8 7	5 (22:15) 1 7 8	4 (05:15) 1 6 9	5 (00:05) 1 5 1	5 (07:11) 1 4 2	6 (19:03) 1 3 3	7 (06:29) 1 2 4	7 (12:19) 1 1 5	8 (05:31) 1 9 6	7 (10:44) 1 8 7	7 (05:29) 1 7 8
1973	5 (18:45) 1 6 9	4 (08:06) 9 5 9	6 (04:04) 9 4 1	4 (10:53) 9 3 2	5 (06:31) 9 2 3	5 (12:39) 9 1 4	7 (00:30) 9 9 5	7 (13:05) 9 8 6	7 (17:51) 9 7 7	8 (11:09) 9 6 8	7 (16:33) 9 5 9	7 (11:24) 9 4 1
1974	6 (00:23) 9 3 2	4 (14:04) 8 2 2	6 (09:57) 8 1 3	4 (16:37) 8 9 4	5 (12:06) 8 8 5	5 (18:07) 8 7 6	7 (07:11) 8 6 7	7 (18:32) 8 5 8	7 (23:25) 8 4 9	8 (17:17) 8 3 1	7 (22:23) 8 2 2	7 (17:08) 8 1 3
1975	6 (06:26) 8 9 4	4 (20:07) 7 8 4	6 (15:55) 7 7 5	4 (22:26) 7 6 6	5 (17:22) 7 5 7	5 (23:41) 7 4 8	7 (12:41) 7 3 9	8 (00:05) 7 2 1	8 (05:01) 7 1 2	8 (22:59) 7 9 3	8 (04:07) 7 8 4	7 (22:53) 7 7 5
1976	6 (12:11) 7 6 6	5 (01:37) 6 5 6	5 (21:36) 6 4 7	4 (04:34) 6 3 8	4 (23:21) 6 2 9	5 (06:23) 6 1 1	6 (18:14) 6 9 2	7 (05:41) 6 8 3	7 (11:33) 6 7 4	8 (04:48) 6 6 5	7 (10:02) 6 5 6	7 (04:51) 6 4 7
1977	5 (18:09) 6 3 8	4 (07:34) 5 2 8	6 (03:36) 5 1 9	4 (10:25) 5 9 1	5 (06:02) 5 8 2	5 (12:06) 5 7 3	6 (23:52) 5 6 4	7 (12:24) 5 5 5	7 (17:09) 5 4 6	8 (10:19) 5 3 7	7 (15:52) 5 2 8	7 (10:44) 5 1 9
1978	5 (23:46) 5 9 1	4 (13:31) 4 8 1	6 (09:28) 4 7 2	4 (16:12) 4 6 3	5 (11:42) 4 5 4	5 (17:41) 4 4 5	7 (05:24) 4 3 6	7 (17:55) 4 2 7	7 (22:44) 4 1 8	8 (16:34) 4 9 9	7 (21:39) 4 8 1	7 (16:37) 4 7 2
1979	6 (05:39) 4 6 3	4 (19:19) 3 5 3	6 (15:09) 3 4 4	4 (21:44) 3 3 5	5 (17:07) 3 2 6	5 (23:06) 3 1 7	7 (12:08) 3 9 8	7 (23:32) 3 8 9	8 (04:28) 3 7 1	8 (22:27) 3 6 2	8 (03:37) 3 5 3	7 (22:24) 3 4 4
1980	6 (11:41) 3 3 5	5 (01:07) 2 2 5	5 (21:04) 2 1 6	4 (04:02) 2 9 7	4 (22:52) 2 8 8	5 (05:57) 2 7 9	6 (17:48) 2 6 1	7 (05:13) 2 5 2	7 (10:11) 2 4 3	8 (04:10) 2 3 4	7 (09:23) 2 2 5	7 (04:11) 2 1 6
1981	5 (17:31) 2 9 7	4 (06:56) 1 8 7	6 (02:57) 1 7 8	4 (09:46) 1 6 9	5 (05:22) 1 5 1	5 (11:29) 1 4 2	6 (23:18) 1 3 3	7 (11:53) 1 2 4	7 (16:38) 1 1 5	8 (09:53) 1 9 6	7 (15:14) 1 8 7	7 (10:04) 1 7 8
1982	5 (23:05) 1 6 9	4 (12:49) 9 5 9	6 (08:45) 9 4 1	4 (15:26) 9 3 2	5 (10:54) 9 2 3	5 (16:55) 9 1 4	7 (04:42) 9 9 5	7 (17:21) 9 8 6	7 (22:14) 9 7 7	8 (16:06) 9 6 8	7 (21:10) 9 5 9	7 (16:04) 9 4 1
1983	6 (05:06) 9 3 2	4 (18:46) 8 2 2	6 (14:36) 8 1 3	4 (21:11) 8 9 4	5 (16:33) 8 8 5	5 (22:28) 8 7 6	7 (11:28) 8 6 7	7 (22:53) 8 5 8	8 (03:05) 8 4 9	8 (21:49) 8 3 1	8 (02:57) 8 2 2	7 (21:40) 8 1 3
1984	6 (10:54) 8 9 4	5 (00:16) 7 8 4	5 (20:13) 7 7 5	4 (03:11) 7 6 6	5 (22:01) 7 5 7	5 (05:04) 7 4 8	6 (16:56) 7 3 9	7 (04:24) 7 2 1	7 (09:27) 7 1 2	8 (03:33) 7 9 3	7 (08:49) 7 8 4	7 (03:37) 7 7 5
1985	5 (16:52) 7 6 6	4 (06:12) 6 5 6	6 (02:08) 6 4 7	4 (08:55) 6 3 8	5 (04:32) 6 2 9	5 (10:38) 6 1 1	6 (22:27) 6 9 2	7 (11:02) 6 8 3	7 (15:49) 6 7 4	8 (09:09) 6 6 5	7 (14:33) 6 5 6	7 (09:29) 6 4 7
1986	5 (22:30) 6 3 8	4 (12:11) 5 2 8	6 (08:03) 5 1 9	4 (14:41) 5 9 1	5 (10:07) 5 8 2	5 (16:07) 5 7 3	7 (03:52) 5 6 4	7 (16:28) 5 5 5	7 (21:19) 5 4 6	8 (15:12) 5 3 7	7 (20:18) 5 2 8	7 (15:18) 5 1 9
1987	6 (04:20) 5 9 1	4 (17:58) 4 8 1	6 (13:43) 4 7 2	4 (20:12) 4 6 3	5 (15:30) 4 5 4	5 (21:25) 4 4 5	7 (10:27) 4 3 6	7 (21:54) 4 2 7	8 (02:56) 4 1 8	8 (20:58) 4 9 9	8 (02:10) 4 8 1	7 (20:57) 4 7 2

47

	Ene	Feb	Marzo	Abril	Mayo	Junio	Julio	Agos	Sept	Oct	Nov	Dic
1988	6 (10:15) 4 6 3	4 (23:40) 3 5 3	5 (19:34) 3 4 4	4 (02:29) 3 3 5	4 (21:12) 3 2 6	5 (03:03) 3 1 7	6 (16:03) 3 9 8	7 (03:29) 3 8 9	7 (08:32) 3 7 1	8 (02:37) 3 6 2	7 (07:53) 3 5 3	7 (02:43) 3 4 4
1989	5 (16:03) 3 3 5	4 (05:27) 2 2 5	6 (01:26) 2 1 6	4 (08:13) 2 9 7	5 (03:45) 2 8 8	5 (09:47) 2 7 9	6 (21:32) 2 6 1	7 (10:04) 2 5 2	7 (14:52) 2 4 3	8 (08:13) 2 3 4	7 (13:37) 2 2 5	7 (08:33) 2 1 6
1990	5 (21:34) 2 9 7	4 (11:17) 1 8 7	6 (07:10) 1 7 8	4 (13:48) 1 6 9	5 (09:14) 1 5 1	5 (15:11) 1 4 2	7 (02:55) 1 3 3	7 (15:30) 1 2 4	7 (20:24) 1 1 5	8 (14:20) 1 9 6	7 (19:29) 1 8 7	7 (14:29) 1 7 8
1991	6 (03:34) 1 6 9	7 (17:14) 9 5 9	6 (13:02) 9 4 1	4 (19:33) 9 3 2	5 (14:53) 9 2 3	5 (20:46) 9 1 4	7 (09:44) 9 9 5	7 (21:06) 9 8 6	8 (02:02) 9 7 7	8 (20:01) 9 6 8	8 (01:13) 9 5 9	7 (20:01) 9 4 1
1992	6 (09:20) 9 3 2	4 (22:45) 8 2 2	5 (18:41) 8 1 3	4 (01:36) 8 9 4	4 (20:22) 8 8 5	5 (02:14) 8 7 6	6 (15:13) 8 6 7	7 (02:39) 8 5 8	7 (07:40) 8 4 9	8 (01:44) 8 3 1	7 (07:01) 8 2 2	7 (01:52) 8 1 3
1993	5 (15:12) 8 9 4	4 (04:37) 7 8 4	6 (00:35) 7 7 5	4 (07:21) 7 6 6	5 (02:55) 7 5 7	5 (08:59) 7 4 8	6 (20:46) 7 3 9	7 (09:21) 7 2 1	7 (14:08) 7 1 2	8 (07:27) 7 9 3	7 (12:49) 7 8 4	7 (07:45) 7 7 5
1994	5 (20:49) 7 6 6	4 (10:33) 6 5 6	6 (06:29) 6 4 7	4 (13:08) 6 3 8	5 (08:34) 6 2 9	5 (14:32) 6 1 1	7 (02:16) 6 9 2	7 (14:51) 6 8 3	7 (19:43) 6 7 4	8 (13:36) 6 6 5	7 (18:41) 6 5 6	7 (13:38) 6 4 7
1995	6 (02:39) 6 3 8	4 (16:19) 5 2 8	6 (12:06) 5 1 9	4 (18:38) 5 9 1	5 (13:58) 5 8 2	5 (19:53) 5 7 3	7 (08:54) 5 6 4	7 (20:22) 5 5 5	8 (01:24) 5 4 6	8 (19:27) 5 3 7	8 (00:40) 5 2 8	7 (19:27) 5 1 9
1996	6 (08:42) 5 9 1	4 (22:04) 4 8 1	5 (17:58) 4 7 2	4 (00:54) 4 6 3	4 (19:40) 4 5 4	5 (01:34) 4 4 5	6 (14:35) 4 3 6	7 (02:02) 4 2 7	7 (07:06) 4 1 8	8 (01:12) 4 9 9	7 (06:31) 4 8 1	7 (01:22) 4 7 2
1997	5 (14:40) 4 6 3	4 (04:01) 3 5 3	5 (23:57) 3 4 4	4 (06:41) 3 3 5	5 (01:22) 3 2 6	5 (08:18) 3 1 7	6 (20:07) 3 9 8	7 (07:34) 3 8 9	7 (13:30) 3 7 1	8 (06:52) 3 6 2	7 (12:18) 3 5 3	7 (07:16) 3 4 4
1998	5 (20:18) 3 3 5	4 (09:59) 2 2 5	6 (05:48) 2 1 6	4 (12:22) 2 9 7	5 (07:45) 2 8 8	5 (13:43) 2 7 9	7 (01:29) 2 6 1	7 (14:08) 2 5 2	7 (19:05) 2 4 3	8 (12:36) 2 3 4	7 (18:14) 2 2 5	7 (13:16) 2 1 6
1999	6 (02:22) 2 9 7	4 (16:02) 1 8 7	6 (11:47) 1 7 8	4 (18:14) 1 6 9	5 (13:30) 1 5 1	5 (19:21) 1 4 2	7 (08:21) 1 3 3	7 (19:46) 1 2 4	8 (00:47) 1 1 5	8 (18:49) 1 9 6	8 (00:03) 1 8 7	7 (18:52) 1 7 8
2000	6 (08:12) 1 6 9	4 (21:36) 9 5 9	5 (17:32) 9 4 1	3 (23:57) 9 3 2	4 (19:08) 9 2 3	5 (00:56) 9 1 4	6 (13:51) 9 9 5	7 (01:19) 9 8 6	7 (06:23) 9 7 7	8 (00:33) 9 6 8	7 (05:52) 9 5 9	7 (00:45) 9 4 1
2001	5 (14:05) 9 3 2	4 (03:29) 8 2 2	5 (23:26) 8 1 3	4 (06:10) 8 9 4	5 (00:48) 8 8 5	5 (07:42) 8 7 6	6 (19:26) 8 6 7	7 (06:52) 8 5 8	7 (12:50) 8 4 9	8 (06:14) 8 3 1	7 (11:41) 8 2 2	7 (06:41) 8 1 3
2002	5 (19:45) 8 9 4	4 (09:27) 7 8 4	6 (05:20) 7 7 5	4 (11:57) 7 6 6	5 (07:21) 7 5 7	5 (13:17) 7 4 8	7 (00:59) 7 3 9	7 (13:31) 7 2 1	7 (18:23) 7 1 2	8 (11:52) 7 9 3	7 (17:29) 7 8 4	7 (12:30) 7 7 5
2003	6 (01:34) 7 6 6	4 (15:12) 6 5 6	6 (10:56) 6 4 7	4 (17:25) 6 3 8	5 (12:42) 6 2 9	5 (18:35) 6 1 1	7 (07:35) 6 9 2	7 (18:59) 6 8 3	8 (00:00) 6 7 4	8 (18:03) 6 6 5	7 (23:19) 6 5 6	7 (18:10) 6 4 7
2004	6 (07:29) 6 3 8	3 (21:09) 5 2 8	5 (16:45) 5 1 9	3 (23:08) 5 9 1	4 (18:21) 5 8 2	5 (00:12) 5 7 3	6 (13:12) 5 6 4	7 (00:38) 5 5 5	7 (05:40) 5 4 6	7 (23:46) 5 3 7	7 (05:04) 5 2 8	6 (23:57) 5 1 9

	Ene	Feb	Marzo	Abril	Mayo	Junio	Julio	Agos	Sept	Oct	Nov	Dic
2005	5 (13:18) 5 9 1	4 (02:43) 4 8 1	5 (22:34) 4 7 2	4 (05:22) 4 6 3	4 (23:59) 4 5 4	5 (06:53) 4 4 5	6 (18:39) 4 3 6	7 (06:06) 4 2 7	7 (12:02) 4 1 8	8 (05:23) 4 9 9	7 (10:47) 4 8 1	7 (05:44) 4 7 2
2006	5 (18:51) 4 6 3	4 (08:30) 3 5 3	6 (04:21) 3 4 4	4 (10:56) 3 3 5	5 (06:17) 3 2 6	5 (12:12) 3 1 7	6 (23:56) 3 9 8	7 (12:35) 3 8 9	7 (17:32) 3 7 1	8 (11:04) 3 6 2	7 (16:42) 3 5 3	7 (11:41) 3 4 4
2007	6 (00:45) 3 3 5	4 (14:23) 2 2 5	6 (10:09) 2 1 6	4 (16:38) 2 9 7	5 (11:54) 2 8 8	5 (17:45) 2 7 9	7 (05:29) 2 6 1	7 (18:09) 2 5 2	7 (23:11) 2 4 3	8 (17:15) 2 3 4	7 (22:30) 2 2 5	7 (17:19) 2 1 6
2008	6 (06:35) 2 9 7	4 (20:10) 1 8 7	5 (15:49) 1 7 8	3 (22:13) 1 6 9	4 (17:25) 1 5 1	4 (23:14) 1 4 2	6 (12:11) 1 3 3	6 (23:38) 1 2 4	7 (04:43) 1 1 5	7 (22:54) 1 9 6	7 (04:16) 1 8 7	6 (23:10) 1 7 8
2009	5 (12:29) 1 6 9	4 (01:49) 9 5 9	5 (21:36) 9 4 1	4 (04:22) 9 3 2	4 (22:59) 9 2 3	5 (05:53) 9 1 4	6 (17:39) 9 9 5	7 (05:06) 9 8 6	7 (10:14) 9 7 7	8 (04:30) 9 6 8	7 (10:01) 9 5 9	7 (05:03) 9 4 1
2010	5 (18:28) 9 3 2	4 (07:50) 8 2 2	6 (03:39) 8 1 3	4 (10:12) 8 9 4	5 (05:32) 8 8 5	5 (11:26) 8 7 6	6 (23:10) 8 6 7	7 (11:46) 8 5 8	7 (16:40) 8 4 9	8 (10:11) 8 3 1	7 (15:49) 8 2 2	7 (10:53) 8 1 3
2011	5 (23:59) 8 9 4	4 (13:39) 7 8 4	6 (09:21) 7 7 5	4 (15:47) 7 6 6	5 (10:59) 7 5 7	5 (16:49) 7 4 8	7 (04:32) 7 3 9	7 (17:14) 7 2 1	7 (22:18) 7 1 2	8 (16:24) 7 9 3	7 (21:41) 7 8 4	7 (16:46) 7 7 5
2012	6 (05:53) 7 6 6	4 (19:30) 6 5 6	5 (15:11) 6 4 7	3 (21:33) 6 3 8	4 (16:42) 6 2 9	4 (22:29) 6 1 1	6 (11:27) 6 9 2	6 (22:54) 6 8 3	7 (03:59) 6 7 4	7 (22:10) 6 6 5	7 (03:31) 6 5 6	6 (22:26) 6 4 7
2013	5 (11:48) 6 3 8	4 (01:12) 5 2 8	5 (21:04) 5 1 9	4 (03:52) 5 9 1	4 (22:28) 5 8 2	5 (05:19) 5 7 3	6 (17:03) 5 6 4	7 (04:28) 5 5 5	7 (09:35) 5 4 6	8 (03:50) 5 3 7	7 (09:19) 5 2 8	7 (04:19) 5 1 9
2014	5 (17:43) 5 9 1	4 (07:05) 4 8 1	6 (02:55) 4 7 2	4 (09:29) 4 6 3	5 (04:49) 4 5 4	5 (10:43) 4 4 5	6 (22:25) 4 3 6	7 (11:01) 4 2 7	7 (15:58) 4 1 8	8 (09:32) 4 9 9	7 (15:14) 4 8 1	7 (10:18) 4 7 2
2015	5 (23:24) 4 6 3	4 (13:03) 3 5 3	6 (08:47) 3 4 4	4 (15:14) 3 3 5	5 (10:29) 3 2 6	5 (16:20) 3 1 7	7 (04:04) 3 9 8	7 (16:43) 3 8 9	7 (21:44) 3 7 1	8 (15:48) 3 6 2	7 (21:05) 3 5 3	7 (16:11) 3 4 4
2016	6 (05:17) 3 3 5	4 (18:55) 2 2 5	5 (14:34) 2 1 6	3 (20:56) 2 9 7	4 (16:06) 2 8 8	4 (21:55) 2 7 9	6 (10:52) 2 6 1	6 (22:19) 2 5 2	7 (03:23) 2 4 3	7 (21:32) 2 3 4	7 (02:53) 2 2 5	6 (21:48) 2 1 6
2017	5 (11:09) 2 9 7	4 (00:33) 1 8 7	5 (20:22) 1 7 8	4 (03:07) 1 6 9	4 (21:42) 1 5 1	5 (03:25) 1 4 2	6 (16:21) 1 3 3	7 (03:48) 1 2 4	7 (08:58) 1 1 5	8 (03:14) 1 9 6	7 (08:42) 1 8 7	7 (03:43) 1 7 8

49

Encuentra tus números del cuadrado mágico

QUÉ SIGNIFICAN TUS NÚMEROS

El número del año de los nueve ki (5 5 5)

Este número guarda relación con tu carácter y con tu chi más profundo. Te da información sobre cómo progresarás en la vida. Por ejemplo, quien tenga el 1 como número del año puede descubrir que su vida se despliega lentamente, tal como crece un riachuelo hasta hacerse río. El número del año define la mejor profesión a largo plazo para ti, tus valores básicos en la vida y tu naturaleza más profunda.

NÚMERO DEL AÑO	PROGRESO	CUALIDADES DE LA PROFESIÓN	NATURALEZA MÁS PROFUNDA
1	Se construye a lo largo del tiempo, flexible	Original, objetivo	Independiente, sexual
2	Constante, consistente	Atento, mejora la calidad	Práctico, hogareño
3	Comienza rápido, consigue que las cosas ocurran	Preciso, analítico	Ambicioso, entusiasta
4	Armonioso, directo	Propaga ideas, tiene inventiva	Determinado, persistente
5	Cambiante, atrae oportunidades	Movilizador, atrae la atención	Sentido de la justicia, cambiante
6	Planes a largo plazo, seguir adelante	Organización, liderazgo	Muestra integridad, responsable
7	Busca comodidad, motivado por la riqueza	Elegante, consciente de las finanzas	Contento, juguetón
8	Busca oportunidades, cambios repentinos	Especulación, motivado	Trabajador, intuitivo
9	Guiado por las emociones, establece redes	Reconocimiento público, autoexpresión	Apasionado, sociable

El número del mes de los nueve ki (5 **5** 5)

Este número tiene la máxima influencia en tus relaciones, pues se vincula con tu manera de comunicar, de expresar tus ideas y de sentir emociones.

Una combinación que funcione bien emocionalmente conducirá a una relación más profunda y satisfactoria. Cuando una relación no prospera, puedes sentir que ninguna de las dos personas entiende a la otra, produciéndose una situación en la que cada pequeño contratiempo crea una separación mayor. Las emociones asociadas con el número de tu mes nueve ki te afectan más profunda y frecuentemente que otras. Mira tus rasgos emocionales más intensos en la tabla siguiente. Compáralos con los de tu amante.

Número del mes	Pensamiento	Comunicación	Emociones
1	Objetivo, independiente	Fluido, abierto	Profundo, afectivo
2	Metódico, práctico	Considerado, con tacto	Cuidador, estable
3	Centrado, preciso	Franco, razonable	Confiado, asertivo
4	Imaginativo, innovador	Persuasivo, persistente	Amable, sensible
5	Para él las cosas son blancas o negras, bien pensado	Poderoso, subestimado	Cambiante, determinado
6	Organizado, intuitivo	Honesto, cauto	Autocontrolado, maduro
7	Centrado en el resultado final, positivo	Encantador, elegante	Juguetón, alegre
8	Competitivo, rápido	Claro, directo	Extravertido, motivado
9	Rápido, guiado por las emociones	Apasionado, expresivo	Fogoso, impulsivo

El número axial de los nueve ki (5 5 **5**)

Este número indica cómo es tu chi más superficial, y suele ser la primera impresión que la gente tiene de ti. También muestra cómo haces las cosas. Por esta razón ofrece información útil sobre cómo trabajas. Muchas personas pueden conocerte en función de tu chi superficial, puesto que ésta es la energía que destaca en primer lugar cuando alguien te conoce. Generalmente, pronto empiezan a relacionarse contigo en términos de la energía de tu mes, pero sólo cuando llegan a conocerte mejor pueden entenderte más profundamente en términos del número de tu año. Si el número axial es diferente de las energías más profundas, puedes cambiar y ser una persona diferente en el trabajo y en casa.

NÚMERO AXIAL	PRIMERA IMPRESIÓN	CUALIDADES LABORALES
1	Tranquilo, de trato fácil	Objetivo, independiente
2	Considerado, amistoso	Sistemático, trabajador en equipo
3	Orientado hacia la solución, conocedor	Preciso, entusiasta
4	Amable, lleno de ideas interesantes	Creativo, poseedor de gran variedad de ideas
5	Capaz de crear un frente fuerte, tendente a la confrontación	Con ideas claras, desea estar al cargo
6	Serio, formal	Bien organizado, tiene el control
7	Encantador, elegante	Enfocado en el resultado final, motivado por el dinero
8	Directo, inquisitivo	Motivado por sus objetivos, acaba los trabajos
9	Dado a las relaciones sociales, inteligente	Busca conexiones útiles, consciente de la reputación

CUÁNDO OCURREN LOS EVENTOS

Cada año cambia la distribución del cuadrado mágico. Para encontrar el cuadro apropiado para un año particular, mira en la tabla de la página 44. Encuentra el año que te interesa, y después, a partir de febrero, busca el número del año. Por ejemplo, el número del año 2006 es 3. De modo que encuentra el cuadrado mágico de la página 43 que tenga en el centro el número del año que te interesa. Ahora localiza tu propio número del año y mira qué posición le corresponde en el cuadro. Por ejemplo, alguien que tenga el número del año 1 estará en el este en 2006. El chi de esa posición del cuadrado te influirá durante ese año, haciendo que te resulte más fácil conseguir ciertas cosas en la vida.

Puedes aplicar el mismo principio a cada mes. Busca el mes que te interesa en las páginas 44-49, y toma nota del número del mes, situado en el medio. Recuerda que los meses no comienzan al mismo tiempo que los nuestros, de modo que es posible que para los primeros días tengas que usar el mes anterior. Encuentra el cuadro de la página 43 que tenga el mismo número del mes en el centro y busca dónde está posicionado el número de tu año.

Sucesos importantes

El chi que interiorices durante cualquier suceso importante se mantendrá contigo, posiblemente durante muchos años. Por ejemplo, casarte puede producir un cambio muy duradero en tu chi. Por el contrario, si comienzas una relación cuando uno de vosotros o ambos estáis pasando por un periodo de dificultades, es posible que establezcáis patrones de conducta más destructivos hacia el otro, que después serán un tema recurrente a medida que la relación progrese.

Asimismo, si comienzas un nuevo negocio en un momento favorable y disfrutas inicialmente del éxito, debería resultarte fácil superar cualquier dificultad posterior basándote en el impulso de tus éxitos anteriores.

Número opuesto al 5

Tienes que tener cuidado cuando el número de tu año esté en oposición con la poderosa energía del 5. Por ejemplo, en el año 2006, el 5 está al oeste. Esto significaría que el 1, situado al este, está en oposición con el 5. En estos casos resulta fácil sentirse bloqueado, de modo que sería más sabio posicionarte para que las oportunidades vengan a ti, en lugar de tener que esforzarte mucho para conseguir las cosas.

El ciclo de los negocios

Las nueve fases descritas anteriormente pueden situarse en un ciclo de los negocios, que refleja las distintas fases cronológicas por las que pasarás.

- **Norte.** Nuevas ideas originales.
- **Suroeste.** Investigación y desarrollo.
- **Este.** Poner las ideas en acción.
- **Sureste.** Expansión y *marketing*.
- **Centro.** Atraer atención.
- **Noroeste.** Organización y planificación previa.
- **Oeste.** Incrementar los beneficios y buscar financiación.
- **Noreste.** Ser competitivo y directo.
- **Sur.** Promoción y ventas.

Si puedes armonizarte con uno de estos nueve ciclos del ki, experimentarás esa sensación de estar en un flujo donde las cosas encajan en su lugar con muy poco esfuerzo.

Fases y emociones de los nueve ki

Mira la lista siguiente para ver qué efecto emocional podrían tener en ti cada una de las nueve fases. Puedes aplicarlas a un año o un mes.

DIRECCIÓN	FOMENTA	RIESGOS
Este	Confianza	Ira
	Autoestima	Irritabilidad
	Ambición	Impaciencia
	Entusiasmo	Cometer errores
Sureste	Persistencia	No dejar ir
	Inspiración	Hipersensibilidad
	Imaginación	Soñar despierto
	Tener nuevas ideas	Ideas poco realistas
Sur	Pasión	Tendencia a discutir
	Autoexpresión	Estrés
	Generosidad	Histeria
	Orgullo	Separación
Suroeste	Realismo	Precaución
	Espíritu práctico	Sentirse estancado
	Relaciones más profundas	Dependencia
	Mejora de la calidad	Celos

Las nueve fases de una relación

- **Este.** Gran entusiasmo por hacer las cosas; pero existe el riesgo de sentirse irritable, malhumorado y menos proclive a escuchar.
- **Sureste.** Crea una relación más armoniosa, evitando la confrontación; resulta más fácil sentirte positivo con respecto a tu relación.
- **Centro.** Atrae más la atención; pero existe el riesgo de que estés inseguro de tus sentimientos hacia tu amante.
- **Noroeste.** Mayor confianza para pasar a una situación más seria y permanente; pero podrías mostrarte crítico y exhibir superioridad moral.
- **Oeste.** Te sientes más romántico y divertido; el placer físico será más importante, pero es posible que no te tomes a tu amante en serio.
- **Noreste.** Podéis hacer mucho juntos, pero puedes deshacerte de las cosas que ya no funcionan para ti; eres capaz de defender mejor tu posición.
- **Sur.** Te muestras apasionado, cálido y generoso; pero puedes tener tendencia a discutir, reaccionando fuertemente si se hiere tu orgullo, lo que puede conducir a la separación.
- **Norte.** Es ideal para el sexo, el afecto y la exploración del lado más profundo del otro; pero puedes sentirte más distante y necesitar tu propio espacio.
- **Suroeste.** Es más fácil sentirse cerca, mejorar la calidad de tu relación y hacer que las cosas funcionen a largo plazo; pero podrías perder el interés y la espontaneidad.

Usa la tabla de la página siguiente para tener una referencia rápida de las cualidades de cada fase. Encuentra la dirección del número de tu año dentro del cuadro relevante y después localiza esa dirección en la tabla.

DIRECCIÓN	FOMENTA	RIESGOS
Oeste	Romance	Depresión
	Contentarse	Falta de motivación
	Ganas de jugar	Irresponsabilidad
	Disfrute de los placeres	Inmadurez
Noroeste	Autocontrol	Arrogancia
	Seguridad en uno mismo	Superioridad moral
	Intuición	Tendencia a juzgar
	Sabiduría	Condescendencia
Norte	Vitalidad sexual	Preocupación
	Espiritualidad	Inseguridad
	Encontrar paz interior	Aislamiento
	Independencia	Soledad
Noreste	Motivación	Avaricia
	Sentirse competitivo	Obsesión
	Espíritu luchador	Sentirse al límite
	Claridad mental	Ser crítico
Centro	Atraer oportunidades	Cambiar de opinión
	Ser el centro de atención	Confrontación
	Desarrollar opiniones	Tomar decisiones apresuradas
	Sentirse fortalecido	Obsesión con uno mismo

TUS MEJORES DIRECCIONES

Cada año y cada mes, ciertas direcciones serán más favorables para el chi de tu año. Imagina que deseas navegar por el mar: primero tendrías que estudiar las mareas y la dirección de los vientos dominantes para poder elegir el momento ideal de iniciar tu viaje. Asimismo, puedes averiguar cuándo están presentes las mejores condiciones feng shui (viento y agua) para realizar tu movimiento. Esto se aplica principalmente a un cambio de domicilio, pero también puede tener una influencia significativa en el establecimiento de un nuevo negocio o a la hora de encontrar un nuevo trabajo. El mismo principio es aplicable cuando introduces cambios en tu hogar.

Cómo hallar las mejores direcciones

Para ello mira las tablas de las páginas 45-49 a fin de tomar nota del número de tu año y de los números del año y del mes de la fecha en la que quieres trasladarte. Después ve a la página 43 y haz una copia de los cuadros que tengan en su centro los números del año y del mes de la fecha en la que quieres trasladarte.

1 Tacha el eje (la línea recta de tres números que pasa por el centro del cuadrado, bien sea vertical, horizontal o diagonalmente) que contenga el número 5. Ignora este paso si los cuadros del mes o el año tienen el número 5 en el centro. El movimiento hacia el número 5 puede ser imprevisible: hasta los pequeños problemas se pueden descontrolar. Alejarse de él puede debilitar tu chi, haciéndote más vulnerable a los accidentes y a las lesiones.

2 Tacha el eje con el número de tu año. Moverse hacia el número de tu año es como intentar juntar dos imanes por los polos que tienen la misma carga: te arriesgas a sentirte confuso y a que la vida se complique innecesariamente. Alejarte del número de tu año es casi como dejar atrás una parte de ti, con el resultado de que podrías echar de menos tu antiguo hogar y sentirte vacío.

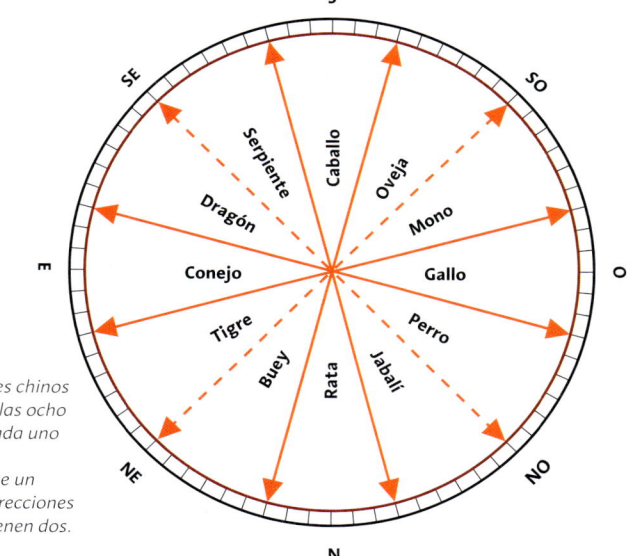

Los 12 animales chinos se funden con las ocho direcciones. Cada uno de los puntos cardinales tiene un animal y las direcciones intermedias tienen dos.

3 Tacha la dirección opuesta al animal activo para ese año o mes (véase cuadro). Alejarse del animal activo puede producir una deficiencia de chi, con el resultado de que parece que las cosas están a punto de ocurrir, pero se desinflan en el último momento.

4 Tacha la dirección que contiene el número que está enfrente (en oposición) de su posición normal cuando el 5 está en el centro (por ejemplo, cuando el 9 está en el centro del cuadrado mágico, el 7 está en el este, enfrente de su posición normal en el oeste). Ignora este paso si el cuadro del año o del mes tiene el 5 en el centro. Cuando nos movemos hacia un número que está enfrente (en oposición) de su posición normal en el cuadro, tal vez descubras que es menos probable que las cosas ocurran como habías planeado.

5 Mira las direcciones restantes para ver las que te suelen ser favorables.

REGLAS BÁSICAS

- *La influencia del año es mayor que la del mes.*

- *La dirección en la que te trasladas se calcula desde el lugar donde has estado durmiendo durante al menos tres meses al siguiente lugar donde estarás durmiendo al menos otros tres meses. No es la ruta que eliges para llegar allí.*

- *Para establecerte en el nuevo chi, tienes que dormir cada noche en la nueva ubicación durante al menos dos meses.*

- *Cuanto mayor sea la distancia a la que te traslades, más rápida e intensa será la influencia.*

- *Cuando estés calculando direcciones para familias, concéntrate en el número del año de los padres.*

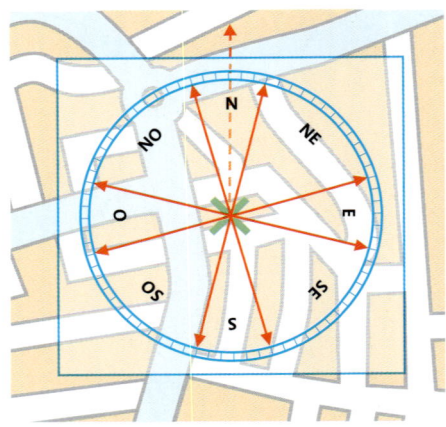

Aplicar las ocho direcciones a un mapa

Toma un mapa y marca tu hogar con una X. Dibuja una línea desde tu casa hacia el norte (generalmente en la parte superior de la página). Coloca tu transparencia de las ocho direcciones (véanse páginas 112-115) de tal modo que el centro quede sobre tu casa y que el norte de la transparencia esté alineado con la línea que acabas de dibujar. Esto te mostrará cuáles son las ocho direcciones desde tu casa. Lo mismo puede hacerse con un mapa del mundo para los viajes largos.

Cuándo hacer cambios en tu casa

Los principios son los mismos que para encontrar el mejor momento para trasladarte. Estos principios se aplican a ampliar tu casa, añadir un invernadero, hacer renovaciones e implementar curas feng shui. Para las grandes obras es mejor esperar al año adecuado, pero para la mayoría del resto de los cambios basta con encontrar el mes favorable.

1 Coloca la transparencia de las ocho direcciones (véanse páginas 112-115) sobre el plano de planta (véanse páginas 108-111) para ver en qué dirección se va a producir el cambio.

2 Traza la carta para el mes corriente y tacha las direcciones que no sean adecuadas.

3 Si la dirección del cambio no ha quedado tachada, comienza a trasladarte antes de que acabe el mes. Si la dirección ha sido tachada, repite el proceso para el mes siguiente y continúa así hasta que encuentres un mes en que esa dirección sea positiva.

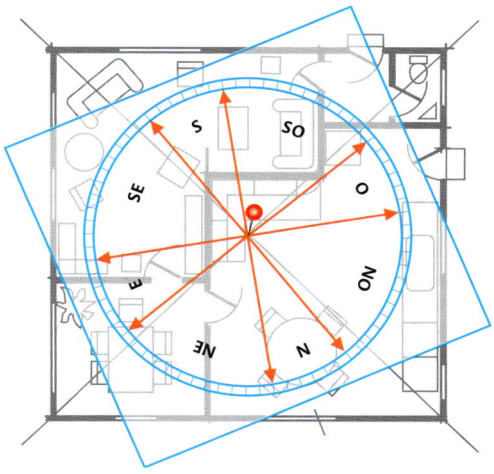

COMBINÁNDOLO TODO

Una manera de aplicar todo lo que has aprendido hasta ahora es encontrar el mejor lugar donde sentarte en tu casa.

Mira a la habitación en la que quieres sentarte para sentir dónde está más calmado el chi. No quieras sentarte cerca de una puerta, de una esquina saliente o de una gran ventana. Piensa en términos de yin y yang: busca áreas suaves y calmadas (yin) para relajarte, o áreas brillantes y coloristas (yang) en las que sentirte estimulado.

Procura sentir el chi que está presente. Las grandes formas verticales, los techos altos y las superficies de madera generan un chi madera más «ascendente». La exposición al sol, los rojos brillantes o púrpuras y una chimenea irradian un chi más fogoso. Los espacios bajos y suaves, con colores tierra y formas horizontales, contienen más chi de tierra. Las superficies duras, los objetos metálicos y los colores grises o plateados se combinan para crear el chi del metal, dirigido hacia dentro. Las formas fluidas, el cristal y los acabados traslúcidos producen el ambiente más calmado del chi agua.

Considera las opciones que te permitirán sentarte con la espalda hacia una pared (protegido por la tortuga) y la parte anterior abierta a la superficie de habitación más extensa que sea posible (de modo que el chi del fénix puede elevarse por delante de ti). Los objetos bajos a ambos lados te proporcionarán el apoyo del chi del dragón y del tigre.

Finalmente, toma una brújula para establecer hacia qué dirección mirarás cuando estés sentado en distintas posiciones. La dirección que afrontes te ayudará a absorber más de ese chi particular; por ejemplo, mirar hacia el este te ayudará a absorber más chi del este.

Cualidades de las direcciones

Sentarte con la espalda hacia la pared, afrontando una dirección con un chi favorable te mantendrá en una posición fuerte.

- **Este.** Este chi es confiado y positivo, pero no particularmente relajante; puede potenciar un poco tu autoestima.

- **Sureste.** Es genial para soñar despierto y dejar que tu imaginación se desborde; también ayuda a pensar en el futuro.

- **Sur.** Es excelente para mostrarse expresivo, sociable, mentalmente estimulado y extravertido, pero no es particularmente relajante.

- **Suroeste.** Este chi vuelve a ponerte los pies en la tierra de manera segura, pero puede reducir tus niveles de energía si estás demasiado atareado.

- **Oeste.** Es bueno para sentirse contento, romántico y bien contigo mismo, pero evita esta dirección cuando te sientas mal o retraído.

- **Noroeste.** Te ayuda a revisar tu vida y a recurrir a tu propia sabiduría o intuición, pero evítalo si eres un maniático del control.

- **Norte.** Es ideal para el descanso y la relajación: te ayuda a calmarte y a seguir el flujo; también es bueno para meditar.

- **Noreste.** Ayuda a tener más claridad mental y a mostrarse decidido, pero también puede ser demasiado afilado y penetrante para resultar relajante.

LOS PILARES BÁSICOS DEL FENG SHUI

USA ELEMENTOS DE DISEÑO PARA CAMBIAR LA ATMÓSFERA DE UN ESPACIO

Cuando desees redecorar, renovar o diseñar tu propia casa, tienes una oportunidad asombrosa para crear el ambiente que realmente sea adecuado para ti. En ocasiones así puedes volverte loco eligiendo un suelo, la pintura de las paredes y seleccionando la luz y los muebles. El feng shui te ayuda a tomar decisiones más informadas, de modo que tomes cada una sabiendo el efecto que tendrá en la gente que viva allí. El feng shui sólo se dirige a los ocupantes, y no al estilo de la casa.

En cierto sentido, esto sólo es feng shui preventivo, porque en lugar de intentar arreglar un problema usando el feng shui, tienes la oportunidad de evitar hacer algo que represente una influencia adversa en tu vida. Si tu vida va bien, no querrás hacer nada para alterarla.

Si tienes la suerte de poder diseñar tu propio hogar, puedes incluso especificar la distribución de las habitaciones, sus proporciones

Una mesa de cristal y un suelo pulido aceleran el flujo de chi, haciendo que éste sea un espacio más yang y dinámico en el que sentarse.

y los materiales con los que se construirá tu nueva casa. Tal vez puedas decidir también en qué dirección mirará, y por tanto el tipo de chi que se verterá sobre la parte frontal de tu casa.

Las telas suaves y yin mezcladas con brillantes colores yang hacen que este espacio sea visualmente estimulante.

CONSEJOS DE DISEÑO

- **Elementos especiales.** Piensa en cómo incorporarás muchos elementos feng shui, como plantas, una fuente de agua o velas. De esta manera cada cosa tendrá su lugar en tu hogar.

- **Sé flexible.** Tanto si el proyecto es grande como si es pequeño, siempre es conveniente hacer que cada habitación sea lo más flexible posible y mantener al mínimo los muebles fijos. Por ejemplo, siempre es bueno tener dos o tres opciones en cuanto a dónde poner la cama, pero los armarios fijos pronto podrían limitar estas opciones a una sola. Si ocurre que esa posición no es beneficiosa para ti, los cambios subsiguientes podrían salir caros. Procura diseñar habitaciones usando muebles móviles y permítete la libertad de moverlos posteriormente.

- **Considera qué materiales vas a usar.** Muchos materiales modernos pueden desprender humos tóxicos durante años después de haber sido instalados. Procura usar pinturas orgánicas; madera sólida para el suelo, las superficies y los muebles, y lana o algodón puros para los tejidos; minimiza el uso de plásticos.

COLORES

Los colores que uses para decorar tu hogar tendrán una influencia significativa en su chi, porque cada color refleja diferentes frecuencias de luz hacia la habitación, llenándola de chi más lento o más rápido. A medida que estas frecuencias luminosas viajan por el campo de chi externo, también cambian la manera en que se mueve tu propio chi, produciendo distintos sentimientos y pensamientos.

COJINES

Usa cojines para añadir color a una habitación y juega con ellos, poniéndolos en distintos lugares hasta que hayas encontrado la disposición que más te guste.

Colores yin y yang

Los rojos, amarillos y naranjas brillantes te ayudan a sentirte más activo, estimulado y yang. Los colores pálidos, como los azules y verdes claros, te ayudan a sentirte más pacífico, calmado y yin.

Los grandes bloques de color brillante son más yang, aunque también puedes hacer que una habitación dé una sensación más yang usando dibujos con líneas rectas, como cuadrados o cuadrículas. Las líneas ondulantes y las formas irregulares rompen el flujo de chi, haciéndolo más yin.

Esta habitación está decorada con estimulantes colores yang.

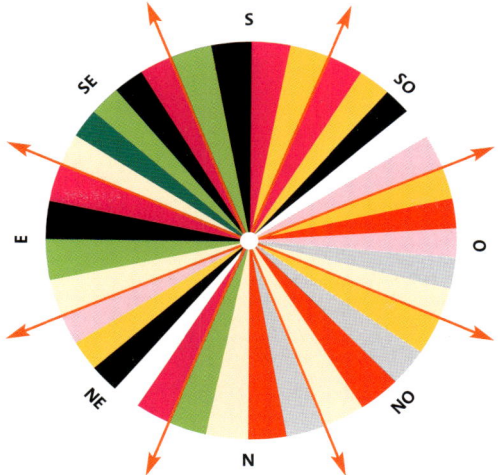

Este cuadro muestra todos los colores que son armoniosos con cada dirección.. Úsalo como guía para decorar o añadir color a tu hogar.

Ocho direcciones

Mira las descripciones de las ocho direcciones que empiezan en la página 36. Encuentra una dirección que tenga las propiedades que más necesitas, y después ve qué color está asociado con ella. Por ejemplo, para sentirte más expresivo y sociable necesitas más chi del sur. El color que ayuda a activar esta energía es el púrpura brillante.

Usa el color apropiado en la parte de tu hogar relacionada con él. Por ejemplo, el color púrpura brillante en la parte sur de tu casa. Usa la transparencia de las ocho direcciones (véanse páginas 112-115) para establecer qué colores usar en diferentes habitaciones. Procura incluir el color de cada dirección en el lugar donde es más poderoso, aunque puedes usar otros colores con él. De modo que podrías tener una habitación blanca en el sur, con unos pocos toques de púrpura brillante.

Cuando estés preparado para pintar, pon grandes manchas de prueba en la pared y convive con ellas durante unos días para ver cómo te sientes. Cuanto más intenso sea el color, menos necesitarás cambiar la energía de una habitación.

MATERIALES

Los materiales que utilices en tu hogar también definen cómo fluye el chi en él. Una selección cuidadosa del material significa que puedes refinar la atmósfera de tu casa o apartamento. Las áreas con mucha superficie, como los suelos, tendrán más influencia, y merece la pena tener en cuenta los materiales que usas.

Los materiales naturales tienden a transportar el chi con más facilidad que los sintéticos, y ayudan a que circule bien por tu hogar. Un ejemplo de esto es la madera, cuyo chi fluye a lo largo de las vetas. Muchos materiales sintéticos bloquean el paso del chi, con lo que te arriesgas a crear espacios estancados dentro de tu hogar. Además, algunos materiales sintéticos, como las alfombras de nylon, generan una carga de electricidad estática que interfiere con tu chi superficial.

El tejido suave de este sofá ralentiza el chi, mientras que el suelo de madera lo acelera, creando un flujo más equilibrado.

Materiales yin y yang

Las superficies con texturas rugosas (como una alfombra de lana) ralentizan el chi, haciéndolo más yin, mientras que las superficies planas, duras y brillantes (como la vitrocerámica) aceleran el flujo de chi, creando un ambiente más yang.

MATERIALES DE MADERA

- Mimbre
- Bambú
- Algas marinas
- Corcho
- Madera

MATERIALES DE FUEGO

- Vitrocerámica
- Piedras pasadas por el fuego

MATERIALES DE TIERRA

- Alfombras
- Tejidos
- Piedras rugosas y suaves

MATERIALES DE METAL

- Piedra dura
- Metal

MATERIALES DE AGUA

- Vidrio
- Espejo

Los cinco elementos

También puedes pensar en los materiales en términos de los cinco elementos (véase página 30). Cada tipo de material fomenta cierto flujo de chi. Puedes aplicar la transparencia de las ocho direcciones (véanse páginas 112-115) para establecer qué materiales encajan de manera natural en cada parte de tu casa. El uso de estos materiales producirá un intercambio de chi más armonioso y desplegará distintos ambientes en cada parte de tu hogar.

Este armario añade chi de madera, la lámpara chi de fuego y el sofá bajo chi de tierra a este rincón.

ILUMINACIÓN

La iluminación es una herramienta decorativa muy flexible e inmediata. Con la pulsación de un interruptor puedes cambiar de un entorno brillante y yang a un estado de ánimo suave y yin. Normalmente las luces producen más chi de fuego, aunque hay distintos tipos de iluminación que están asociados con cada uno de los cinco elementos. En general, puedes usar lámparas de pie para crear el efecto que deseas, reduciendo el coste y manteniendo la adaptabilidad de todos los elementos.

Luces yin y yang

Cualquier tipo de luz indirecta, difusa o reflejada tiende a ser más yin. Por ejemplo, una luz que se refleje en una pared o en el techo es más yin que cualquier luz directa. Las lámparas con pantalla son más yin que las que exponen sus rayos directamente en la habitación. Pero un foco brillante o una halógena son más yang.

Los cinco elementos

La iluminación puede contemplarse en términos de los cinco elementos (véase pág. 30).

- **Madera.** Si quieres crear un ambiente más inspirador, procura usar luces enfocadas hacia arriba. Esto también ayudará a que tu habitación parezca más alta y espaciosa. Un techo brillan-

Las lámparas con pantalla irradian un chi más difuso y yin, ayudando a que la habitación resulte más cómoda, con un ambiente caracterizado por el chi de tierra.

Los focos de alta intensidad producen chi yang, y en este caso un chi metálico más concentrado en términos de los cinco elementos.

te y unos suelos ligeramente más oscuros reflejan la relación entre el cielo y la tierra, haciendo que la iluminación interior parezca más natural. Esto es particularmente conveniente en las habitaciones con techos bajos o vigas opresivas.

- **Fuego.** Cualquier cosa que cree una explosión de luz, como una gran lámpara de araña, es la expresión última del chi de fuego.

- **Tierra.** Una mesa suave y las lámparas de suelo llevan la energía hacia abajo y generan un estado de ánimo relajante e íntimo en la habitación. También puedes usar luces coloreadas cuando quieras suavizar aún más el ambiente.

- **Metal.** Para producir una apariencia más intensa y concentrada, usa focos para resaltar los rasgos de tu habitación, como los arreglos florales, los cuadros y las plantas.

- **Agua.** Una fuente de luz que cambie constantemente genera más chi de agua. Podría ser una luz coloreada proyectada sobre una pared o una luz tenue que brille a través de una tela.

ADAPTABILIDAD

Recuerda que tu iluminación ha de ser flexible y fácil de controlar para poder cambiar rápidamente de un tema iluminativo a otro.

FORMAS

Los contornos o formas de una habitación definen cómo se comporta el chi allí. Las líneas rectas y largas permiten que el chi fluya más rápido, mientras que los bordes afilados favorecen el giro del chi, y las esquinas ralentizan el chi estancado. En menor medida, las formas de los muebles también alteran el flujo de chi. Por ejemplo, los objetos curvados o redondeados permiten que el chi se mueva más armoniosamente y hacen que sea más fácil sentirse relajado.

Formas yin y yang

Las formas yang son las que favorecen un movimiento más rápido del chi, y por tanto están hechas de líneas rectas y bordes duros. Una habitación rectangular, con muebles rectangulares, estimula la claridad de pensamiento y debe ayudarte a ser más decidido.

Las formas yin son redondeadas e irregulares, de modo que una habitación con formas irregulares, con una variedad de muebles redondeados y curvados, anima un flujo de chi más lento, haciendo que te resulte más fácil sentirte en calma. Este tipo de habitación suele ser mejor cuando tienes que hacer uso de tu creatividad e imaginación.

Las líneas rectas fuertes crean una atmósfera yang, produciendo una sensación limpia y funcional.

Los cinco elementos

Puedes ayudar a mover el chi en distintas direcciones usando las formas asociadas con los cinco elementos.

- **Madera.** Líneas verticales, formas altas y techos elevados animan a que el chi se mueva hacia arriba, ayudándote a sentir que puedes hacer más y ampliando tus límites.

- **Fuego.** Las formas de estrella, las líneas en zigzag y las formas piramidales producen más chi de fuego. Por ejemplo, un techo apuntado estimula la mente y facilita la expresión.

- **Tierra.** Las líneas horizontales, las formas planas y bajas y los techos bajos generan chi de tierra. Esto hace que sea más fácil conectar con otra gente y concentrarte en lo que sucede a tu alrededor.

- **Metal.** Los arcos, los círculos y las bóvedas traen a un espacio más chi metal. Descubrirás que puedes contener mejor tu chi y dedicarte a completar las cosas de tu vida.

- **Agua.** Las líneas ondulantes, las formas irregulares y los contornos abstractos generan chi de agua. Úsalos para sentirte más flexible y para cavar profundamente en busca de ese pensamiento original.

El medio arco, el suelo con escalones, la forma irregular y la mezcla de muebles dan a esta habitación un ambiente chi de agua.

LA CASA FENG SHUI

Cuando diseñas una nueva casa tienes la oportunidad de distribuir todas las habitaciones en las posiciones donde el chi del ambiente encaje mejor con el propósito de la habitación. En el ejemplo que damos aquí, la cocina está situada en el sureste, donde el chi de madera es armonioso tanto con el fuego de la cocina como con el agua del fregadero. Asimismo, el agua del baño está en armonía con el chi madera del este.

El salón y el comedor están orientados al sur y suroeste, favoreciendo un ambiente social e interactivo. El sur es ideal para los entretenimientos y el suroeste para calmarse. La principal entrada está al oeste, y aporta más del chi que te ayuda a sentirte contento, juguetón y romántico. El pasillo central abierto da al poderoso chi del 5 (centro del cuadrado mágico estándar) abundante espacio para moverse.

La biblioteca/estudio está situada en el noroeste, y esto facilita la organización, mantener el control y planificar con tiempo. Poner el dormitorio en el norte hace que sea más fácil beneficiarse de este chi sereno para dormir profundamente. El vestidor en el noreste está en la ubicación adecuada para gozar de decisión y claridad mental. Alternativamente, éste sería un buen lugar para jugar.

Los cuadros dan ideas de los colores, los materiales y las formas perfectas para cada estancia. Cada habitación incluye otros componentes armoniosos, usando los principios de los cinco elementos. Por ejemplo, el fuego del sur también incluye los elementos madera y tierra (escritos en cursiva).

OESTE

Rojo, rosa, *amarillo, marrón, beige, negro apagado,* **blanco, gris, crema**
Metal, piedra, *alfombras, alfombrillas, vidrio*
Formas circulares, arqueadas, *ondulantes, horizontales*

SUROESTE

Negro, amarillo, marrón, *púrpura, rosa, gris*
Arcilla, tejidos, alfombra, *baldosas, metal, vitrocerámica*
Horizontales, bajas, planas, *estrellas, apuntadas, circulares, arqueadas*

NOROESTE

Gris, plateado, *negro, amarillo, rojo, crema*
Metal, piedra, *alfombras, alfombrillas, vidrio*
Circulares, arqueadas, *horizontales, ondulantes*

NORTE

Crema, barniz claro, *verde pálido, azul pálido, rosa, gris, plateado*
Vidrio, *metal, piedra, madera*
Ondulantes, curvadas, irregulares, *redondas, altas*

NORESTE

Blanco, *púrpura, negro, amarillo, rosa, gris*
Tejidos, alfombrillas, alfombra, piedra suave, *baldosas, metal, vitrocerámica*
Horizontales, bajas, planas, *estrellas, apuntadas, circulares, arqueadas*

ESTE

Verde brillante, *crema, verde oscuro, azul, púrpura*
Madera, *vidrio, vitrocerámica*
Altas, verticales, *ondulantes, apuntadas*

SURESTE

Verde oscuro, azul, *crema, verde brillante, púrpura*
Madera, *vidrio, vitrocerámica*
Altas, verticales, *ondulantes, apuntadas*

SUR

Púrpura, *verde, azul, negro apagado, amarillo, marrón, beige*
Madera, *vidrio, vitrocerámica*
Apuntadas, estrellas, pirámides, *altas, horizontales*

Biblioteca · Dormitorio · Vestidor · Recibidor · Pasillo · Baño · Salón/Comedor · Cocina

La casa feng shui

USA REMEDIOS PARA RESOLVER PROBLEMAS PERSONALES

El feng shui curativo se utiliza cuando has identificado un problema en tu vida y deseas usar esta herramienta para resolverlo. Ante esta situación la mayoría de la gente quiere alterar su casa lo mínimo posible y gastar lo mínimo en remedios. El arte de este estilo de feng shui consiste en ser tan preciso y específico como se pueda. En este caso, menos es más.

El feng shui no funciona como una píldora mágica, y por sí mismo no te hará rico, ni te conseguirá la relación perfecta ni mejorará tu salud. Tienes que trabajar en ello y procurar crear las situaciones en las que estas cosas puedan ocurrir.

CONSEJO

Recuerda que no puedes cambiar a otra persona, sólo te puedes cambiar a ti mismo. De modo que culpar a otro no te llevará a una situación resolutiva.

Escribir tus pensamientos puede ser terapéutico en sí mismo.

Consigue lo que necesitas del feng shui

1 Imagina que estás al final de tu vida. Te sientes contento y satisfecho mientras te preparas para irte de este mundo material. Lo has completado todo. Procura visualizar, sentir y oír cómo sería haber alcanzado ese estado.

2 Piensa en lo que tienes que hacer entre ahora y entonces para poder sentirte así. Empieza pensando en ideas generales. Cuando las hayas fijado en tu mente, puedes empezar a trabajar en los aspectos prácticos y rellenar los detalles. Es posible que necesites seguir refinando los detalles durante un tiempo hasta que te sientas satisfecho con su realismo.

3 Toma una hoja de papel en blanco y anota tu plan, visualizando exactamente cuál es su aspecto y procurando imaginar cómo te sentirías al realizarlo. Trabaja los detalles hasta que sientas que todo encaja.

4 Resuelve lo que tienes que cambiar con respecto a ti mismo para realizar tus sueños. Cuando hayas decidido en qué aspectos de tu carácter quieres trabajar, puedes usar el feng shui para ayudar a producir ese cambio. Por ejemplo, si quieres ser más juguetón, podrías intentar fortalecer el chi del oeste en tu hogar, o absorber más de este chi girando tu cama para que al dormir la parte alta de tu cabeza apunte hacia el oeste.

DETALLES ACUÁTICOS

CONCEPTO. Fuentes, acuarios y otros elementos acuáticos.
BENEFICIO. Mejoran tu salud, aportan más vitalidad a tu hogar.
CÓMO USARLOS. Ponlos en el este o sureste de tu hogar o habitación.
FUENTES. Puedes conseguirlas en tiendas especializadas, tiendas del hogar y centros de jardinería.

En esencia, el cuerpo humano está compuesto de agua, y el chi agua dentro de tu cuerpo tiene una frecuencia similar a la del chi de cualquier agua próxima, haciendo que sea posible crear una poderosa conexión entre ambos. Si el chi del agua que está fuera de tu cuerpo es puro y claro, mientras que el chi agua de tu cuerpo es débil, entonces el chi externo puede mejorar la fuerza de tu chi interno.

Puedes poner este tipo de artículos en tu hogar: pequeñas cascadas, fuentes, acuarios o simplemente un cuenco de agua fresca que rellenes cada día. El agua en movimiento añadirá más energía yang vibrante; el agua aquietada añadirá más energía yin calmante. Para aprovechar su efecto, el agua debe estar limpia y fresca, de modo que cámbiala con frecuencia.

¿SABÍAS?

Tradicionalmente la gente ha ido al mar, a los balnearios o los manantiales para curar sus heridas y recuperarse de sus enfermedades. Esto explica el principio feng shui de que el chi del agua fresca y limpia tiene una influencia positiva en el chi agua de tu cuerpo.

SAL MARINA

CONCEPTO. Sal marina, de grano fino o grueso.
BENEFICIOS. Mejora la estabilidad y purifica el chi.
CÓMO USARLA. Ponla en el noreste o sureste de tu casa, o rocíala sobre el suelo.
FUENTES. Tiendas de alimentos naturales y supermercados.

La sal marina ayuda a limpiar el chi y a estabilizar el flujo de chi que hay en tu casa. Conecta con la sal de tu sangre, sudor y lágrimas, y potencialmente tiene una poderosa influencia en tu chi interno. La sal absorberá chi de la habitación, retirando la energía estancada. Pon dos cucharadas de sal marina en pequeños cuencos y sitúalos en las partes noreste y suroeste de tu casa. Como alternativa, espolvorea un poco de sal marina sobre el suelo antes de ir a la cama y al día siguiente pasa la aspiradora o echa la sal fuera de tu casa. La sal de los cuencos tiene que cambiarse cada dos meses.

¿SABÍAS?

Los humanos tenemos una fuerte conexión evolutiva con la sal desde los tiempos en que vivíamos en el mar. La mayoría de nuestros fluidos corporales tienen sabor salado. Procura poner un pequeño saquito de sal marina sobre tu ombligo o en la cintura de tus pantalones para sentirte más seguro.

PLANTAS

CONCEPTO. Cualquier tipo de planta de interiores.
BENEFICIOS. Traen chi viviente y reducen la polución del aire y el ruido.
CÓMO USARLAS. Cultiva una variedad de plantas en tu hogar.
FUENTES. Pueden conseguirse en tiendas de plantas, centros de jardinería y comercios del hogar.

Cualquier ser viviente traerá más chi natural a tu hogar, y una de las mejores maneras de hacerlo es con plantas. Esto es importante, pues los edificios modernos pueden tener un déficit de chi debido a sus materiales aislantes y al uso extendido de productos sintéticos, que a menudo inhiben el flujo de chi. Lo ideal es usar diversos tipos de plantas. En general se considera que las plantas tienen chi madera, y son adecuadas para todas las habitaciones siempre que estén en buen estado. Si te falta espacio en el suelo, usa plantas colgantes.

¿SABÍAS?

Cultiva plantas con hojas acabadas en punta en las esquinas para ayudar a estimular el chi estancado. Pon plantas frondosas frente a las esquinas salientes para calmar y ralentizar el chi rápido y giratorio que generan los bordes afilados. Cultiva todas las plantas que puedas en tu baño, pues su chi madera ayuda a absorber el exceso de chi acuático.

FLORES

CONCEPTO. Arreglos de flores cortadas, plantas con flor.
BENEFICIOS. Ayudan a cambiar el estado de ánimo y aportan chi viviente.
CÓMO USARLAS. Pon estas flores frescas en la habitación donde quieras hacer que el chi se active.
FUENTES. Tu jardín, tiendas de flores y mercados.

Las flores aportan más color a tu hogar y, como irradian chi viviente, su color tiene una intensa presencia. Puedes variar la atmósfera de una habitación simplemente cambiando el arreglo floral en ella. Los colores brillantes generan un ambiente más vivaz y yang, y los tonos pálidos una sensación más relajada y yin. Las flores irradian el chi asociado con su color y dirección (véase página 36). Como las flores irradian chi viviente, cambia el agua a diario y retira las que empiecen a marchitarse. Las plantas con flor tienen una influencia similar, con la ventaja de que duran más.

¿SABÍAS?

Un jarrón también puede alterar el chi de un espacio. Usa tiestos redondeados de metal para incrementar el chi metal, jarrones de cristal para el chi agua, tiestos altos de madera para el chi madera, jarrones triangulares de vitrocerámica para el chi fuego y tiestos de arcilla bajos para el chi tierra.

RELOJES DE PÉNDULO

CONCEPTO. Reloj de péndulo con tantas partes metálicas como sea posible.
BENEFICIOS. Sentirse más organizado y tener una vida más estructurada.
CÓMO USARLOS. Ponlos en los segmentos oeste o noroeste de tu hogar.
FUENTES. Puedes comprarlos en joyerías y tiendas de antigüedades.

Los relojes de pared son excelentes para añadir ritmo a un espacio, y así puedes sintonizar con él, lo que hace más fácil que encuentres tu propio ritmo. Los relojes de pared aportan más chi yang, y están asociados con el chi metal en los cinco elementos. Ponlos en los segmentos oeste o noroeste de tu hogar para fortalecer el chi metal, o en la parte norte de tu casa para sustentar el chi acuático norteño.

¿SABÍAS?

Si llenas una habitación de relojes de péndulo, pasado algún tiempo todos se moverán sincrónicamente. Cualquier ciclo rítmico anima a sincronizarse a otros ciclos rítmicos similares. Por ejemplo, las mujeres que viven juntas suelen descubrir que sus ciclos menstruales están armonizados. El movimiento rítmico del péndulo y su sonido llenará tu casa de un ritmo con el que puedes sintonizar. Tú estás hecho de ritmos (latido del corazón, respiración), de modo que los ritmos de la vida marcan una gran diferencia en cómo te sientes.

CARBÓN

CONCEPTO. Carboncillos para pintar.
BENEFICIOS. Armonía cuando el fuego está situado al oeste o noroeste.
CÓMO USARLOS. Ponlos en un tiesto de arcilla y sitúalos cerca de la fuente de chi fuego.
FUENTES. Pueden conseguirse en tiendas de artículos de pintura.

Los carboncillos generan un fuerte chi tierra. Son los remanentes de la madera que ha sido quemada y se ha enfriado, y reflejan el ciclo de los cinco elementos para la madera, el fuego y la tierra. El chi fuego intenso podría tener un efecto destructivo sobre el chi metal del oeste y en la parte noroeste de tu hogar si hay una insuficiencia de chi tierra. Usa el carbón para ayudar a armonizar la energía cuando tienes una chimenea, cocina, caldera u horno en el oeste o noroeste de tu hogar.

¿SABÍAS?

La superficie negra apagada y porosa del carbón absorbe rápidamente el chi, y por tanto puede ser de ayuda cuando quieres empujarlo hacia abajo. Procura poner el carbón cerca de la puerta sur o en el sur de tu hogar si te sientes excesivamente emocional o descubres que tienes discusiones frecuentes e innecesarias.

VELAS

CONCEPTO. Velas de cera.
BENEFICIOS. Te ayudan a sentirte fogoso, apasionado e íntimo.
CÓMO USARLAS. Enciende velas en las partes sur, suroeste y noreste de tu casa.
FUENTES. Pueden comprarse en tiendas de hogar y tiendas especializadas.

¿SABÍAS?

Puedes usar una vela para ayudarte a meditar y para vaciar tu mente de chi ajetreado. Enciende una única vela y siéntate mirando hacia el norte, con la vela a la altura de los ojos. Mira la llama y concéntrate en el proceso de la cera transformándose del estado sólido al líquido, después pasando al estado gaseoso y convirtiéndose finalmente en luz y calor. A medida que te absorbes plenamente en esta observación, respirando lenta y profundamente, permitirás que el chi del parloteo periférico se aleje de ti flotando, mientras el chi de la vela flota hacia la atmósfera.

Las velas añaden una energía más fogosa a un espacio, aunque son más suaves y más yin que la luz eléctrica. El chi fuego de las velas fortalece el chi fogoso del sur y sustenta el chi tierra del suroeste y del noreste. Úsalas por parejas si quieres comenzar o mejorar una relación. Tienes que encender las velas para que influyan en el chi que les rodea.

ESPEJOS

CONCEPTO. Espejos planos o convexos.
BENEFICIOS. Generan un entorno más rápido, excitante, espacioso y activo.
CÓMO USARLOS. Cuélgalos en habitaciones oscuras o estrechas.
FUENTES. Pueden comprarse en tiendas especializadas o del hogar.

Los espejos ayudan a redirigir el chi y a mantenerlo en movimiento. Son ideales en habitaciones oscuras, porque reflejan la luz y el chi de vuelta hacia la habitación. En habitaciones pequeñas o estrechas, los espejos grandes producen la impresión de que la habitación es más espaciosa. Cuelga espejos en las paredes más grandes para crear la impresión de que las proporciones de la habitación se aproximan más al cuadrado. Los espejos están asociados con el chi agua.

Evita colocar los espejos directamente frente a una puerta o ventana, porque reflejarán el chi entrante volviendo a sacarlo de la casa. Cuando dos espejos están uno frente a otro se corre el peligro de que el chi rebote entre ellos, generando un ambiente más frenético. Pon pocos espejos en el dormitorio.

¿SABÍAS?

Los espejos convexos son esos redondos, como ojo de pez, que ayudan a dispersar la energía chi. Úsalos cuando las escaleras conduzcan directamente a la puerta de la calle o en un pasillo largo.

CAMPANAS DE VIENTO

CONCEPTO. Campanas de viento de madera o metal.
BENEFICIOS. Dispersan el chi, generando un entorno más estable y relajado.
CÓMO USARLAS. Cuélgalas junto a una puerta para que suenen cada vez que ésta se abra.
FUENTES. Pueden conseguirse en tiendas especializadas y centros de jardinería.

¿SABÍAS?

Las campanas de viento sólo están activas en términos de feng shui cuando suenan, de modo que si no suenan porque están encima de la puerta o en un lugar donde no hace viento, tú mismo tienes que hacerlas sonar con frecuencia.

El sonido de las campanas de viento envía ondas de energía que ayudan a movilizar y a extender el chi. Las campanas también pueden dispersar el chi concentrado, haciéndolo más yin. Por tanto, puedes extender el chi que entra a toda velocidad por la puerta de entrada, ayudando a llenar tu hogar de una nueva energía.

El sonido de las campanas de viento metálicas irradia más chi metal; es mejor poner estas campanas en las zonas suroeste, noreste, centro, oeste, noroeste y norte, donde el chi metal está en armonía con el chi ambiental. Usa campanas de viento de madera en las partes este, sureste y sur de tu hogar, donde la madera está en armonía con el chi madera y fuego.

CRISTALES

CONCEPTO. Cristales esféricos con múltiples facetas, que deben venir con una cadena adosada.
BENEFICIOS. Aportan más chi yang del sol a una habitación oscura.
CÓMO USARLOS. Cuélgalos cerca de ventanas para que atrapen la luz del sol.
FUENTES. Pueden comprarse en tiendas especializadas.

¿SABÍAS?

Puedes hacer girar un cristal para crear un efecto yang más dinámico. No obstante, si tienes más de un cristal en la habitación podrías causar confusión al flujo de chi.

Los cristales reflejan la luz del sol, dándole los colores del arco iris y extendiéndola por la habitación. En términos de los cinco elementos, los cristales se relacionan con el chi agua, de modo que sitúalos en las partes oeste, noroeste, norte, este y sureste de tu hogar para que estén en armonía con el chi del ambiente.

LIMPIEZA DE ESPACIOS

CONCEPTO. Meditación.
BENEFICIOS. Cambia el ambiente de tu hogar con tu propio chi.
CÓMO PRACTICARLA. Siéntate y medita en los pensamientos positivos que quieres proyectar en la habitación.
FUENTES. Tú mismo.

Tus pensamientos y emociones irradian de tu cuerpo y se mezclan con la energía chi de tu hogar. Para rodearte del tipo de energía que te ayude a vivir tal como quieres, tienes que poner más de esa energía particular en tu hogar. Una manera de hacerlo es meditar y enfocar tu mente intensamente en lo que estás tratando de conseguir. Cada vez que espires, imagina que estás espirando esos pensamientos hacia la habitación.

¿SABÍAS?

Cantar o dar palmadas mientras espiras y proyectas tus pensamientos intensifica el proceso, pues los sonidos transportan el chi hacia las esquinas alejadas de tu hogar.

CAMPANAS

CONCEPTO. Pequeñas campanas de mano.
BENEFICIOS. Ayudan a irradiar sentimientos con un chi intenso.
CÓMO USARLAS. Tenlas cerca de tu cuerpo y hazlas sonar con fuerza.
FUENTES. Tiendas, catálogos y comercios budistas.

El sonido de las campanas ayuda a distribuir el chi y lo envía hacia cualquier punto de tu hogar donde puedas oírlo, pues las ondas sonoras transportan el chi. Hacer sonar una campana es particularmente útil para proyectar más lejos tu propio chi.

Mantén la campana cerca de ti cuando la toques para que el sonido se origine desde dentro de tu chi superficial. Vive en tu mente los sueños que quieres proyectar mientras haces sonar la campana. Al hacerla sonar, las ondas sonoras se extienden por tu campo energético externo y hacia tu hogar, llevando la energía con ellas. Ten una campana de mano contigo y hazla sonar cuando tengas un pensamiento o sentimiento que quieras irradiar con fuerza.

¿SABÍAS?

Las campanas de mano también se usan para activar la energía estancada. Si sientes que tu hogar está plano, toma una campana de mano y hazla sonar en todos los rincones y en cualquier lugar donde se acumule el polvo. Las ondas sonoras ayudarán a movilizar la energía y a que el chi se renueve en esas áreas.

CÓMO USAR LOS REMEDIOS FENG SHUI: UN EJEMPLO

Toma el ejemplo de una mujer que quiere empezar una nueva relación pero ha estado soltera durante varios años. El objetivo es averiguar por qué no ha tenido éxito, y después crear los remedios.

1 Pregunta:
- ¿Sale a conocer gente?
- ¿Sale lo suficiente?
- ¿Va a los lugares adecuados?

2 Pregunta:
- ¿Es demasiado selectiva?
- ¿Se comporta con timidez?
- ¿Abruma a los amantes potenciales?

3 Pregunta:
- ¿Es demasiado asertiva?
- ¿Busca el compromiso con demasiada rapidez?
- ¿Es demasiado distante y emite las señales equivocadas?

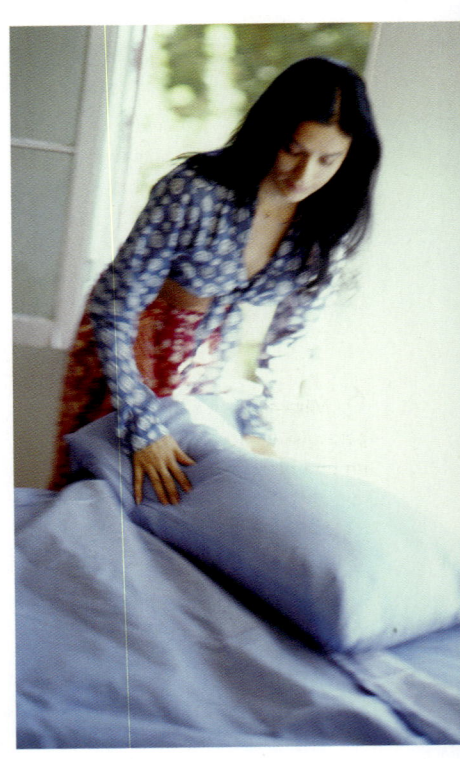

Cualquier cambio que quieras introducir con el feng shui empieza en ti. Cuanto mejor sepas lo que quieres y lo que tienes que cambiar en ti para conseguirlo, más éxito tendrás.

4 A partir de sus respuestas a las preguntas, encuentra cuál es la razón más probable de que ella tenga dificultades para comenzar una relación. En este ejemplo, asumamos que la mujer es tímida y que aunque los hombres que le gustan se sienten atraídos, ella se muestra distante y desinteresada. El remedio consistiría en ayudarle a sentirse más confiada, asertiva y expresiva.

5 Examina los nueve tipos de chi de la página 36 para encontrar aquellos que te pueden ayudar más. En este ejemplo, aportar más chi oriental y del sur al campo energético de la mujer le resultaría beneficioso.

6 Mira si es posible girar la cama para que lo alto de la cabeza apunte en una dirección más deseable, permitiendo que se absorba más de ese chi. En este caso, el este o el sur serían lo mejor. Si la mujer tiene un sueño ligero, el sur podría ser demasiado fogoso, en cuyo caso sería mejor el este.

7 Revisa los sectores relevantes del hogar para ver si hay algo que pudiera estar contribuyendo al problema. En este ejemplo, el baño situado en el sur (donde el chi agua podría destruir el chi fuego del sur, en ausencia del chi madera) exige que le prestemos atención. En el plano de la casa (dependiendo de su forma) pueden escasear el chi del este o del sur, o podría haber una falta de chi en esas áreas debida a la ausencia de ventanas.

8 Introduce remedios. El planteamiento más sencillo es añadir más del mismo chi a cada área. En este caso, las plantas, los muebles altos y el color verde fortalecerían el chi del este. Las velas, las formas de estrella y el color púrpura fortalecerían el chi del sur. Además, puedes ayudarte con la teoría de los cinco elementos (véase página 30). Pon plantas en el baño situado al sur para asegurarte de que haya suficiente chi madera; pon un elemento acuático en el este, puesto que el chi agua sustenta el chi madera del este.

DIRECTORIO DEL FENG SHUI

HAZ QUE EL FENG SHUI FUNCIONE PARA TI

Ahora vas a empezar a usar los principios feng shui para resolver problemas de la vida real. Aquí verás cómo aplicar los elementos de diseño y los remedios (véanse páginas 64-93) a una serie de situaciones que son comunes a mucha gente.

El directorio comienza con los métodos para aplicar el feng shui a tu hogar, lo que exige que te sientas cómodo mirando planos, aplicando las ocho direcciones, haciendo tu investigación feng shui y evaluando el entorno inmediato que rodea tu casa.

El paso siguiente consiste en mirar de qué manera puedes ayudar a resolver distintos asuntos de tu vida. Basándote en todo lo que has aprendido hasta ahora, te sentirás cada vez más cómodo con los principios del feng shui conforme los vayas aplicando una y otra vez a distintas situaciones.

El directorio está dividido en secciones sobre la salud, los estados de ánimo, las relaciones, la creatividad, la economía, la vida familiar, la profesión y la vida espiritual. Además, hay secciones especiales sobre los cambios de casa (posiblemente una de las mayores influencias sobre tu vida en términos de feng shui) y sobre cómo estar más conectado con la naturaleza: un reto para muchos de nosotros en medio del ajetreo del mundo moderno.

Puedes concentrarte en los asuntos que más te importan y poner a prueba el feng shui con seriedad. El directorio también se convierte en un valioso recurso cuando quieres ayudar a tus amigos y familiares con este arte.

Las páginas siguientes hablan de cómo adaptar este método a ti. Como el feng shui sólo es una de las maneras de mirar el universo, y no necesariamente la única realidad, es importante integrarlo en tu corazón y en tu mente hasta hacerlo tuyo. El feng shui tiene que funcionar para ti y darte espacio para ser creativo e intuitivo. Si puedes dominar sus conceptos básicos, estarás en una posición privilegiada para inventar tus propias soluciones a las situaciones concretas que te encuentres.

CENTRATE EN LA GENTE

Recuerda: el feng shui tiene que ver directamente con las personas (no con las casas), por lo que tienes que centrarte en las personas que viven en una casa y en las dificultades que encuentran en sus vidas. Haz sólo lo necesario; en general, si todo va bien, no hace falta aplicar el feng shui.

Mantente centrado en las personas que viven en ese hogar, en sus vidas y en lo que quieren cambiar, en lugar de distraerte con los detalles de la casa.

USA EL FENG SHUI SABIAMENTE

El feng shui será más poderoso si te diriges directamente a lo que necesitas de él. La clave consiste en hallar la pieza que falta en tu vida, y después en encontrar cuál es la mejor solución feng shui para aportar el chi que te falta. Cuando hayas hecho esto, tienes que realizar un seguimiento para comprobar si ese remedio inicial ha funcionado. Si no ha funcionado, puedes repetir el proceso hasta que te sientas satisfecho por haber encontrado el remedio ideal.

Todo cambia y tú tienes que seguir revisando tu vida y, si es necesario, introducir cambios en el feng shui de tu casa que favorezcan tus nuevos objetivos.

Enfócate

Prueba este simple proceso de pensamiento para enfocar tu feng shui.
- Medita sobre quién eres.
- Haz una lista de tus puntos fuertes.
- Medita sobre lo que quieres ser, adónde quieres llegar en la vida y lo que quieres hacer a lo largo del camino.
- Anota los puntos clave que destacan en tu mente.
- Procura adaptar tus puntos fuertes a lo que quieres ser y hacer, y toma nota de cualquier parte de ti que tengas que desarrollar para mejorar tu recorrido vital.

El proceso anterior debe ser tu guía para usar el resto de este libro. El objetivo es desarrollar una lista de las áreas en las que trabajar para tener éxito en tu intento de vivir la vida al máximo. A medida que progreses, descubrirás que tus metas y los medios que usas para llegar a ellas cambian. Por tanto, es importante hacer este ejercicio de meditación regularmente para mantenerlo actualizado.

Encuentra la sección del directorio que esté más relacionada con el problema que quieres mejorar. Cuando hayas intentado llevar nuevas soluciones feng shui a tu vida, puedes revisar sus efectos sobre las situaciones que te ocupan. Si sientes que estás haciendo progresos, continúa con los remedios feng shui que has elegido. Si sientes que no has realizado los avances deseados, pasa a otro conjunto de soluciones feng shui.

La lista siguiente te ayudará a llevar a cabo este proceso.

Alternativamente, elige una serie de nuevas actividades —una de cada sección— que te ayuden a poner en práctica tus ideas en todos los ámbitos.
- Revisa la situación a las pocas semanas de práctica.
- Si estás progresando, continúa.
- Si sientes que no avanzas, elige algún otro remedio.

ADIVINACIÓN Y MEDITACIÓN

Un método alternativo para encontrar lo que realmente necesitas en la vida es conectar con tu yo interno, con tu chi más profundo. En este caso puedes dejar que tu inconsciente tome las decisiones por ti. Ya no te distraerán las ilusiones y los engaños que te rodean, y tendrás la claridad y la apertura necesarias para adoptar una nueva línea de pensamiento. Por ejemplo, es posible que lo que te haga feliz no sea la riqueza, los amantes o la seguridad, sino una conexión espiritual, o encontrar una nueva manera de dar rienda suelta a tu creatividad.

Puedes ayudarte de la adivinación (seleccionar una carta) o de la kinesiología (la mecánica de los músculos humanos). En éste caso, consigue la ayuda de un amigo.

Usa las cartas para conectar con tu chi interno

1 Toma una baraja de cartas y selecciona ocho de ellas. Escribe una de estas palabras en la cara interna de cada una de las cartas seleccionadas usando un rotulador: salud, estados de ánimo, relaciones, creatividad, finanzas, vida familiar, profesión, vida espiritual. Mantén estas cartas separadas del resto de la baraja.

2 Vuelve las ocho cartas hacia abajo. Siéntate en calma y concéntrate en lo que quieres desarrollar dentro de ti mientras las revuelves. Selecciona la carta que te parezca apropiada. Gírala y mira qué palabra está escrita en ella. Prueba las sugerencias feng shui en la parte correspondiente del directorio.

Kinesiología

1 Túmbate de espaldas.

2 Pide a tu amigo que ponga las ocho cartas con las palabras escritas en ellas, una a una, sobre tu cuerpo. Póntelas sobre la frente si quieres resolver problemas relacionados con la mente, sobre el pecho para abordar problemas emocionales y sobre el abdomen para tratar dolencias físicas.

3 Cada vez que tu amigo ponga una carta sobre ti, intenta levantar del suelo tu brazo estirado, mientras tu amigo aplica una firme resistencia agarrándote de la muñeca.

4 Elimina aquellas cartas en las que hayas hecho menos fuerza con el brazo. Después repite el proceso con las demás hasta dar con la que te permita hacer más fuerza.

5 Consulta la sección correspondiente del directorio y busca ideas que puedas aplicar a tu hogar.

Utiliza una baraja de cartas como tu propia herramienta de adivinación.

LA ÉTICA DEL FENG SHUI SAGRADO

Teniendo en cuenta que puedes ayudar a otras personas a mejorar el feng shui de su hogar, y que la relación entre vosotros es importante, es muy deseable que establezcas criterios éticos para definir esa relación y, si fuera necesario, establecer límites. Ser claros en este asunto puede prevenir muchas dificultades posteriores y permitirte comenzar en positivo. Éste es un tema personal de cada sujeto que usa el feng shui, pero he aquí algunas sugerencias que puedes considerar.

Confidencialidad

Para poder llegar a la fuente de cualquier problema, la persona con la que trabajas tiene que confiar en que se puede abrir a ti y que cualquier cosa que te diga será confidencial.

Discreción

No hay necesidad de hacer declaraciones exageradas sobre la eficacia del feng shui ni intentar persuadir a otros para que lo usen. Estarás en una posición más fuerte si permites que otros vengan a ti y dejas que los resultados hablen por sí mismos. Cada situación es única, y es muy difícil saber en qué medida el feng shui tiene un impacto en la vida de otra persona.

Céntrate en los problemas

Recuerda que el feng shui tiene que ver con las personas más que con los edificios. De modo que si encuentras aspectos que podrían considerarse negativos en el hogar de alguien, pero la persona no tiene ningún problema respecto a ellos, no hay necesidad de preocuparle innecesariamente. Concéntrate en los problemas para los que esa persona te ha pedido ayuda.

Respeta el recorrido vital de cada persona

Cada persona tiene su propio recorrido en la vida y merece respeto para poder seguir ese camino tal como lo ve. El feng shui (y tu papel en él) es simplemente el de ayudar a esa persona en su aventura existencial. Procura no hacer juicios ni imponer tu percepción de la vida sobre otra persona.

Sé claro con respecto al precio

Si vas a cobrar algún dinero, tienes que dejar claro cuál es el precio de tu oferta y qué se incluye en ella. Pásalo por escrito para que todo sea más claro. Asegúrate de que haya acuerdo con respecto a la continuidad de tus servicios.

Establece tus límites

Se supone que ha habido casos en los que el feng shui se ha usado en contra de otra persona o de su negocio. Por tanto, tendrás que decidir si quieres involucrarte en este tipo de práctica. En caso de que no fuese así, déjaselo claro a la otra parte.

Profesionalidad

Es muy conveniente establecer criterios de profesionalidad en cuanto a puntualidad, llevar registros precisos, tu apariencia, la ética comercial y el tiempo que tardas en responder a los mensajes telefónicos y a los emails.

Cuando se ayuda a alguien, es esencial que la relación sea la correcta.

EL FENG SHUI Y TU HOGAR

APRENDE A CONOCER LA ENERGÍA DE TU HOGAR

Esta sección te guía en el proceso de reunir toda la información que necesitas para examinar el feng shui de tu casa. Aquí vas a descubrir cómo fluye el chi en tu hogar. El proceso es el siguiente:

1 Crea un plano de la casa y trabaja con él. Construye un mapa básico de tu hogar para poder examinar el feng shui de ese espacio.

2 Calcula el centro del plano. Esto te permite determinar con precisión las ocho direcciones.

3 Toma una lectura con la brújula y úsala para orientar correctamente las ocho direcciones sobre el plano.

4 Interpreta la relación entre las ocho direcciones y tu hogar. Aquí es cuando descubres qué partes de tu hogar podrían ser más útiles para ti.

5 Mira qué forma tiene el plano de tu hogar y analiza de qué tipos de chi hay alguna deficiencia.

6 Descubre qué tipo de chi fluye hacia el interior a través de la puerta de entrada y el ambiente que aporta con él.

7 Observa la posición de las puertas y ventanas de tu hogar o apartamento y determina qué tipo de chi dejan entrar.

A lo largo del resto del libro haremos referencia al plano de planta y a la lectura de la brújula a medida que estudiemos las aplicaciones del feng shui a la vida real.

La mayoría de los hogares están llenos de materiales sintéticos. Pon todas las plantas que puedas en tu casa para crear un entorno más equilibrado.

BUENAS PRÁCTICAS FENG SHUI

Hay ciertas acciones que constituyen buenas prácticas feng shui. Debes realizarlas en cualquier situación.

- *Pon un pequeño cuenco con sal de mar en las partes noreste y suroeste de tu hogar para añadir más estabilidad al flujo de chi a lo largo de ese eje.*
- *Llena tu hogar de plantas para aportar más chi viviente.*
- *Usa materiales naturales, como madera, arcilla o algodón siempre que puedas para que el chi pueda fluir libremente.*
- *Mantén tu hogar limpio y ordenado, y crea un espacio en el que el chi pueda moverse. El exceso de objetos puede producir estancamiento.*
- *Deja entrar aire fresco cada día para renovar el chi. Esto mantiene una conexión más intensa con la naturaleza que te rodea por todas partes.*

TRABAJAR CON LOS PLANOS DE LA VIVIENDA

Si aún no tienes el plano de tu hogar tendrás que hacerlo tú mismo. Esto es más fácil de lo que piensas; basta con seguir los pasos que se describen a continuación. Básicamente, vas a dibujar una serie de rectángulos, que representan a las habitaciones, unos junto a otros, en una hoja de papel. Para decidir el tamaño de cada rectángulo tienes que medir cada habitación.

USANDO EL ORDENADOR

Si sabes manejar programas informáticos, puedes hacer este trabajo en el ordenador. Simplemente dibuja los rectángulos y dales las dimensiones adecuadas haciendo clic en «tamaño», en la barra de formatos. Seguidamente puedes crear tu propia plantilla con símbolos para las ventanas, puertas y muebles. Esto es particularmente útil si tienes la intención de aplicar este proceso a varias casas, porque una vez que has hecho la plantilla resulta mucho más fácil dibujar otros planos.

Cómo crear un plano de la vivienda

1 Mide el ancho y el largo de cada habitación con una cinta métrica. Si no, como la escala exacta no importa, puedes medir la habitación con tus propios pasos y anotar cuántos das de un extremo a otro.

2 Piensa en una escala conveniente. Por ejemplo: 1 paso = 1 centímetro; o 1 metro = 1 centímetro.

3 Empieza con la habitación situada en un extremo de tu hogar y dibuja sobre el papel el rectángulo correspondiente usando tu escala. Tal vez te resulte más fácil usar papel cuadriculado y limitarte a contar los cuadrados.

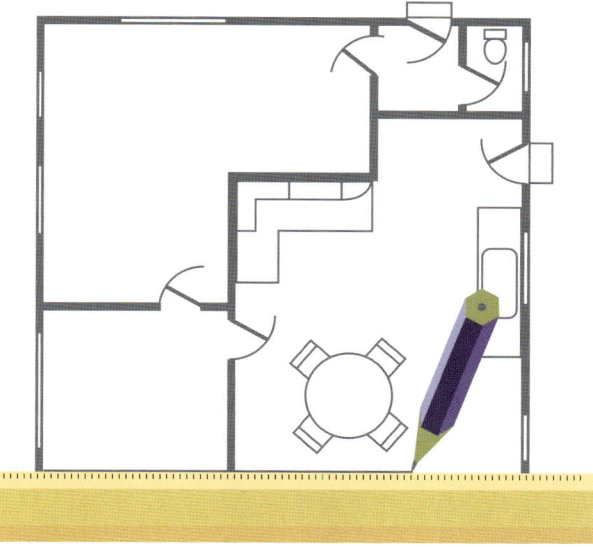

Usa un lápiz y ten una goma cerca, porque es fácil cometer errores. Usa lápices de distintos colores para mayor claridad.

4 Pasa a la siguiente habitación y dibuja otro rectángulo junto al primero. Continúa así hasta tener todas las habitaciones de tu casa correctamente ubicadas. Si tu hogar tiene más de una planta, tienes que hacer un plano por cada planta.

5 Esboza todos los símbolos que te ayuden a saber dónde está cada cosa en tu hogar: ventanas, puertas, escaleras, retretes, fregaderos, bañeras, duchas, lavaplatos, lavadora, cocina, caldera, chimenea.

6 Recorta «notas adhesivas» que sean fáciles de mover para representar los muebles.

ENCUENTRA EL CENTRO DEL PLANO

Tienes que encontrar el centro del plano para poder orientar las ocho direcciones con precisión. El plano se usa para definir dónde queda el este, el sureste, el sur y así sucesivamente, de modo que es importante ser razonablemente precisos. Si tu hogar tiene una forma complicada, puedes repetir el proceso para las formas en «L» (véase página siguiente) añadiendo otro rectángulo.

Hogares rectangulares

1 Si tu hogar es rectangular (o está cerca de ser un rectángulo), dibuja líneas diagonales entre las esquinas; el punto donde se crucen será el centro.

2 Ignora las pequeñas extensiones o entradas de las paredes, como un porche, y dibuja el rectángulo que más se parezca al perímetro de tu casa.

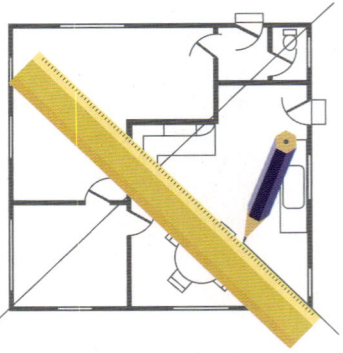

Dibuja las líneas adicionales en papel de calco o sobre una fotocopia del original para no estropear el plano.

3 Si vives en un apartamento, incluye únicamente las áreas que son de tu uso exclusivo; no dibujes los pasillos o entradas que compartes con la gente que vive en otros apartamentos.

Hogares en forma de L

1 Si tu hogar tiene forma de L, para encontrar el centro divídelo en dos rectángulos.

2 Con un lápiz de color claro, dibuja líneas diagonales entre las esquinas de cada rectángulo para encontrar los centros respectivos. Después dibuja una línea entre los dos centros.

3 Ahora divide la forma de L en dos rectángulos diferentes usando otro color.

4 Dibuja líneas diagonales para encontrar los centros de estos nuevos rectángulos; seguidamente, dibuja una línea entre estos dos nuevos centros.

5 Esta nueva línea se cruzará a la anterior (entre los centros de tus rectángulos originales): este punto marca el centro de toda la forma en L.

6 Si es posible, haz que la forma de L encaje sobre el plano para ignorar cualquier desviación menor.

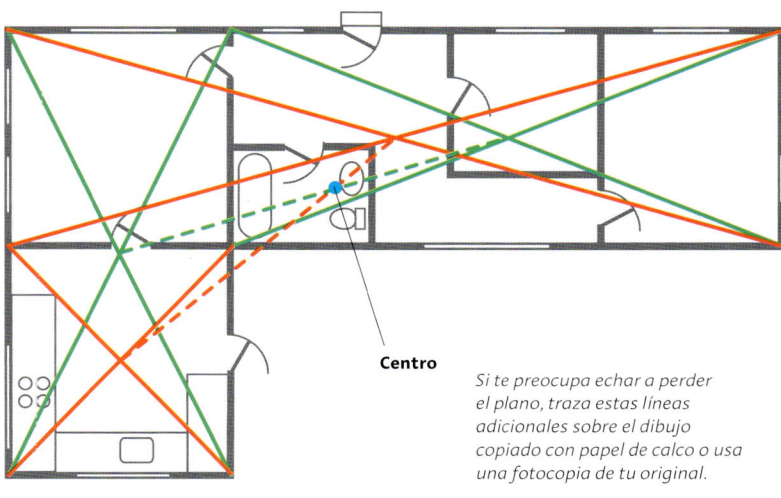

Centro

Si te preocupa echar a perder el plano, traza estas líneas adicionales sobre el dibujo copiado con papel de calco o usa una fotocopia de tu original.

TRANSPARENCIA DE LAS OCHO DIRECCIONES

Este cuadro será la base de la transparencia de las ocho direcciones (véase en las páginas 114-115 cómo aplicar la transparencia a tu plano). Nótese que en este estilo de feng shui las ocho direcciones se dividen en segmentos desiguales. Cada uno de los puntos cardinales (este, sur, oeste y norte) toma un ángulo de 30 grados, mientras que las demás direcciones ocupan un ángulo de 60 grados. Las direcciones cardinales representan puntos de cambio en la naturaleza:

- **Este.** La salida del sol y el equinoccio de primavera.
- **Sur.** El sol en su punto más alto y el solsticio de verano.
- **Oeste.** La puesta de sol y el equinoccio de otoño.
- **Norte.** La medianoche y el solsticio de invierno.

Independientemente de la época del año, la salida y la puesta de sol deberían mantenerse dentro de los 30 grados de los segmentos este y oeste.

Para encajar con los ciclos naturales, cada punto cardinal guarda relación con el mes apropiado, de modo que, en el hemisferio norte, este = marzo, sur = junio, oeste = septiembre y norte = diciembre (en el hemisferio sur, el norte está asociado con el solsticio de verano y con junio, y el sur con el solsticio de invierno y con diciembre). El chi cambiante que queda en medio está representado por las porciones de 60 grados, cada una de las cuales está asociada con dos meses.

Copia este diagrama sobre papel de calco o fotocópialo en una hoja de acetato para poder usarlo sobre tus planos.

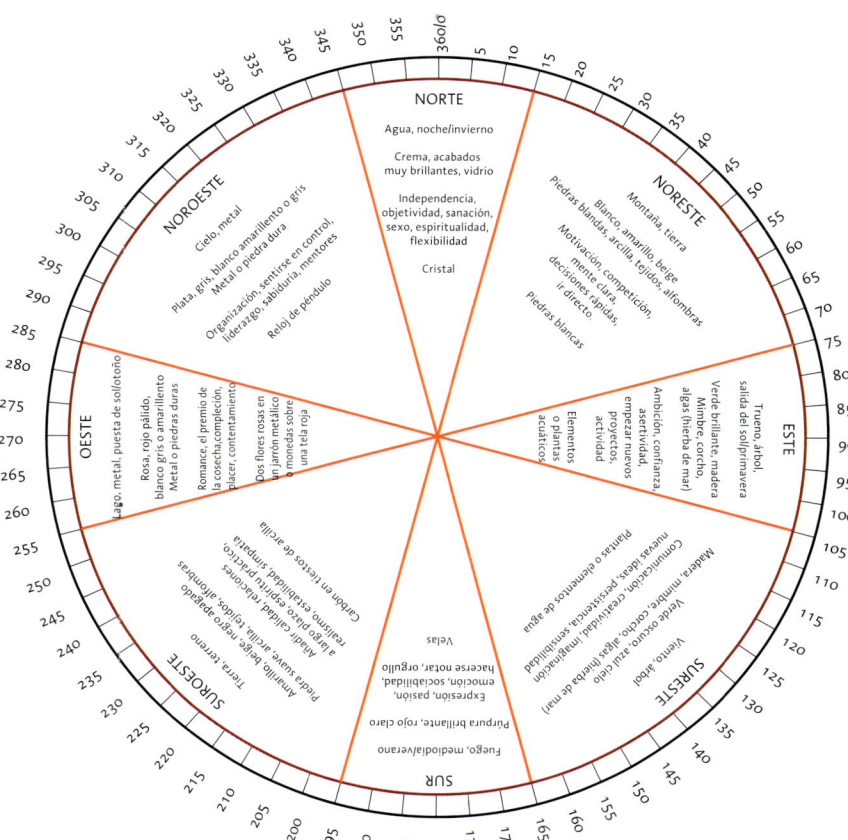

APLICAR LAS OCHO DIRECCIONES

Para aplicar las ocho direcciones necesitas hacer una lectura de la brújula en tu hogar a fin de orientar la transparencia de las ocho direcciones (véase página 113)

Cómo aplicar las ocho direcciones a tu hogar

1 Ponte de pie dentro de tu casa y orienta el cuerpo de la brújula hacia la pared de la puerta delantera. Elige la habitación que tenga menos equipos eléctricos y artículos de metal, porque distorsionarán el campo magnético de la tierra y te darán una lectura falsa. Para comprobar si estás consiguiendo una buena lectura, camina por la habitación sosteniendo firmemente la brújula y comprueba si la aguja se mueve. Si lo hace, el campo está distorsionado y tienes que elegir otra parte de la habitación, u otra habitación.

2 Manteniendo el cuerpo de la brújula orientado hacia la pared delantera de la habitación, gira el dial y realiza la lectura. Toma nota de la lectura (por ejemplo, 135°), porque después la necesitarás.

3 Fotocopia la carta de las cuatro direcciones (véase página 113) sobre acetato (el tipo de transparencia que se usa en los proyectores y que puede conseguirse en la mayoría de las tiendas de fotocopias).

4 Corta a lo largo de la línea de puntos de la carta. Ahora tienes una transparencia circular de las ocho direcciones.

5 Seguidamente, dibuja sobre el plano una línea coloreada que parta desde el centro de tu hogar y atraviese la puerta principal.

6 Coloca la transparencia de las ocho direcciones sobre el plano, de modo que el centro de la transparencia quede sobre el centro del pla-

no. Quizá lo óptimo sea clavar la transparencia con un alfiler para fijarla.

7 Ahora gira la transparencia hasta trasladar la lectura de brújula que hiciste mirando hacia la puerta delantera de tu casa (por ejemplo, 135°) a la transparencia, tomando como referencia la línea que va desde el centro de tu casa hasta la parte frontal.

Ahora has alineado correctamente las ocho direcciones y puedes situar dónde está cada dirección en tu casa. La transparencia te dice la dirección, el símbolo del trigrama y el elemento, junto con sugerencias sobre colores y materiales, que se podrían aplicar al suelo, a los muebles y a las superficies en esa parte de la casa. También indica qué cualidades están asociadas con esa parte de tu hogar y te da sugerencias para potenciar la energía allí.

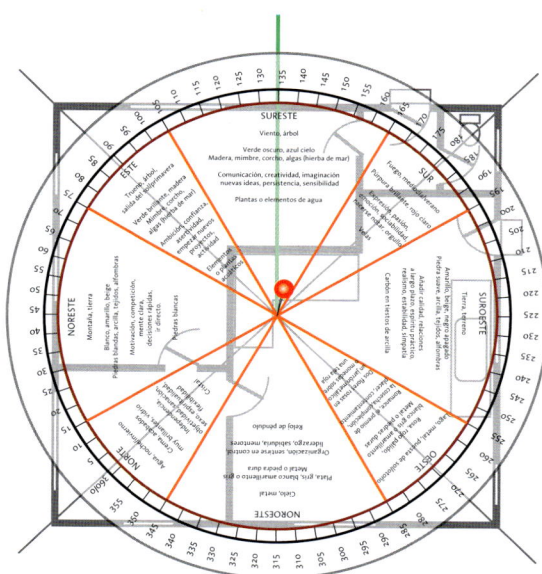

Con tu transparencia feng shui y una brújula puedes leer cualquier plano.

LEE LAS OCHO DIRECCIONES

Ahora que has colocado la transparencia correctamente sobre el plano de tu casa, puedes leer los diferentes tipos de chi que contiene. Con el tiempo, el chi se habrá asentado siguiendo un patrón fijo a medida que el movimiento diario del Sol ejerza su influencia. A esto se le añade la influencia del campo magnético de la Tierra, de tu propio chi y del chi de los planetas del sistema solar. La transparencia que usas refleja todo esto y te ayuda a interpretar cómo pueden influir en ti y en tu hogar todos estos elementos.

¿Cómo interactúas con tu hogar?

1 Piensa en las cualidades de los distintos tipos de chi que son importantes para ti. Lee en tu transparencia sobre cada uno de los tipos de chi y localiza la dirección que podría ser de más ayuda para ti. Por ejemplo, ser más organizado está asociado con el chi del noroeste.

2 Mira dónde está esa dirección en la transparencia que has superpuesto sobre el plano y ve qué parte de tu casa queda debajo. Considera qué habitación es, los objetos que contiene y cómo usar ese espacio.

3 Pasar más tiempo en esa zona hará que te resulte más fácil absorber el chi que habita allí. Considera si eso es posible y, si lo es, dónde te sentarías para mirar en una dirección positiva mientras estás protegido por los cinco animales (véase página 34).

4 Si no puedes pasar más tiempo en esa zona, considera cómo hacer que más de ese chi se esparza hacia el resto de tu casa, permitiéndote tomarlo de otras habitaciones. Mira el segmento apropiado de tu transparencia para que te dé ideas sobre cómo incrementar el chi. Por ejemplo, en el

noroeste podrías usar un color blanco grisáceo, poner objetos de metal y colgar un reloj de péndulo.

5 Usando la teoría de los cinco elementos (véase página 30), también puedes usar los elementos del ciclo de apoyo para potenciar un chi particular.

Por ejemplo, el noroeste está asociado con el chi metal, que recibe apoyo del chi tierra. El chi tierra está asociado con el suroeste, el centro y el noreste, de modo que cualquiera de los colores, materiales y objetos que se encuentren en esas direcciones de tu transparencia también serán eficaces.

CLAVES

- ●● Par de velas
- ● Planta frondosa de hojas redondeadas o flores frescas
- ● Flores amarillas o una planta que dé flores amarillas en un tiesto de arcilla
- ○ Sal marina
- ● Luz orientada hacia el techo
- ● Campana de viento metálica
- ● Reloj de metal redondo
- ● Flores rojas o rosas en contenedor redondo plateado y algunas monedas brillantes sobre una tela roja
- ● Carboncillos de pintor en un tiesto de arcilla
- ● Agua fresca
- — Espejo

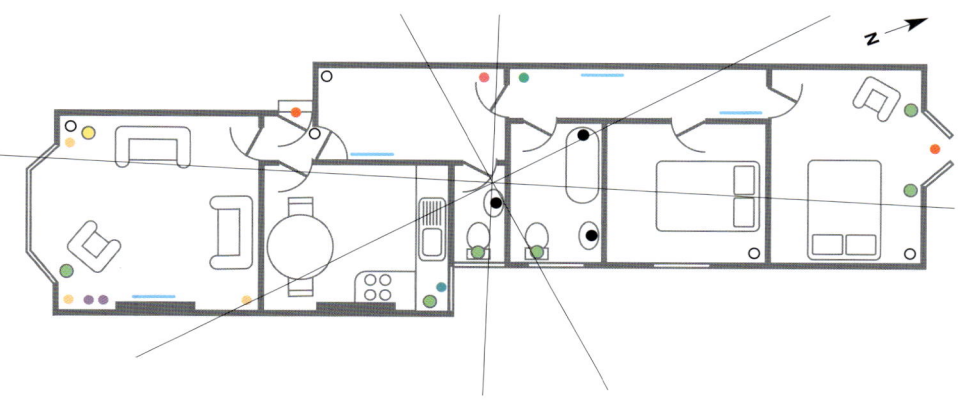

COMPRUEBA LA HUELLA

El contorno del plano de tu hogar —su huella— te mostrará cuál de los ocho tipos de chi ocupa más espacio en tu casa y tiene potencialmente más influencia sobre tu propio chi. Otros factores son cuánto chi entra por las puertas y ventanas y de qué tipo es.

Si tienes una casa redonda, las energías chi estarán distribuidas de manera igualitaria. Recuerda que en este sistema los puntos cardinales (norte, este, sur y oeste) ocupan 30 grados, mientras que las direcciones intermedias son segmentos de 60 grados, de modo que es normal que el sureste ocupe el doble de espacio que el este. Una casa cuadrada también está cerca de la distribución igualitaria. Las casas largas y estrechas, las casas con formas de L o con formas complicadas hacen que algunos tipos de chi cubran grandes áreas, mientras que otros podrían no estar representados en el plano.

Establecer la huella de una casa

1 Sitúa la transparencia de las ocho direcciones sobre el centro del plano de tu casa y gírala para alinearla correctamente con el norte.

2 Mira a las distintas direcciones y comprueba si cubren el plano de manera igualitaria. Imagina un círculo de aproximadamente el mismo tamaño que la huella para poder comparar.

3 Si el espacio que ocupan todas las direcciones es similar, entonces tu hogar contiene un buen equilibrio de todas las direcciones del chi. Esto hace que te sea más fácil llevar una vida equilibrada.

4 Si hay deficiencia de alguna de las energías, toma nota de ellas y consulta tu transparencia (o la descripción más amplia de las ocho direcciones en la página 36) para ver si esta

falta de chi está afectando a tu vida. Por ejemplo, si en el plano de tu casa no está la dirección este, es posible que te falte confianza, autoestima y ambición, y que te resulte difícil emprender nuevos proyectos.

5 Si crees que te falta algún tipo de chi, puedes potenciarlo empleando las curas que se muestran para esa dirección en la transparencia. A veces tendrás que poner las curas fuera de tu casa si la falta de chi es muy notable.

6 Si no hay correlación entre el chi deficiente y tu vida real, tal vez descubras que ha sido compensado por otros medios. Entonces no hay necesidad de aplicar ningún remedio.

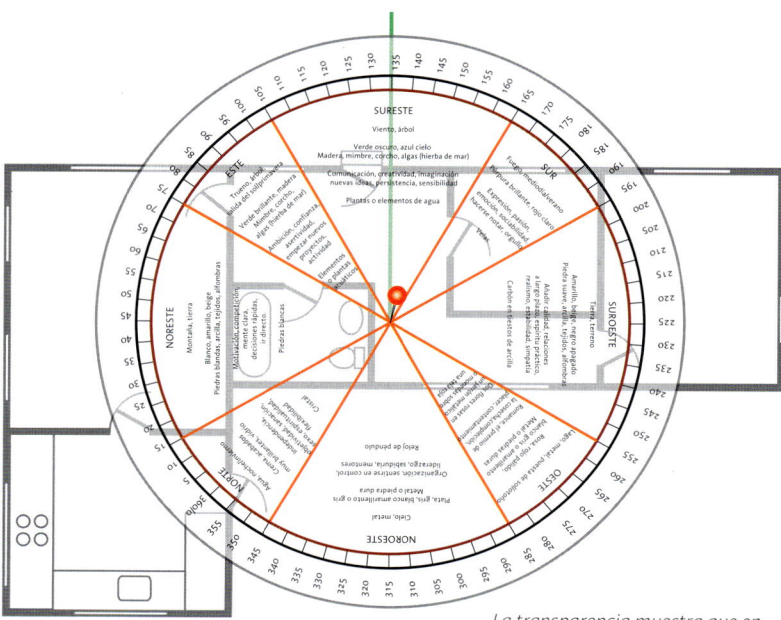

La transparencia muestra que en esta casa hay deficiencia del chi del oeste, del noroeste y del norte.

ESTABLECER EN QUÉ DIRECCIÓN ESTÁ ORIENTADA TU CASA

La dirección hacia la que esté orientada tu casa la predispone para que incorpore más de ese chi. Normalmente ésta es la dirección hacia la que mira la entrada al edificio, la que contiene la puerta principal. Esto queda claro en una casa orientada hacia la calle, que tenga un camino que conduzca hasta la propiedad o que tenga la puerta de entrada y la puerta del garaje mirando a la calle o a una carretera.

Está menos claro en los apartamentos, porque a menudo se entra al apartamento desde un espacio interno del edificio, desde un pasillo o desde una escalera. Además, es posible que ninguna parte del apartamento mire a la calle principal. En tal caso, el lado del apartamento que tenga más ventanas se considerará la parte delantera. Si hay elección, en el caso de que dos o más lados tengan un número similar de ventanas, el lado que mira en la misma dirección que la entrada de todo el edificio (o el lado que mira a la calle) debe considerarse la dirección hacia la que está orientado tu hogar.

La teoría es que el movimiento a lo largo de la calle moviliza el chi, y este chi móvil seguidamente va hacia tu hogar cuando la gente o los vehículos se acercan a él. Esto significa que una cantidad mayor de chi viene a la puerta de tu casa, en comparación con las demás direcciones. Cuanta más gente entre por la puerta delantera de la casa, mayor será el flujo de chi. Esto incluye a los carteros, a los repartidores, a los amigos, familiares y a ti mismo.

Cómo establecer el tipo prevaleciente de chi

1 Sitúa tu transparencia sobre el centro del plano y gírala para alinearla con el norte.

2 Mira la parte delantera de tu casa para ver hacia qué dirección está orientada. Ésa es la dirección que contiene la línea que dibujaste (desde el centro de tu casa hasta la parte frontal).

3 Lee las cualidades del chi particular que está llegando a tu casa (y consulta la descripción de este tipo de chi en la página 36). Estas cualidades deben ser los puntos fuertes que experimentas al vivir allí.

La puerta principal, las ventanas y el garaje miran hacia la calle, lo cual facilita determinar que ésa es la parte delantera de la casa.

EL CHI QUE LLEGA A TRAVÉS DE LAS PUERTAS Y VENTANAS

La mayor parte del chi medioambiental entra en tu hogar a través de las puertas y ventanas, aunque también se eleva a través de la tierra y el suelo, y el chi celestial desciende a través del tejado. Las claraboyas incrementan enormemente este flujo, creando una mayor exposición al chi mental y espiritualmente estimulante que procede del cosmos. Esto, a su vez, incrementa el flujo de chi vertical, ayudándote a sentirte más independiente a nivel intelectual.

La dirección hacia la que estén orientadas tus puertas y ventanas (desde el centro) definirá el tipo de chi que entra en tu casa con más frecuencia. Cuanto mayores sean las puertas y ventanas, más chi pasará hacia dentro y hacia fuera por esa entrada. Las ventanas que se dejan desnudas permiten un mayor flujo de chi. Las cortinas completas y gruesas (aunque estén abiertas) ralentizan el chi.

Las ventanas claras son las que dejan entrar más luz natural y chi, mientras que el cristal traslúcido permite crear un efecto más suave y yin.

Cómo calcular el efecto de las puertas y ventanas

1 Sitúa la transparencia sobre el centro del plano y alinéala con el norte.

2 Toma nota de las posiciones de las puertas y ventanas: ¿en qué segmento de la transparencia quedan?

3 Mira en la transparencia el tipo de chi que una puerta o ventana situadas en esa posición dejarán entrar (puedes ir a la página 36 para consultar una descripción más completa).

4 Si puedes elegir las entradas, decide cuál de ellas deja entrar más del chi que puede ayudarte en tu vida. Usa esa puerta con más frecuencia.

5 Cuelga una campana de viento para que suene cada vez que abras la puerta; de esa manera animas al chi benéfico a extenderse y penetrar al máximo en tu casa.

6 Mira si alguna de las ventanas están orientadas en una dirección que aportaría más del chi benéfico que necesitas. En la medida de lo posible, asegúrate de que esa ventana no esté cubierta y ábrela cada día.

Las puertas con grandes ventanas dejan entrar el chi más fácilmente aunque estén cerradas.

EL FENG SHUI Y TU SALUD

UNA CASA SALUDABLE

En condiciones óptimas, tu propio chi fluirá con facilidad alrededor de tu cuerpo. Desde una perspectiva energética, la mayoría de los problemas de salud surgen por alteraciones en el flujo normal de chi. Esto ocurre en áreas donde el chi de tu cuerpo está estancado, comprimido, fluye con demasiada velocidad o tiene deficiencias. Lo contrario también es verdad: cualquier dolencia física producirá una alteración en el flujo de chi.

Para ayudar a que tu energía encuentre un flujo armonioso, lo mejor es sumergirte en un chi que fluya libremente, con delicadeza y armonía. Esto calmará cualquier chi que fluya con rapidez dentro de ti y movilizará el que esté estancado. El objetivo de esta sección del directorio es darte ideas sobre cómo conseguir este equilibrio.

Las principales áreas a tomar en consideración son: la cocina y la despensa, puesto que influyen en el chi que ingieres; cualquier lugar donde haya agua, que puede interactuar con el chi del ambiente de manera que tenga una influencia adversa sobre el chi agua de tu cuerpo; y tu habitación, porque es el lugar donde pasas más tiempo y donde te regeneras.

Esta gran habitación abierta y ordenada deja que el chi se mueva libremente.

MANTENER TU CASA SALUDABLE

En general te resultará más fácil conservar la salud en un casa que:

- *Esté expuesta a la luz natural, incluyendo algo de luz solar.*
- *Esté hecha de materiales naturales.*
- *Contenga varios tipos de plantas.*
- *Esté amueblada con elementos hechos de tejidos y materiales naturales.*
- *Se airee cada día.*
- *Esté en una zona con aire limpio e impoluto.*
- *Esté rodeada de vegetación natural y árboles.*

Es posible que te resulte más difícil conservar la salud en una casa que:

- *Esté muy cerca de líneas eléctricas de alto voltaje.*
- *Esté cerca de una línea de ferrocarril equipada con alto voltaje.*
- *Esté construida sobre un terreno donde se hayan depositado residuos tóxicos.*
- *Te exponga a fuertes campos electromagnéticos internos.*
- *Utilice luces fluorescentes.*
- *Tenga alfombras, telas o ropa de cama sintética.*
- *Sea húmeda, fría o tenga moho.*
- *Sea oscura (un sótano, u orientada hacia el norte).*
- *Esté cerca de una carretera grande y con mucha circulación.*
- *Esté sucia o polvorienta.*

Si sabes exactamente qué tipo de chi necesitas para mejorar tu salud, podrías recrear ese chi en una parte de tu hogar donde pases mucho tiempo. Por ejemplo, si necesitas más chi ascendente, podrías sentarte en la parte este de tu casa, mirando hacia el este. El efecto sería aún más fuerte si te rodearas de plantas altas, porque incrementan el chi ascendente.

COCINA Y DESPENSA

BENEFICIO. Añade chi saludable a los alimentos que preparas y comes.

Tu cocina es la habitación donde preparas y cocinas los alimentos, y tu despensa es donde los almacenas. Durante el tiempo que pasan en esos espacios, tus alimentos absorben parte de la energía chi que está presente. Por tanto, es importante que tu cocina contenga un chi saludable, puesto que acabarás comiendo parte de esa energía. Esto podría tener una influencia sutil en tu salud a largo plazo, puesto que el proceso tiene un efecto acumulativo. Éstos son los pasos necesarios para crear un chi saludable en tu cocina y despensa.

Lo que puedes hacer

• Haz que la cocina sea fácil de limpiar y esté libre de humedad y de chi estancado, y asegúrate de que esté expuesta a abundante luz natural y aire fresco.

• Si puedes decidir, elige una habitación que esté en la parte este o sureste de tu hogar, y por tanto que esté expuesta al sol naciente. Aquí la cocina y el fregadero están en armonía con el chi madera ambiental de estas direcciones, en términos de los cinco elementos. El agua de los fregaderos, las lavadoras o los lavaplatos está asociada con el chi agua, y la cocina con el chi fuego, generando un ciclo de apoyo agua-madera-fuego.

• Elige superficies de madera o piedra para mantener el flujo del chi. La madera es más suave, y por tanto más yin y relajante, mientras que la piedra crea una atmósfera más yang y prístina.

• Evita telas, muebles acolchados y alfombras, pues absorben la humedad y los olores, incrementando el riesgo de estancamiento, y hacen que sea más difícil mantener la cocina limpia. Los materiales sintéticos pueden bloquear el flujo de chi y por tanto deben ser evitados.

- Usa una cocina de gas con llama natural. Las cocinas eléctricas sumergen el alimento en un campo electromagnético, alterando el chi natural de la comida. Los hornos microondas someten el alimento a una fuerte radiación eléctrica, alterando el chi de los ingredientes.

Las plantas absorberán humedad del ambiente, por lo que son ideales en cualquier lugar que tienda a ser demasiado húmedo.

- Usa luces incandescentes en lugar de fluorescentes para ayudar a reducir tu exposición a la radiación magnética. Una variedad de focos, luces orientadas hacia el techo y luces difusas controladas por interruptores progresivos te proporcionarán flexibilidad para crear distintos ambientes.

- Cultiva abundantes plantas de hoja para añadir más energía viviente.

- Crea suficiente espacio de almacenaje para tu equipamiento y alimentos, de modo que las superficies de trabajo queden limpias y despejadas.

ALIMENTOS Y TÉS

BENEFICIO. Mayor absorción del chi.

Aparte de tomar una dieta completa y equilibrada en cuanto a nutrientes, también es muy beneficioso pensar en términos del chi de los alimentos. Todo lo que comes tiene su propio campo energético y, cuando esté dentro de ti, influirá sutilmente en tu chi. Si continúas comiendo los mismos alimentos durante mucho tiempo, empezarán a tener un efecto pronunciado en ti.

Los alimentos vivos e integrales aportan más chi natural a tu cuerpo.

Lo que puedes hacer

Como regla general, conviene comer alimentos que estén «vivos» hasta el momento de cocinarlos. Esto incluye cereales integrales, legumbres secas, verduras, frutas, frutos secos y semillas.

- **Verduras y frutas.** Para entender el chi de los alimentos, empieza por ver cómo crecen. Por ejemplo, las verduras de raíz (como las zanahorias) crecen hacia abajo, mientras que las verduras que se extienden por el suelo (como las calabazas), tienen una energía más relajada. Si has seguido esta línea de razonamiento y quieres comer zanahorias por su fuerza y capacidad de crecer más allá de los obstáculos, elige esas zanahorias que han tenido que doblarse alrededor de las piedras, antes que las que crecen muy rectas en suelos blandos.

- **Carne y pescado.** Asimismo puedes pensar en las características de los animales que comes. Al comer animales nerviosos (como las gallinas), te transmitirán ese tipo de chi. Un pescado como el salmón salvaje te dará el chi para nadar contra corriente y saltar obstáculos, mientras que el calamar te ayudará a relajarte y a seguir el flujo.

- **Maneras de cocinar.** Además de la comida misma, piensa en la manera de prepararla. Freírla sobre un fuego vivo añade mucha energía fogosa a los ingredientes. Esta energía entrará en tu propio campo de chi, ayudándote a ser más extravertido y expresivo. Por el contrario, un estofado cocinado con lentitud te ofrece una energía que arderá más lentamente.

El té cambia tu chi rápidamente, mezclando su chi agua con el chi agua de tu cuerpo.

- **Los tés.** Los tés han sido usados a lo largo de los siglos para todo tipo de dolencias, desde alteraciones digestivas hasta dolores de cabeza. Los líquidos calientes se absorben rápidamente en la corriente sanguínea y tienden a aliviar tu sistema digestivo. Como el agua es el principal ingrediente de cualquier té (y, como hemos comentado anteriormente, los humanos estamos compuestos principalmente de agua), el chi agua del té interactúa muy fácilmente con el chi del agua de tu cuerpo, influyendo en tu salud y emociones.

EL AGUA EN TU HOGAR

> BENEFICIO. Mantiene tu chi limpio y puro.

El agua de tu hogar mejorará el chi agua de tu cuerpo si es limpia, fresca y pura. Si el agua que está cerca de ti está estancada, contaminada o sucia, podría interactuar con el chi agua de tu cuerpo haciéndolo menos saludable. Donde hay agua es conveniente que la habitación tenga ventanas.

ARMONIZAR EL CHI

Lo ideal es que el agua esté situada en la parte este o sureste de tu hogar, donde el chi agua dará apoyo al chi madera del este y del sureste. Si esto no es posible, puedes armonizar el chi aportando el elemento que falta. Para el agua en el:

- *Sur, prueba con plantas.*
- *Suroeste, pon plantas en tiestos de metal.*
- *Oeste, pon plantas en tiestos de arcilla y de metal.*
- *Norte, pon cualquier tipo de planta que crezca aquí.*

Lo que puedes hacer

• Evita dejar agua sucia en el fregadero de la cocina. Vacíalo siempre en cuanto hayas acabado de fregar, porque de otro modo el chi del agua sucia influirá negativamente en las personas cercanas y en el chi del alimento almacenado en las proximidades.

• Comprueba que no haya ninguna pérdida de agua, podría pasar desapercibida debajo de las bañeras y de los lavabos, así como detrás de los lavaplatos y lavadoras. Donde hay agua estancada, existe el riesgo de que la humedad se establezca a largo plazo, irradiando el chi del agua estancada.

- Comprueba si alguno de los grifos gotea. Una vez más, aquí el agua puede estancarse, generando estados de frío y humedad.
- Limpia y seca cualquier zona donde haya moho. Esto suele ocurrir en las duchas, bañeras, en las cortinas de las duchas y en la base de las ventanas donde se acumula el agua condensada. El moho supone un estancamiento extremo del chi, que podría ser dañino si padeces problemas de salud.
- Airea regularmente las cocinas y los baños para permitir que se sequen.
- Mantén la cocina tan despejada como sea posible, porque el vapor que sale al cocinar se condensará en los objetos, haciendo más difícil que ese espacio se pueda mantener seco.

Seca las superficies y el fregadero después de fregar para evitar que el chi se estanque en esta zona.

BAÑOS

BENEFICIO. Elimina el viejo chi.

En términos de salud feng shui, tu baño puede tener una de las mayores influencias en la energía chi de tu hogar. Es el lugar donde te lavas y eliminas los productos de deshecho. Mientras ocurren estos procesos físicos, también te libras del chi no deseado, y esto ayuda a liberar viejas emociones e ideas. Tal vez notes que te sientes renovado emocionalmente después de una ducha o de frotarte la piel.

Uno de los riesgos es que tu vieja energía chi se quede atascada en el baño y después se filtre hacia el resto de la casa. Esto podría generar la sensación de estar atascado en tus antiguas emociones, incrementando el riesgo de depresión.

Lo que puedes hacer

- Evita los tejidos, puesto que tienden a absorber humedad e incrementan el riesgo de estancamiento. Por esta razón es mucho mejor tener un suelo de baldosa o de madera que una alfombra. Asimismo, las contraventanas de madera son una opción mucho mejor que las cortinas. Cuelga regularmente al aire libre las toallas, alfombras de baño o alfombrillas para que se sequen.

Las plantas absorberán parte de la humedad de tu baño, creando un ambiente más saludable.

- Cada vez que tiras de la cadena del inodoro, una cantidad relativamente grande de agua sale rápidamente de tu casa. Esto se lleva parte del chi de tu hogar, desestabilizándolo temporalmente. Para reducir este efecto es aconsejable mantener la tapa del retrete cerrada mientras tiras de la cadena.

- Cultiva muchas plantas en el baño para ayudar a estabilizar el chi. Si el baño tiene ventana, ábrela para airearlo cada día.

Es importante evitar el estancamiento del chi agua en los baños.

COSAS QUE SE HAN DE EVITAR EN LOS BAÑOS

- *Evita poner el inodoro cerca de la puerta, porque eso facilita que las oleadas procedentes de él afecten a toda la casa.*

- *Evita superficies que ralenticen el flujo de chi, como alfombras, cortinas o alfombrillas gruesas, puesto que incrementan el riesgo de estancamiento y humedad.*

- *Evita cubrir las ventanas de manera que reduzcan la exposición del baño a la luz solar. Las contraventanas con tablillas aseguran que el baño se beneficie de la luz natural, al tiempo que proporcionan privacidad.*

- *Evita poner demasiados muebles en el baño, pues esto genera un ambiente más húmedo y estancado.*

- *Evita las situaciones en las que el baño no tenga puerta.*

PLANTAS

BENEFICIO. Conservan la salud.

El chi viviente que irradian las plantas puede tener una influencia positiva en tu propio chi, facilitando que conserves tu buena salud. Puedes llenar tu hogar con varios tipos de plantas, o puedes intentar pasar más tiempo cerca de las plantas, que mueven tu chi de una manera que te ayuda a sentirte bien. Las plantas con hojas más rígidas, fuertes y apuntadas (como la yuca), irradian un chi más yang y dinámico. Las plantas con hojas más suaves, flexibles y redondeadas generan un chi más yin y relajante.

Lo que puedes hacer

• Una planta frondosa enfrente de una esquina saliente ralentizará el chi que sale de esa forma afilada. Lo ideal sería que la planta ocultase la esquina de la vista.

• Varias puertas en línea recta, un pasillo largo y las puertas o ventanas situadas unas frente a otras ayudan a que el chi se acelere. Para ralentizar este chi, pon

EL CHI DE LOS CINCO ELEMENTOS

En general se dice que las plantas añaden más chi madera a un espacio. No obstante, dentro de la variedad de plantas que existe, algunas tienen más chi de uno de los cinco elementos. Ésta es la lista:

- *Madera. Las plantas altas cuyas hojas apuntan hacia arriba hacen que el chi se eleve en tu cuerpo.*

- *Fuego. Las plantas con hojas acabadas en punta que se abren en abanico traen tu chi hacia la superficie.*

- *Tierra. Las plantas bajas con hojas que se extienden externamente ayudan a asentar tu chi.*

- *Metal. Las plantas con hojas redondeadas ayudan a contener tu chi.*

- *Agua. Las plantas trepadoras y que se arrastran hacen que tu chi fluya más fácilmente.*

Los cactus están asociados con el chi fuego y ayudan a activar la energía.

plantas tupidas cerca de las ventanas o puertas y escalónalas a lo largo del pasillo.

• Las escaleras descendentes que conducen a la puerta principal animan a que el chi fluya rápidamente, y cabe el riesgo de que parte de él salga por la puerta, produciendo una deficiencia en tu hogar. Para ralentizar este chi, pon una planta frondosa entre la base de las escaleras y la puerta de entrada.

• Las vigas gruesas que soportan mucho peso crean un fuerte flujo descendente de chi que puede resultar opresivo. Las plantas que crezcan con un fuerte chi ascendente bajo la viga compensarán este efecto.

• Es muy común que el chi se quede estancado en las esquinas de una habitación. Las plantas yang fogosas con hojas apuntadas y fuertes también ayudan a acelerar el movimiento del chi en ellas.

EN QUÉ DIRECCIÓN DORMIR

BENEFICIO. Absorber chi sanador.

Cuando duermes, estás particularmente receptivo al chi que te rodea. Mientras estás pasivo, además de regenerarte y repararte, absorbes más del chi que te rodea. La mayor parte de este chi entra en tu cuerpo a través del chakra coronario, en lo alto de la cabeza. Puedes encontrar este chakra localizando la espiral en lo alto de la cabeza de un bebé (o de la cabeza de cualquier persona con el pelo corto).

La dirección hacia la que apunta tu chakra coronario cuando estás tumbado determina de cuál de los ocho tipos de chi absorberás más.

Si tienes problemas para dormir, lo ideal es girar la cama para que la cabecera apunte hacia el norte. El chi norteño guarda relación con el invierno y la medianoche, y eso lo hace perfecto si necesitas calmarte. Este chi agua ayuda a curarse y recuperarse de los problemas de salud. Esta dirección suele ser demasiado tranquila para cualquiera que tenga que estar activo durante el día, de modo que úsala únicamente cuando sea necesario.

Lo que puedes hacer

- En tu dormitorio usa materiales suaves, como alfombras, alfombrillas o un suelo de madera blanda. Prueba poniendo cortinas en lugar de persianas.
- Comprueba si hay algún borde afilado apuntando hacia la cama. Si es así, cultiva una planta frondosa frente a esa esquina o cuelga una tela suave sobre el borde afilado.
- Mantén todas las puertas y contraventanas cerradas por la noche para contener el chi y reducir el riesgo de que fluya con demasiada rapidez.
- Retira cualquier espejo y los objetos brillantes, que podrían hacer que el chi vibrara alrededor de tu dormitorio, alterando tu sueño. Asegúrate de que no haya

Dormir cerca de una esquina y debajo de una viga incrementa el riesgo de intentar descansar en la línea de un chi que se mueve deprisa. Los tejidos y las plantas ralentizarán el chi.

espejos apuntando hacia tu cama y cúbrelos con una tela mientras duermes.

• Procura orientar tu cama de manera que puedas ver la ventana y la puerta con facilidad cuando estás tumbado, así el chi del fénix queda delante de ti.

• Si no puedes girar la cabeza para que apunte hacia el norte, intenta el oeste o noroeste, que ayudarán a contener tu chi.

CAMAS Y ROPA DE CAMA

BENEFICIO. Mejor sueño y salud.

Las camas y la ropa de cama influyen mucho en tu sueño, puesto que forman parte de tu campo de chi. A largo plazo, la calidad de tu sueño afectará enormemente a tu salud. Es importante conseguir unas seis horas de sueño profundo y sin alteraciones cada noche para que tu cuerpo pueda repararse, curarse y regenerarse adecuadamente.

Lo que puedes hacer

Camas

- La madera es el material ideal para el marco de la cama, pues no altera el campo magnético local. Es también más suave que el metal, y atrae un chi más yin y calmante a tu campo energético.

- Una cama de columnas ayuda a contener la energía a tu alrededor y es particularmente útil si duermes en una habitación grande con techos altos, donde la energía chi puede moverse con rapidez.

Colgar telas en la pared detrás de tu cama ralentizará el chi alrededor de tu cabeza, haciendo que sea más fácil dormir.

- La altura de tu cama debería estar en proporción con la altura del techo. De modo que en un dormitorio con el techo bajo, usa una cama baja, como un futón sobre una base. Procura que haya al menos 1.8 metros entre la superficie de tu cama y el techo, para que haya abundante sitio donde el chi pueda moverse libremente. Cuanto más alta sea la cama, más te estimulará intelectualmente. Cuanto más baja sea la cama, más orientado hacia las cosas prácticas debes sentirte.

Colchones

- Elige un colchón hecho de materiales naturales. Algodón, lana, paja y pelo son preferibles a la espuma y otros materiales artificiales. Los materiales sintéticos conllevan una carga estática y, como estará en tu campo de chi, puede hacer que te sientas incómodo.

- Los futones de algodón son ideales, pues favorecen un flujo armonioso del chi. Usa una base de madera para elevar el futón del suelo y airearlo adecuadamente, o pon el futón sobre una base de láminas de madera. Su firmeza te ayudará si tienes problemas de espalda.

- Evita los colchones de muelles metálicos, pues distorsionan el campo magnético local.

Ropa de cama

- Lo mejor es usar tejidos de algodón puro o lino en contacto con la piel para que fluya bien el chi. Estos materiales también respiran, y eso es importante porque los humanos podemos secretar hasta 1 litro de sudor por la noche a través de la piel mientras dormimos.

- Evita los tejidos sintéticos.

- Evita usar manta eléctrica, pues incrementará mucho tu exposición al campo electromagnético. Aunque esté apagada, distorsiona el campo magnético natural.

CAMPOS ELECTROMAGNÉTICOS

BENEFICIO. Bienestar físico y emocional.

Los campos electromagnéticos rodean cualquier cosa que use o transporte electricidad. La exposición a estos campos distorsiona tu chi, pudiendo alterar tu bienestar físico y emocional.

Cuanto más uso hagas de la electricidad y cuanto más cerca estés de ella, mayor será el efecto. En esto se incluyen ordenadores, televisores, hornos microondas, cocinas eléctricas, calentadores eléctricos, mantas eléctricas, secadores de pelo, fotocopiadoras y faxes. Los pasos siguiente sugieren lo que puedes hacer para reducir tu exposición.

PLANTAS

Las investigaciones indican que las plantas pueden ayudar a reducir los efectos adversos de los campos electromagnéticos. El Institut des Decreces en Geobiologie, de Chadonne, Suiza, llevó a cabo un programa de investigación de dos años de duración en oficinas de Wall Street, Nueva York, para examinar los efectos de tener plantas cerca de las terminales de ordenador. La planta más eficaz es la Cereus peruvianus *(un tipo de cactus de 40 cms de alto), que cuando se puso cerca de los ordenadores redujo la incidencia de los dolores de cabeza y el cansancio entre los empleados. Otras investigaciones dicen que el lirio de la paz y la planta araña poseen propiedades similares.*

Lo que puedes hacer

• Mantente todo lo lejos que puedas de la fuente eléctrica. Por ejemplo, a un metro de distancia del ordenador la radiación es mucho menor que a medio metro.

• Usa equipos electrónicos sólo cuando sean verdaderamente necesarios y evita dejarlos encendidos. Lo más seguro es desenchufar los equipos cuando no se usan para que la electricidad no siga circulando por el transformador. A menudo el campo electromagnético más intenso viene del transformador.

• Si es posible, sitúa el transformador a distancia: algunos equipos (como los ordenadores portátiles) tienen un transformador incorporado en el cable, que puedes poner lejos de ti, aunque el resto del equipo esté más cerca.

• Organiza tu lugar de trabajo de manera que los equipos que emiten campos electromagnéticos estén lo más alejados que sea posible de ti.

• Corres más riesgo cuando estás dormido, y por eso merece la pena organizar tu habitación para minimizar tu exposición a los campos electromagnéticos. Mantén los despertadores eléctricos, las televisiones y los aparatos de radio lo más alejados de tu cama que puedas.

• Mantén los teléfonos móviles e inalámbricos tan lejos como puedas, pues su uso está asociado a los tumores cerebrales, la pérdida de memoria, la depresión y la falta de concentración. En casa usa la línea tradicional.

Tener una planta cerca de tu ordenador puede reducir ligeramente tu exposición a los campos electromagnéticos.

CONTAMINACIÓN

BENEFICIO. Mejora de la salud.

En el hogar moderno otro de los riesgos procede de los humos tóxicos. Algunos materiales sintéticos emiten humos tóxicos durante hasta diez años después de su fabricación. Entre los ejemplos podemos incluir los muebles y armarios empotrados hechos de fibras de madera de densidad media, u otras fibras de madera, así como los artículos de plástico y las pinturas. El mejor aislamiento de los hogares modernos permite que la concentración de estos humos tóxicos aumente y que se acumulen en tu casa. Además, vivir cerca de una carretera muy transitada, en una ciudad con mucho tráfico o en una zona industrial puede incrementar tu exposición al aire contaminado, haciéndote más proclive a las enfermedades respiratorias.

Esta habitación contiene materiales naturales que ayudan a mejorar la calidad del aire.

Lo que puedes hacer

- Selecciona objetos de materiales naturales, como madera, metal, algodón puro, cuero, porcelana o vidrio.
- Abre las ventanas cada día y airea completamente tu hogar y espacio de trabajo.
- Cuando redecores, usa pinturas y barnices orgánicos.
- Procura encerar el suelo con ceras naturales, en lugar de usar barnices o lacas comerciales.
- Ten tantas plantas como puedas para ayudar a limpiar el aire.

REDUCIR EL RUIDO Y LA CONTAMINACIÓN DEL AIRE

Los científicos de la NASA han descubierto que las plantas son una de las mejores maneras de limpiar el aire. Mantén plantas saludables en tu hogar para mejorar la calidad de su aire. Las diez plantas más eficaces son:

- *Palma de bambú*
  (Chamaedorea sifrizii)
- *Siempreverde china*
  (Aglaonema modestum)
- *Hiedra inglesa* (Hedera helix)
- *Margarita gerbera*
  (Gerbera jamesonii)
- *Janet Craig*
  (Dracaena glauca «Janet Craig»)
- *Marginata* (Dracaena marginata)
- *Tronco de Brasil*
  (Dracaena massangeana)
- *Lengua de suegra*
  (Sansevieria trifasciata «Laurentii»)
- *Crisantemo*
  (Chrysanthemum morifolium)
- *Lirio de la paz*
  (Spathiphyllum «Mauna Loa»)

Se ha descubierto que las plantas frondosas y con muchas hojas son particularmente útiles para reducir el ruido. Las hojas absorben las ondas de sonido del aire, haciendo que la habitación sea más silenciosa y relajante.

Lengua de suegra
(Sansevieria trifasciata «Laurentii»).

EL FENG SHUI Y TUS ESTADOS DE ÁNIMO

CÓMO CAMBIAR TU ESTADO DE ÁNIMO CON EL FENG SHUI

El efecto más inmediato del feng shui es el que tiene en tus estados de ánimo. Tu chi externo actúa como una antena, aportando nuevo chi, y esto crea rápidamente una diferencia en tu manera de pensar y de sentirte. A continuación ofrecemos algunas maneras de crear diferentes estados de ánimo en una habitación. Encontrarás una explicación más detallada de cada elemento en las páginas siguientes.

• Una de las cosas que más nos influyen son los colores de un espacio. Como las distintas frecuencias de luz atraviesan tu chi superficial, pasar de una habitación con colores brillantes a otra con tonos apagados cambiará tu chi.

• Las imágenes y símbolos usados en un espacio pueden cambiar inmediatamente tu sensación, pues los pensamientos o recuerdos evocados por las imágenes cambian tu flujo de chi.

• La iluminación es una manera rápida y flexible de cambiar la atmósfera de una habitación. Con mover un interruptor progresivo puedes cambiar una luz brillante por una tenue.

• Las velas producen una suave luz naranja, y el titilar de la llama genera un movimiento sutil en toda la habitación. Las velas pueden tener un efecto hipnótico que las convierta en el punto focal de un espacio.

Las ventanas grandes, el tamaño y la altura de esta habitación animan al chi a moverse libremente, mientras que los tejidos suaves ralentizan el chi, produciendo un estado de ánimo más armonioso.

Los techos altos y las claraboyas favorecen un intenso flujo del chi vertical.

- Las proporciones de una habitación definen cómo fluye el chi. Una habitación alta posibilita un tránsito más vertical, favoreciendo el individualismo; una habitación baja y ancha favorece el flujo de chi horizontal, haciendo que sea más fácil conectar con los demás.

- El tipo de muebles que uses influye en el ambiente de tu casa. Las formas, los estilos y los materiales de los que están hechos pueden tener un efecto sutil en tus emociones. Las sillas, butacas y sofás tienen la máxima influencia, pues definen tu postura, y por tanto tu envoltura energética.

- Los fuegos irradian calor de manera parecida al sol, lo que los convierte en el sustituto ideal de la luz solar durante los inviernos oscuros y fríos. Los fuegos devuelven parte del chi fogoso y soleado a tu campo energético.

- Los bordes afilados definen con claridad un espacio, puesto que el chi sigue esas líneas. Esto puede estimular y definir tus estados de ánimo.

- Las formas rectas o curvilíneas de los objetos moldean el ir y venir del flujo del chi en una habitación, alterando a su vez el movimiento de tu propio chi. Los objetos cercanos a ti ejercen la mayor influencia.

- Las habitaciones vacías y llenas de trastos producen una sensación muy diferente. Ambas tienen sus ventajas y desventajas. La clave consiste en hallar el equilibrio adecuado para ti.

COLORES PARA CAMBIAR TU ESTADO DE ÁNIMO

BENEFICIO. Cambia y mejora tu estado de ánimo.

Los colores que usas en tu hogar tienen un efecto enorme en su ambiente. Las superficies coloreadas reflejan ciertas frecuencias de luz hacia la habitación, llenándola de ondas más rápidas o lentas, dependiendo del color. Estas frecuencias luminosas atraviesan tu campo de chi externo y cambian el movimiento de tu energía. Como consecuencia te sientes y piensas diferente.

Cuanto más brillante es el color, más yang y activo hace que te sientas. Los rojos brillantes, los amarillos y los naranjas son buenos ejemplos. Los colores pálidos, como los azules claros y los verdes, te ayudarán a sentirte más yin y calmado.

Lo que puedes hacer

Para averiguar cómo te hace sentir cada color, consulta la descripción completa de las ocho direcciones en la página 36. Encuentra la dirección que tenga las propiedades que más necesitas y después ve qué color está asociado con ella. Alternativamente, usa el cuadro de referencia rápida de la página siguiente. Por ejemplo, si quieres sentirte más confiado y asertivo, necesitas más energía del este en tu campo de chi. El color que ayuda a activar esta energía es el verde brillante.

El color se aplica a las flores frescas, a las plantas, a los objetos de madera, a los cuadros, a los marcos de las fotografías, a las obras de arte y a los muebles, así como a las paredes, techos y suelos.

Para potenciar un color puedes usarlo en la parte de tu casa asociada con su dirección. Si eliges un verde brillante, procura que sea en la parte este de tu casa. Utiliza la transparencia de las ocho direcciones para ver qué colores usar.

Direcciones de los colores y cualidades

COLOR	DIRECCIÓN	CUALIDADES
Crema y acabados traslúcidos brillantes	Norte	Independiente, objetivo, sexual, espiritual
Negro mate, marrón o beige	Suroeste	Estable, práctico, realista, íntimo
Verde brillante	Este	Ambicioso, confiado, lleno de autoestima, entusiasta
Verde oscuro o azul	Sureste	Creativo, imaginativo, sensible, persistente, nuevas ideas
Amarillo	Centro	Poderoso, se siente el centro de atención, con sentido de la justicia
Plateado, gris o blanco amarillento	Noroeste	Tiene el control, digno, responsable, organizado
Rojo oxidado o rosa	Oeste	Romántico, enfocado en el resultado final, juguetón, contento
Blanco brillante	Noreste	Motivado, competitivo, ingenioso, agudo
Púrpura	Sur	Expresivo, apasionado, social, emocional

IMÁGENES

> BENEFICIO. Activan pensamientos positivos.

Las imágenes que tienes en tu hogar influyen en ti activando ciertos pensamientos. Por ejemplo, una fotografía de una época en la que te sentiste especialmente feliz puede ayudarte a recuperar esos sentimientos cada vez que la veas.

Lo contrario también puede ocurrir: alguien que viva solo y que quiera establecer una relación, pero tenga muchas imágenes de personas solas, e incluso disponga los objetos de su casa de manera que estén solos, puede que lo tenga más difícil para dar cabida a otra persona en su vida.

Lo que puedes hacer

1 Asegúrate de que las imágenes de tu casa estén en consonancia con lo que quieres conseguir en la vida. Esto incluye fotografías, cuadros y objetos. Camina por tu casa y observa con cuidado todo lo que ves para detectar si realmente te anima y te favorece. Debes retirar cualquier cosa que te recuerde a aquello de lo que te quieres alejar para ver cómo te sientes sin ella.

2 Si estar acompañado es importante para ti, tener las cosas por parejas puede enviar el mensaje correcto a tu mente inconsciente. Por ejemplo, poner dos plantas en el mismo tiesto simboliza dos seres vivos compartiendo el mismo hogar. Asimismo, podrías tener imágenes de personas juntas, esculturas de parejas abrazadas, y ordenar los objetos por pares.

3 Pon en tu hogar imágenes de cualquier cosa que te inspire. Si quieres comprarte una casa, cuelga en la pared una imagen de la casa de tus sueños. Esto te impulsará hacia delante y, si el deseo es suficientemente fuerte, te ayudará en los momentos difíciles. Piensa con claridad en lo que deseas en la vida, y después procura tener imágenes que lo reflejen con la máxima precisión.

4 Es importante tener imágenes que te recuerden tus éxitos pasados. Las fotografías de momentos felices, los premios y los trabajos de los que estás orgulloso te ayudan a mantener tu autoestima y tu confianza.

Las imágenes de este cuadro podrían ejercer una fuerte influencia sobre ti.

ILUMINACIÓN

BENEFICIO. Cambio de estado de ánimo instantáneo.

Las luces generan más chi yang, y su energía está asociada con el elemento fuego. Si dispones de una variedad de luces, puedes cambiar de una iluminación brillante y estimulante a otra suave y tenue simplemente pulsado un interruptor: una manera instantánea de cambiar de estado de ánimo.

Hay muchos tipos de luces:

- Las bombillas incandescentes emiten una luz levemente anaranjada, que ayuda a crear una atmósfera cálida para que puedas estar cómodo y tranquilo.
- Las lámparas de tela y papel suavizan la luz y crean una atmósfera más yin y serena.
- Las lámparas metálicas o con reflejos crean una atmósfera más yang y estimulante.
- Los focos te ayudan a enfocar la luz en un lugar particular y a activar el chi en una parte específica de la habitación, creando allí un entorno más yang e interesante.
- La iluminación halógena de bajo voltaje produce una luz brillante y muy intensa que es ideal para incrementar el flujo de chi en los lugares donde suele estancarse. Las lámparas halógenas de pie son móviles y muy flexibles. Su chi yang te ayuda a sentirte motivado.
- Las luces orientadas hacia arriba son particularmente útiles si tienes un techo bajo o inclinado y quieres sentirte menos confinado.
- Las luces reflejadas son útiles si deseas extender y difuminar el chi por un techo o pared. Crean una atmósfera más yin y descansada.
- Las lámparas de mesa y las luces situadas en el suelo dirigen tu atención hacia abajo, haciendo que te sientas más asentado, cómodo e íntimo.

- Las lámparas fluorescentes producen una luz de tono azulado, generando un ambiente más frío y yang.

Lo que puedes hacer

1 Pon luces en los rincones para reducir el riesgo de que se estanque el chi.

2 Pon luces orientadas hacia el techo debajo de las vigas para reducir el flujo descendente de chi.

3 Dirige las luces hacia arriba cuando haya techos bajos o inclinados, para hacer que el espacio parezca más alto.

4 Usa luces en el sur, centro, suroeste o noreste cuando quieras potenciar el chi de esas direcciones.

5 Oculta las luces brillantes detrás de una planta o pantalla de papel para reducir el resplandor. Esto genera una atmósfera más yin y relajante.

Esta lámpara curvada genera chi agua, creando una combinación interesante con la fogosa fuente de luz. La luz suave y desigual hace que sea más fácil sentirse calmado y relajado.

VELAS

BENEFICIO. Incrementan la autoexpresión.

Las velas cambian tu estado de ánimo de dos maneras. En primer lugar, irradian chi fuego hacia el entorno. Y lo hacen de manera poderosa, pues el chi fuego es transportado principalmente por la luz, y en menor medida por el calor. En segundo lugar, contemplar cómo se licua la cera y después se transforma en gas y arde es una visión hipnótica. Usar velas puede ser una experiencia estimulante que te haga sentir tus emociones con más fuerza.

Las velas son el tipo de iluminación más yin. Irradian una suave luz naranja y tienen la ventaja de no generar los campos electromagnéticos de las luces eléctricas. Este tipo de luz es ideal cuando quieres crear una atmósfera suave y romántica. En términos de los cinco elementos, las velas están asociadas con el chi fuego.

Aquí te damos algunas ideas para usar velas en tu casa. Las velas tienen que estar encendidas para surtir efecto, pero asegúrate de no dejarlas ardiendo cuando te vayas de la habitación. Encenderlas media hora al día debería ser suficiente.

Lo que puedes hacer

• Si quieres sentirte más expresivo, extravertido y con ganas de socializar, pon un gran número de velas en la parte sur de tu hogar. Esto fortalece el chi del sur, ayudándote a cambiar tu estado emocional.

• Para sentir más estabilidad e intimidad en una relación, pon un par de velas en la parte suroeste de tu hogar. El chi fuego de las velas sustenta el chi tierra del suroeste, haciendo que sea más fácil generar ese ambiente.

• Para sentir más claridad mental y obtener ideas interesantes sobre tu vida, procura encender una vela en la parte noreste de tu casa. El chi fuego de la vela

Aparte de producir una luz suave, las velas pueden usarse para calentar los aceites esenciales y llenar la habitación de aromas que cambian el ánimo.

sustenta el chi tierra del noreste. Puedes intentar meditar mirando a la vela mientras te orientas hacia el noreste.

- Para potenciar los sentimientos románticos, procura poner un par de velas en la parte oeste de tu casa. Pon las velas en soportes de arcilla, de modo que dispongan de suficiente chi tierra para que se establezca una relación armónica entre el chi fuego de las velas y el chi metal del oeste.

- Juntar fuego y agua puede resultar espectacular, y las velas flotando en la bañera producen este efecto. Asimismo, combinar un detalle acuático con unas velas resulta sorprendente y estimulante. Para que los elementos fuego y agua estén en armonía, incluye también el chi madera situando ese detalle acuático en el este, o poniendo las velas sobre barcas de madera.

PROPORCIONES DE LA HABITACIÓN

BENEFICIO. Cambian el ambiente.

La forma y las proporciones de una habitación establecen los límites dentro de los cuales el chi puede fluir más fácilmente, aunque parte de él atraviese las puertas y ventanas, y en mucha menor medida las paredes, los techos y los suelos. La altura del techo, el tamaño de la habitación y su distribución también influyen en tu estado de ánimo.

Lo que puedes hacer

- El tamaño de una habitación define la cantidad de sitio que hay para que fluya el chi. Cuanto mayor sea la habitación (especialmente si tiene pocos muebles), más espacio queda, lo que permite que el chi tome velocidad. Esto genera un entorno más inspirador y estimulante. Una habitación más pequeña (especialmente si tiene demasiados muebles) ralentiza el flujo de chi, generando un ambiente más íntimo y acogedor.

- Un espacio alto hace que al chi le sea más fácil moverse en vertical. Esto logra que te sientas conectado con la energía chi del cielo y de la tierra, más que con la energía de las cosas laterales. En un entorno así podría resultarte mucho más fácil considerar grandes temas, sentirte mentalmente estimulado y tener ideas originales e inspiradas.

- Un amplio espacio con techos bajos anima a que el chi fluya horizontalmente, lo que te ayuda a sentirte más conectado con las cosas que te rodean en el mismo plano. En este tipo de espacio puedes sentirte cerca de las personas de tu entorno y debería resultarte más simple comunicar con la gente, compartir sentimientos e intercambiar ideas.

- Una habitación cuadrada o circular es más compacta y yang en términos del movimiento del chi interno, lo que la convierte en el espacio ideal en el que sentirse dinámico, funcional y alerta.

- Una habitación circular reduce el riesgo de que la energía chi se quede estancada en los rincones, pero incrementa el riesgo de que gire sin cesar por la habitación. Consecuentemente, puede resultar un poco inestable.

La altura de esta habitación favorece el movimiento ascendente del chi madera, mientras que el techo inclinado aporta más chi fuego.

- Una habitación larga, estrecha y rectangular o una habitación larga y ovalada producen una sensación más tranquila y yin. Esto es particularmente cierto de una habitación oval, donde la energía chi puede fluir con suavidad, evitando las esquinas. Dependiendo de su orientación, este tipo de habitaciones tienen un ambiente bien diferenciado, pues contienen más chi de algunas de las ocho direcciones y menos de otras.

MUEBLES

> BENEFICIO. Cambian cómo te sientes.

En términos del feng shui, los muebles más importantes son las sillas, porque definen dónde y cómo te sientas. Cuanto más tiempo pases en ellas, y cuanto más importantes sean las actividades que realices estando sentado en una silla concreta, mayor es el incentivo para tener un buen feng shui, porque puede afectar a la calidad de lo que haces mientras estás sentado en ella.

Lo que puedes hacer

Cuando vayas a elegir cualquier tipo de asiento, merece la pena considerar su altura.

- Un taburete alto te alinea con el chi madera ascendente, haciendo que sea más fácil sentirte alerta, activo y ambicioso, pues tu postura tiende a ser más erguida. Esto, a su vez, facilita que el chi ascienda por tus chakras.

- Cuanto más alto sea el techo, más adecuados son los muebles altos.

- Por el contrario, sentarte en el suelo sobre un gran cojín te expone al chi tierra, más estable y asentado, haciendo que sea más fácil relajarte, sentirte cerca de alguien y estar cómodo. Aquí puedes adoptar una postura más inclinada, animando a tu propio chi a alinearse con la horizontal.

- Cuando quieras combinar el estar sentado con estar a la mesa, y sean varias las personas en esa posición, la mesa define cómo interactuáis, porque su forma determina cómo estáis orientados los unos hacia los otros.

- Una mesa redonda u ovalada permite a todo el mundo verse e interactuar con facilidad. Es ideal para que todo el mundo participe en la conversación.

- Una mesa redonda simboliza el chi metal y ayuda a contener la energía a su alrededor.

Procura tener muebles que encajen con todos los estados de ánimo.

FLEXIBILIDAD

Procura tener varios tipos de muebles y disponer de algo para cada ocasión; esto te permitirá crear el estado de ánimo que necesites en un momento dado.

- Las mesas largas y estrechas son mejores cuando quieres poner a alguien en la cabecera y darle más autoridad. Para comer es mejor adoptar una postura erguida, que favorece la digestión. Veamos algunas consideraciones.

- Las sillas con respaldo recto ayudan a mantener los órganos digestivos alineados mientras comes, pero son menos cómodas si te gusta pasar mucho tiempo a la mesa.

- Arrodillarse en el suelo en torno a una mesa baja facilita la estabilidad y te permite relajarte con la espalda recta.

- Sentarse en banquetas alrededor de un mostrador es ideal para picar algo, al tiempo que mantienes la postura correcta.

CHIMENEAS

BENEFICIO. Crean un ambiente más cálido.

Como el sol, las chimeneas emiten no sólo calor por convección, sino también calor irradiado, algo que la calefacción central no consigue. Por esta razón una chimenea puede potenciar enormemente la comodidad de un hogar durante el invierno, especialmente si vives lejos del ecuador y tienes pocas horas del luz solar. Además, el fuego aporta chi yang, que te ayuda a sentirte apasionado, espontáneo y expresivo. Si tiendes a sentirte deprimido durante los meses invernales, un fuego de verdad puede ayudarte a reemplazar parte del chi que te falta. Es habitual colgar un espejo sobre la chimenea, y esto tiene el efecto de reflejar aún más el chi fuego hacia la habitación.

Lo que puedes hacer

Si tu chimenea está en un lugar incompatible con el chi de los cinco elementos en ese punto, puedes usar remedios feng shui para armonizar el flujo. Es posible que en las áreas siguientes la chimenea no combine bien con el chi circundante, pero aquí te ofrecemos algunas sugerencias:

• **Chimenea en el sur.** Si tienes tendencia a sentirte excesivamente emocional, es posible que tengas que sosegar el chi fuego, pues la chimenea lo incrementa. Un tiesto de arcilla, bajo y lleno de carbón, producirá este efecto. El negro mate está asociado con el suroeste y ayudará a drenar el chi fuego.

• **Chimenea en el oeste o noroeste.** Para armonizar el chi fuego y el chi metal tienes que incrementar el chi tierra. Un cuenco de arcilla o porcelana lleno de carbón y el color negro te ayudarán.

• **Chimenea en el norte.** Para armonizar el chi fuego con el chi agua del norte, tienes que incrementar la presencia del chi madera. Puedes hacerlo cultivando plantas altas a una distancia segura del fuego, usando el color verde o poniendo ornamentos, altos de madera encima de la chimenea.

- **Chimenea en el suroeste o noreste.** Una chimenea situada en estas direcciones estará en armonía con el chi ambiental, puesto que el fuego sustenta el chi tierra.

El chi fuego, el calor y el resplandor de una chimenea pueden convertirse en el punto focal de la habitación, y a menudo definen la distribución de los asientos.

SUAVIZAR LOS BORDES AFILADOS

BENEFICIO. Sentirse más cómodo.

Cualquier esquina que apunte hacia dentro de una habitación le dirige un chi rápido, y esto puede ser un problema si canaliza la energía hacia el lugar donde duermes o te relajas, haciendo que te sientas inquieto, tenso y nervioso. Por fortuna, para remediar los bordes afilados basta con poner algo suave frente a ellos a fin de ralentizar el chi acelerado.

Lo que puedes hacer

1 Comprueba todos los lugares donde duermes y te relajas para ver si alguna esquina apunta hacia ellos. Las esquinas elevadas o los bordes largos, como los de una viga afilada, son los más preocupantes, porque dirigen una cantidad significativa de chi. Por otra parte, la esquina de una mesa no tendrá tanto efecto.

2 Suaviza la esquina. La manera más fácil de hacerlo es poner una planta frente a ella. La planta suavizará el borde y te protegerá de cualquier energía que fluya con rapidez. Además, la planta tiene su propio campo de chi viviente, que tapará en parte la energía que fluye rápidamente desde la esquina. Si no puedes tener una planta en el suelo, procura usar una planta colgante.

3 Si no puedes usar una planta, cuelga un entramado de cuerdas o una tela frente a la esquina para suavizarla. También podrías poner una pantalla delante de la esquina afilada.

4 Si estás construyendo una casa nueva o estás renovándola, haz que redondeen las esquinas sobresalientes y así evitarás completamente este problema. Basta con hacer esquinas redondas del radio de una taza de café para que toda tu casa sea más suave y armoniosa.

> **OTROS EDIFICIOS**
>
> *La totalidad de tu casa podría estar sometida a un chi rápido si la esquina de otro edificio apunta hacia ella, haciendo que sea un lugar menos relajante. El remedio consiste en plantar setos y árboles entre la esquina de ese edificio y tu hogar. Además, podrías poner algo de forma convexa en la parte externa de tu casa que refleje la energía de vuelta hacia la esquina agresora. Podría tratarse de un pequeño espejo convexo o de una pieza de metal brillante que aleje de tu hogar parte del chi acelerado.*

Para suavizar esta esquina basta con poner una planta frente a ella.

FORMAS CURVAS FRENTE A LINEALES

BENEFICIO. Crean un estado de ánimo armonioso.

Las habitaciones con líneas rectas y esquinas afiladas generan una atmósfera yang y funcional en la que todo está perfectamente ordenado. No obstante, esto no concuerda con las curvas naturales que encontramos en la naturaleza y en el cuerpo humano, lo cual provoca que en ese espacio sea más difícil sentirse conectado y en armonía. Las líneas rectas pueden ser de ayuda en habitaciones donde prime la funcionalidad y el hacer cosas (como la cocina, el lavadero o un almacén), pero es posible que te sientas demasiado yang y agitado si se encuentran en una habitación donde te quieres relajar.

La curva yin de esta silla rompe sutilmente las líneas más rectas y yang de los tablones del suelo.

Lo que puedes hacer

1 Cuando sea posible, incluye curvas sutiles en los diseños de tus muebles y accesorios para crear una apariencia más interesante. Todos los muebles deberían tener esquinas redondeadas y ser de forma ovalada o redonda para reducir el chi cortante y reflejar mejor la forma de tu cuerpo.

2 Si esto no es posible, incluye alguna obra de arte con formas naturales que se hallen en la naturaleza. Bodegones, paisajes y retratos crearán las imágenes que necesitas.

3 Usa objetos que tengan la forma humana. Lo más fácil es poner esculturas de personas. Si ésta es tu elección, procura encontrar poses en las que los sujetos expresen algo a lo que aspiras.

4 Usa tejidos, como cortinas abiertas, para aportar a la habitación líneas que fluyan con más suavidad, haciendo que sea más fácil sentirse en armonía con el espacio.

5 Procura usar telas con dibujos curvados para armonizar la habitación en la que deseas relajarte. Puedes usar círculos, líneas ondulantes o imágenes abstractas.

6 Si estás redecorando, considera la posibilidad de usar efectos especiales de diversos tipos en la pintura de pared para imitar el efecto moteado que tanto vemos en la naturaleza.

7 Usa plantas y flores vivas para dar a tu habitación ese estado de ánimo natural y humanista.

CONSEGUIR UN BUEN EQUILIBRIO CON LOS MUEBLES

BENEFICIO. Equilibrio necesario para crear el estado de ánimo que deseas.

Cuantos más muebles pongas en una habitación, más lentamente fluirá el chi. Si los muebles son suaves y con textura, el chi se moverá aún con más lentitud. Ello produce un estado de ánimo equilibrado en el que puedes relajarte y sentirte cómodo. Lo opuesto es válido para un espacio zen minimalista, donde el chi fluirá más rápida y libremente, y donde te resultará más fácil tener ganas de hacer cosas, pensar grandes ideas y realizar actividades físicas.

Lo que puedes hacer

1 Nota cómo te sientes en la habitación. Si te resulta difícil tocar tierra y relajarte, es posible que tengas que incluir más muebles suaves. Si quieres sentirte más dinámico y energético, prueba sacando cosas de la habitación.

2 Para ralentizar el chi y crear un estado de ánimo más yin, integra elementos como cojines grandes, cortinas largas, sillas bajas y pesadas y grandes sacos flexibles para sentarse. Añade más plantas (especialmente con muchas hojas), pon alfombras en el suelo y lámparas con pantallas de tela sobre mesas bajas o directamente en el suelo. Si tienes que emprender una acción más drástica para que el chi se ralentice lo suficiente y así crear el estado de ánimo que deseas, puedes colgar tapices en las paredes o poner alfombras de lana de oveja.

3 Para acelerar el flujo de chi e inducir un estado de ánimo más yang, saca elementos de la habitación. Los objetos de texturas suaves ralentizarán el chi, de modo que prescinde de las cosas que no uses. El chi necesita espacio para poder moverse, por tanto, despeja una zona en el centro de la habitación. Esta zona debería estar libre. Mira con cuidado y retira todo lo que ya no necesites. Continúa moviendo los elementos hasta que sientas que has alcanzado el equilibrio correcto.

Sillas de cuero, espacios abiertos, ventanas grandes, orden y superficies duras crean un excitante espacio yang.

Estas telas suaves ralentizan el chi, haciendo que se mueva lentamente en torno a la butaca.

EL FENG SHUI Y TUS RELACIONES

MEZCLA TU CHI CON EL DE TU AMANTE

Una buena relación consiste en ser capaz de combinar tu propio chi con el de tu amante de modo que ambos os sintáis mejor. La idea es que, a medida que pasáis tiempo juntos, tu chi interactúa con el de tu amante y ambos interiorizáis una parte del otro. Esto ocurre durante el coito, cuando ambos experimentáis emociones intensas que liberáis hacia el otro. No obstante, el simple hecho de dormir juntos implica que vuestros campos chi se mezclan de tal manera que una pequeña parte de la energía emocional de tu amante se queda dentro de ti durante el resto del día. El feng shui intenta que esta interacción sea positiva.

- Cada una de las direcciones de tu hogar está vinculada con un aspecto de tu relación, y por tanto puedes sintonizar y refinar el chi de ésta activando una dirección específica.

- Si comparáis el chi de vuestros nueve números en función de los cinco elementos, podréis ver si tenéis que añadir más de algún elemento a vuestro hogar para facilitar el intercambio de chi entre vosotros.

- La dirección hacia la que apuntan las partes altas de vuestras cabezas mientras dormís os ayuda a absorber un chi particular a lo largo de la noche; la dirección determina cuál es el tipo de chi y cómo influirá en vuestra relación.

- Puedes preparar una habitación concreta, posiblemente el dormitorio, para el amor y el sexo, creando el ambiente adecuado para que los encuentros sean especiales.

- En una relación a largo plazo puedes llegar a una etapa en la que te sientes satisfecho simplemente sacando el máximo partido a lo que tienes. En tal caso, puedes reordenar tu casa para que te ayude a conseguirlo.

- Es posible mezclar tu chi con el de tu amante simplemente juntando vuestros objetos personales.

- Podéis incorporar un chi similar durmiendo, comiendo y sentándoos juntos, lo que os dará la sensación de tener más en común.

- Las flores son una manera colorista de aportar más chi a la relación.

- Puedes usar el número de tu año para decidir cuál es el mejor momento para emprender una nueva relación, casarte o concebir un hijo.

- También puedes preparar tu casa para que te resulte más fácil atraer nuevos amantes potenciales.

- Cuando una relación acaba, puedes usar el feng shui para seguir adelante y aliviar el dolor.

Cuando dormís juntos, vuestros campos energéticos se funden,
y eso te ayuda a sentirte más cerca de tu amante.

USA EL FENG SHUI PARA REFINAR Y SINTONIZAR TU RELACIÓN

BENEFICIO. Potencia la relación.

Las ocho direcciones y el centro de tu casa influyen de una manera especial en tu relación. Esto significa que puedes refinar y armonizar la relación haciendo cambios en distintas partes de tu hogar.

Lo que puedes hacer

1 Habla con tu amante y decidid qué queréis mejorar de vuestra relación.

2 Mira en la página siguiente qué dirección te ayuda más.

3 Localiza la dirección apropiada en el plano de tu casa usando la transparencia de las ocho direcciones (Pág. 112-115), y después fortalece el chi de esa zona. Usa las sugerencias que vienen en la transparencia para mejorar el chi.

4 Prueba la opción de girar tu cama para que la parte alta de vuestras cabezas apunte en la dirección que mejor encaja con vuestros deseos.

Puedes usar el feng shui para producir un cambio en vuestra relación.

Cualidades direccionales

- **El este** aporta más entusiasmo y actividad a tu relación. Es de ayuda cuando te sientes atascado o aburrido en una relación.

- **El sureste** favorece una mejor comunicación. Este chi hace que sea más fácil sentarse y resolver cualquier problema.

- **El sur** añade más pasión y emoción a la relación. Usa este chi cuando quieras más espontaneidad y excitación.

- **El suroeste** aporta más sentimientos de cariño y cuidado. Es ideal para crear una relación segura, poniendo el énfasis en la calidad de vuestras interacciones y de vuestra compañía.

- **El oeste** te ayuda a absorber más chi juguetón y romántico. Esto hace que sea más fácil divertirse y disfrutar de los placeres de estar juntos.

- **El noroeste** facilita el compromiso y la planificación. Usa este chi cuando quieras dar una base más firme a tu relación.

- **El norte** fomenta el afecto y la vitalidad sexual. Permite explorar con más facilidad el lado profundo de vuestra relación y es ideal para la concepción.

- **El noreste** mejora tu capacidad de ser claro, directo y decidido. Usa este chi cuando quieras sacarlo todo a la luz y seguir adelante.

- **El centro** incrementa la atracción mutua y fortalece el vínculo entre vosotros. Activa este chi para acercaros mutuamente.

CONSTRUYE
EL CUADRO DE TU RELACIÓN

BENEFICIO. Genera más armonía.

Puedes usar tus tres números ki para predecir cómo se combinará tu chi con el de tu amante. Una manera de aproximarse a esto es mirar qué elemento está asociado con cada uno de los números y ver cómo los elementos se relacionan entre sí.

Los mismos elementos

Una relación entre personas con el mismo chi ayuda a entenderse mejor y posiblemente a alcanzar una conexión más íntima. Podrías sentir que has encontrado a tu pareja del alma. El riesgo de este tipo de relación es que puede estancarse porque os conocéis demasiado bien.

Elementos armoniosos

Una relación entre personas cuyos elementos están uno al lado del otro en el ciclo de los cinco elementos es potencialmente armoniosa y sustentadora. Las personas suelen sentirse atraídas hacia otras que sustentan o calman su energía. Aunque haya diferencias entre vosotros, éstas sólo añaden interés y movimiento a vuestra relación.

Elementos opuestos

Una relación entre personas con elementos opuestos en el ciclo de los cinco elementos será excitante y diferente. En estas relaciones puede haber una gran atracción, aunque resulta más difícil entender a la otra persona; funcionan mejor cuando ambos respetáis y disfrutáis de las diferencias.

Lo que puedes hacer

1 Busca tus tres números ki y los de tu amante en los cuadros en págs. 44-49

2 Anota tus tres números y los de tu amante.

3 Encima de cada uno de los números anota el elemento asociado.
1 = agua
2, 5 y 8 = tierra
3 y 4 = madera
6 y 7 = metal
9 = fuego

Seguidamente anota los elementos para los números de tu amante.

4 Comparad vuestros elementos con los del cuadro que se da a continuación. Los números del año se aplican a los aspectos más profundos de vuestra relación y a cómo interactuarán vuestras vidas a largo plazo. Vuestro número del mes es inicialmente el más importante, pues define cómo se combina vuestro chi emocional. Vuestro número axial revela cómo se combina vuestro chi superficial; esto es muy útil cuando estáis haciendo cosas juntos.

COMPATIBILIDAD DE ELEMENTOS

Agua-agua = iguales	**Madera-metal** = opuestos
Agua-madera = armoniosos	**Fuego-fuego** = iguales
Agua-fuego = opuestos	**Fuego-tierra** = armoniosos
Agua-tierra = opuestos	**Fuego-metal** = opuestos
Agua-metal = armoniosos	**Tierra-tierra** = iguales
Madera-madera = iguales	**Tierra-metal** = armoniosos
Madera-fuego = armoniosos	**Metal-metal** = iguales
Madera-tierra = opuestos	

APORTA MÁS DEL CHI QUE FALTA EN TU CASA

BENEFICIO. Anima al chi a moverse más libremente entre dos personas.

Puedes probar distintos remedios para potenciar el flujo de chi entre tú y tu amante e introducir cualquier chi que falte.

Lo que puedes hacer

1 Examina el cuadro siguiente y encuentra los elementos del año y del mes para ti y para tu amante (véanse páginas 176-177).

2 Prueba los remedios que se sugieren y comprueba si vuestra relación cambia.

REMEDIOS ELEMENTALES

 Agua-agua. Probad con la energía metal en forma del color rosa; o dormid con la cabeza apuntando hacia el oeste o noroeste para sentiros más cerca.

 Agua-madera. Si la persona con chi agua se siente cansada, debe vestir con los colores rosa, rojo o gris; dormid con las cabezas apuntando hacia el oeste o noroeste.

 Agua-fuego. Procurad dormir con la parte alta de vuestras cabezas orientada hacia el este o sureste; cultivad más plantas de interior y usad más el color verde para armonizar el chi.

 Agua-tierra. Para tener más seguridad económica, dormid con la parte alta de vuestras cabezas apuntando hacia el oeste o noroeste; usad el color rosa, plateado o gris para sentir más armonía.

Agua-metal. Dormid con la parte alta de vuestras cabezas mirando hacia el oeste o noroeste; usad el color rosa, plateado o gris para sentiros más apoyados.

Madera-madera. Añadid más chi agua usando el color crema y un detalle de agua en el este o sureste para potenciar el chi de la relación.

Madera-fuego. Dormid con la parte alta de vuestras cabezas mirando hacia el este o sureste; cultivad plantas y usad el color verde para tener más fuerza.

Madera-tierra. Poned velas en el sur; usad el color púrpura y mostraos sociables para potenciar el chi fuego y generar una mayor armonía.

Madera-metal. Una vida sexual activa aportará chi de agua, lo mismo que dormir con las cabezas apuntando hacia el norte, tendiendo un puente para superar las diferencias entre estos elementos opuestos.

Fuego-fuego. Usad el chi tierra como influencia calmante: dormid con la parte alta de vuestras cabezas mirando hacia suroeste, o usad flores amarillas en un tiesto de arcilla.

Fuego-tierra. El chi fuego aporta una mayor excitación y espontaneidad, de modo que poned velas en el sur; el chi tierra aporta seguridad y estabilidad, así que poned carbón en el suroeste.

Fuego-metal. Usad la energía tierra en forma de una vida familiar íntima, y dormid con las cabezas apuntando hacia el suroeste; usad el amarillo para aportar más armonía.

Tierra-tierra. Añadid más fuego en forma de color púrpura, velas en el sur y una vida social activa para evitar el riesgo de aburrimiento y estancamiento.

Tierra-metal. Absorbed más chi tierra durmiendo con la parte alta de vuestras cabezas mirando hacia suroeste, y usad más el color amarillo en vuestro hogar.

Metal-metal. El chi tierra ayudará a hacer que ésta sea una relación más íntima a largo plazo; procurad dormir con las cabezas apuntando hacia el suroeste y usad el color amarillo.

EN QUÉ DIRECCIÓN DORMIR PARA POTENCIAR EL AMOR Y LA PASIÓN

BENEFICIO. Sentirse más romántico, apasionado o sexual.

Si ambos sentís que falta algo en vuestra relación, podéis repasar las cualidades de cada dirección (véase páginas 178-179) y usar más de una clase de chi determinada. La solución más fácil, barata y potencialmente más poderosa es girar la cabecera de vuestra cama para orientar las coronillas de vuestras cabezas en la dirección elegida. Mientras dormís juntos, ambos absorberéis más de su chi particular.

Lo que puedes hacer

1 Decidid de qué necesitáis más para disfrutar de una relación más feliz. Por ejemplo, es posible que ambos deseéis una relación más apasionada.

2 Examinad qué chi os ayudará más: el oeste para el romance, el sur para la pasión y el norte para el sexo. Consultad la página 36 para ver qué otras cualidades queréis incorporar; idealmente, deberíais sentiros felices con todo el conjunto. De no ser así, es posible que tengáis que buscar una dirección alternativa.

3 Girad la cama para que las coronillas de vuestras cabezas apunten en la dirección del chi del que queráis más.

A veces es mejor poner la cama en la dirección adecuada aunque tengas que situarla en ángulo. Puedes hacer que la cama encaje en ángulo en la habitación usando plantas, luces y muebles.

SOLUCIONES DE COMPROMISO

A veces no será posible orientarse en la dirección que necesitáis y tendréis que seleccionar otra. En tal situación, encontrad la siguiente dirección más cercana a lo que necesitáis. Si podéis elegir dormitorios, poned la cama en la dirección deseada en otra habitación. A veces se puede poner la cama temporalmente en medio de la habitación para que mire en la dirección ideal. Probadlo durante unas pocas semanas y, si notáis que vuestra relación mejora, explorad la manera de hacer que ese cambio sea permanente.

En feng shui es aceptable poner la cama en diagonal para que las cabezas apunten hacia una esquina, siempre que esto signifique que dormís en la dirección ideal. Llenad el espacio vacío con un cofre triangular, y poned encima plantas y flores.

AMOR EN TU DORMITORIO

BENEFICIO. Mejor sexo y vida amorosa.

El amor intenso y el sexo de calidad están hechos principalmente del sentimiento de que vosotros dos sois casi como uno, de que vuestros cuerpos se mantienen entrelazados. A lo anterior se le añaden todas las sensaciones táctiles, visuales y auditivas que vais incorporando. Éstas se ven favorecidas por un chi activo que fluye libremente, combinado con una energía suave y delicada.

Las velas dan una luz más suave y romántica que las luces eléctricas, haciendo que sea más fácil conectar con el ambiente adecuado para disfrutar de una vida sexual satisfactoria.

Lo que puedes hacer

1 Cread el espacio para moveros y tener la libertad de expresar vuestra sexualidad completamente. Por ejemplo, poned una cama grande, con grandes cojines o una silla cómoda, para poder desplazaros a otras áreas de la habitación.

2 Pensad en la iluminación. Si os gusta veros mutuamente, necesitaréis algún tipo de luz suave. Las velas son ideales, puesto que añaden un chi más fogoso y apasionado a la habitación. Si ambos disfrutáis del sentimiento de estar cerca, una habitación más oscura potenciará esas sensaciones.

3 Haced que la habitación esté lo suficientemente insonorizada para que ambos os sintáis desinhibidos con respecto a los ruidos que hacéis durante el coito.

4 Cread un ambiente excitante llevando imágenes sexuales a la habitación. Podrían ser estatuas, cuadros o fotografías de parejas juntas.

5 Las orquídeas actúan como afrodisíaco, así que un par de orquídeas cerca de la cama os ayudará a conseguir el estado de ánimo adecuado.

6 Incrementad el chi agua, fuego y metal del oeste, pues os ayudarán a sentiros profundamente sexuales, apasionados y juguetones.

7 Para llevar chi agua a vuestra habitación, usad el color crema y el negro brillante. Los materiales de tejido calado potenciarán aún más este efecto. También podríais colgar un cristal en la parte norte de la habitación para potenciar el chi norteño.

8 Las telas de seda incrementan el chi fuego, ayudándoos a sentiros estimulados. Usad velas púrpura brillante y rojas para aportar más pasión.

9 Las flores rosas en un jarrón de metal aportan más chi occidental y juguetón. La parte occidental de tu dormitorio es un buen lugar para cualquier imagen sexual.

SACA EL MÁXIMO PARTIDO A LO QUE TIENES

BENEFICIO. Saca el máximo partido de la relación existente.

El chi del suroeste es ideal para sacar el máximo partido a la relación existente. Este chi está asociado con el cambio del verano al otoño y con la maduración de las uvas en la viña. Significa tomar algo que tienes y mejorarlo. El chi del suroeste te ayuda a sentirte más cariñoso y parte de una unidad familiar. Aportar más energía del suroeste a vuestro campo de chi os ayudará a ambos a poner energía en vuestra relación y a encontrar la manera de mejorarla.

Lo que puedes hacer

1 Llevad más chi del suroeste a vuestro campo energético girando la cama para que ambos durmáis con la parte alta de vuestras cabezas apuntando hacia el suroeste.

2 Usando vuestro plano de la vivienda y la transparencia de las ocho direcciones (véase página 112-115), localizad la parte suroeste de vuestro hogar. Para activar este chi, poned flores amarillas o una planta que dé flores amarillas en un tiesto de arcilla en el segmento suroeste de vuestra casa.

3 Usad más los colores amarillos, marrones, beiges y negros mate en vuestro hogar.

4 Apoyad el chi tierra del suroeste con chi fuego colocando un par de velas en la parte suroeste de vuestro hogar. Tendréis que encenderlas cada día durante algún tiempo para activar el elemento fuego en esa zona.

5 Mientras os sentáis juntos mirando hacia el suroeste, pensad maneras en las que ambos podéis contribuir a mejorar vuestra relación. Centraos en lo que podéis hacer, en lugar de intentar cambiar algo de la otra persona. Las críticas hacen que cada uno se atrinchere en su posición. Escuchaos mutuamente y oíd realmente lo que el otro está diciendo, sin interrumpirle con vuestros comentarios.

El amarillo y los tejidos suaves aportan más chi tierra a la habitación, fortaleciendo el chi asociado con las relaciones a largo plazo.

INTIMIDAD Y SENTIRSE MÁS CERCA

BENEFICIO. Sentirse más cercanos y más íntimos.

Cuando dos personas mantienen una relación cercana y amorosa, la unión empieza a tener su propio chi. Se crea un nuevo chi que es la mezcla de las dos energías. Cuanto más tiempo paséis juntos, más se mezclará vuestro chi. A veces las personas se comportan y se sienten de manera muy diferente cuando tienen pareja.

Cuando estáis físicamente cerca, como por ejemplo cuando dormís juntos, vuestros campos de chi se funden, generando más de este chi compartido. En teoría, durante este proceso tomaréis inconscientemente los pensamientos y las emociones del otro.

Una manera de sentirse más cerca o más íntimos es tomar algo que tiene el chi de tu amante y mantener este objeto cerca de ti, dentro de tu campo. Tiene que ser algo que tu amante tenga normalmente dentro de su campo energético (como una pieza de ropa, un brazalete, collar o reloj), de manera que esté saturado de su chi.

Mantener tus objetos personales cerca de los de tu amante ayuda a mezclar vuestras energías.

Lo que puedes hacer

1 Lleva puesta una pieza de ropa de tu amante que contenga su chi para traerlo a tu campo energético. Esto puede darte seguridad si tenéis que estar separados durante algún tiempo. Tradicionalmente, la gente solía tener un mechón del cabello de su amante. Esto también puede acelerar el proceso de conoceros mutuamente y ayudaros a sentir más intimidad.

2 Mantened cerca vuestros cepillos de dientes, cepillos de pelo y vuestros zapatos, y mezclad vuestras ropas cuando las guardéis para que sus energías se combinen. Esto hace que sea más fácil acceder al chi de la relación cuando uses o te pongas estos objetos, reforzando el sentimiento de unión y la sensación de compartir vuestras vidas.

3 Tened fotografías de los dos divirtiéndoos en algún lugar donde las podáis ver con frecuencia. Si fuera conveniente, ponedlas en la parte suroeste, oeste o sur de la habitación o de la casa para que incorporen más del chi de la relación.

COMER, SENTARSE Y DORMIR JUNTOS

BENEFICIO. Combina vuestro chi y hace que sintáis más intimidad.

Cuanto más tiempo paséis cerca uno del otro, más se mezclará vuestro chi. No obstante, cabe el riesgo de que si lo hacéis demasiado vuestro chi esté tan mezclado que os hagáis demasiado similares. Entonces podríais perderos la excitación de mezclar vuestro chi con el de alguien que es marcadamente diferente.

Si no combináis vuestro chi suficientemente tal vez descubráis que no tenéis una conexión real y que, cuando tenéis que afrontar retos difíciles, el vínculo no es lo bastante fuerte como para seguir juntos. Comer, sentarse y dormir son situaciones en las que puedes estar de manera natural cerca de tu amante.

Lo que puedes hacer

1 Procurad compartir las comidas. Si coméis en casa tendréis más control sobre el entorno y los alimentos. Una de las maneras de divertirse y sentirse cerca es comer del mismo plato. Cualquier cosa que cocines en un recipiente —sea una sartén, un wok o una cacerola— os dará la oportunidad de comer del mismo sitio. Esto es común en la cocina japonesa, donde los platos como el *nabe* se comparten usando los palillos. Por eso la comida familiar tradicional es una idea tan buena: cuando toda la familia se sienta para compartir los mismos alimentos y la misma energía, se genera una experiencia de vinculación. Si cada uno come por separado, se puede crear una mayor polaridad.

2 Juntaos físicamente mientras os relajáis por la noche. Un gran sofá, o una serie de sacos de sentarse y cojines extendidos por el suelo facilitan la cercanía. Podéis fundir vuestros campos de chi mientras leéis un libro o veis la televisión, siempre que no tengáis ganas de hablar.

3 Dormir juntos es tal vez la mejor manera de mezclar vuestro chi. Mientras dormís, estáis más receptivos al chi de vuestro amante, y si ambos estáis desnudos, mantenéis el contacto más íntimo.

Comer o beber las mismas cosas os ayuda a incorporar el mismo chi, haciendo que sea más fácil estar en armonía con la otra persona.

FLORES

> BENEFICIO. Mejoran la relación de pareja.

Las flores son una manera de aportar chi romántico a una relación, puesto que irradian su color y su chi viviente hacia la habitación. Además, la forma de la flor define su chi particular. Una de las razones por las que las flores emiten chi romántico es que son el medio por el que la planta se reproduce. Un gran ramo de flores de colores intensos será el elemento que más notes en una habitación. Incluso es posible que tengan suficiente chi para marcar una diferencia significativa en el ambiente general de la habitación. Las flores tienen la ventaja de que son fáciles de sustituir, y puedes cambiar la energía de una habitación simplemente eligiendo otras flores diferentes.

Lo que puedes hacer

- Usa colores fuertes y solares, como el amarillo o el púrpura, cuando quieras un chi más vivaz que te lleve a sentir más atracción por tu pareja y a estar más apasionado. Estos colores asociados con el fuego y la tierra van bien en un jarrón de arcilla o porcelana.
- Usa flores de color crema en un jarrón de vidrio para ayudarte a acceder a los sentimientos profundos. Estos colores introducen más chi agua en la habitación y te ayudan a sentir más afecto.
- Pon flores rosas o rojas en la habitación cuando quieras sentirte más romántico. Pon dos flores en un jarrón de plata para maximizar el chi metálico del oeste.
- Cambia el agua cada día para aportar el chi del agua fresca a la habitación. Si quieres que los tallos duren más, córtalos regularmente en diagonal. Acuérdate de cambiar las flores antes de que se marchiten y mueran, porque de otro modo irradiarían un chi decadente hacia tu hogar.

PLANTAS Y FLORES ARTIFICIALES

Las plantas con flor pueden tener una influencia similar a la de las flores, aunque no emiten el mismo yin chi frágil que las flores cortadas. Las flores artificiales de cualquier tipo no tienen energía viviente, y por tanto no son un buen sustituto.

Estas flores exudan chi agua calmante. El color crema y los pétalos suaves ayudan a crear un ambiente en el que resulta más fácil sentirse en paz.

ELEGIR EL MOMENTO ADECUADO

BENEFICIO. Entender mejor tu relación.

La fase en la que ambos estabais al comienzo de la relación establece pautas que pueden continuar durante muchos años. Por tanto, es interesante descubrir en qué fase estabais inicialmente y comprobar si ha tenido una influencia duradera. Si eres soltero, es posible que estés a punto de entrar en una fase excelente, de modo que podrías esperar un poco para emprender tu relación en un momento positivo.

Mirar atrás y ver en qué fase estabais cada uno cuando comenzasteis la relación puede ayudar a explicar las pautas que se han establecido.

Lo que puedes hacer

1 Mira las páginas 53-57 para localizar el momento del comienzo de la relación con tu amante.

2 El comienzo es cuando empezasteis a dormir juntos o a tener relaciones sexuales, porque en ese momento vuestro chi se mezcló más activamente.

3 Lee las descripciones siguientes de tus propias fases y de las de tu amante. Una «fase» viene definida por la posición del número de tu año al comienzo

de la relación. Por ejemplo, si una pareja con los números de año 8 y 2 comenzó su relación en un año que tenía el 6 en el centro del cuadro, la persona con el número del año 8 estaba en el oeste del cuadrado mágico, en una fase en la que tenía más chi occidental; la persona con el número del año 2 estaba en el norte, en una fase en la que tenía más chi norteño.

Fases en función de las direcciones

- **Este.** En esta posición es más fácil sentir entusiasmo, y probablemente disfrutarás sintiéndote activo y haciendo cosas, pero es posible que te distraigas y que no dediques atención a tu amante.
- **Sureste.** Esta posición te ayuda a tener un comienzo armonioso, que podría generar una actitud positiva duradera hacia la relación.
- **Sur.** Esta posición te ayuda a comenzar con pasión, excitación y emoción, para que os podáis vincular rápida y profundamente. Es ideal para una aventura pasajera, pero cabe el riesgo de que haya discusiones y disgustos.
- **Suroeste.** Es ideal para la gente que quiere comenzar lentamente e ir construyendo poco a poco una relación duradera. Es posible que no sea la fase más excitante, pero en ella te sientes cariñoso.
- **Oeste.** Esta dirección te anima a mostrarte más romántico y a disfrutar de la relación. Te resultará más fácil dedicarle tiempo y energía.
- **Noroeste.** Esta dirección es valiosa para una pareja madura que valora la responsabilidad, pero puede llegar a ser demasiado seria.
- **Norte.** Ayuda a tener una vida sexual activa, pero es posible que te sientas inseguro, vulnerable y dominado con demasiada facilidad.
- **Noreste.** Esta dirección te ayuda a ser directo y claro con respecto a la relación, pero podría llevarte a discutir con tu amante.
- **Centro.** Estás en una posición fuerte para atraer a otras personas a tu vida; tal vez te resulte duro decidir si la relación que tienes ahora es la adecuada para ti.

ENCUENTRA UN AMANTE

> BENEFICIO. Tener más variedad de amantes potenciales.

El estado de ánimo en el que te encuentres puede ayudarte a atraer alguien a tu vida. La personalidad que proyectas en las interacciones sociales puede marcar una gran diferencia. Si estás feliz, tienes sentido del humor y ganas de jugar, la gente notará tu presencia y te considerarán alguien con quien quieren pasar tiempo. Para incrementar el número de personas con las que podrías emprender una relación conviene encontrar el entorno que provoque en ti ese estado de ánimo favorable.

Lo que puedes hacer

1 Incrementa la presencia del chi occidental. Esta energía juguetona está asociada con la puesta de sol, el trigrama lago y la época de la cosecha. Para acumular este chi usa el color rosa, y el mejor para acumularlo es la parte occidental de tu casa. Pon flores de color rosa allí (por ejemplo, un par de rosas rosas).

2 Pon una brújula sobre tu cama y gírala de tal modo que la cabecera apunte hacia el oeste y tus pies hacia el este. Aunque la cama haga un ángulo extraño con las paredes de la habitación, duerme así durante seis semanas y mira si notas alguna diferencia.

3 También conviene hacer tu hogar un poco más yin usando colores pastel, muebles suaves y formas curvas. Las líneas rectas, las esquinas afiladas y una distribución de los muebles excesivamente regimentada crearán un ambiente demasiado yang. Usa plantas y flores para suavizar cualquier borde prominente y romper las líneas rectas.

4 La ropa de colores rosa o rojo, las joyas de plata y los tejidos suaves te rodearán de chi romántico.

5 Cuelga un espejo en el oeste con su parte posterior apoyada en una pared externa de la casa; esto activará el flujo de chi occidental.

Los colores que llevas puestos emiten cierto tipo de chi hacia los campos energéticos de otras personas, influyendo en cómo responden a ti.

CUANDO UNA RELACIÓN HA ACABADO

BENEFICIO. Dejar irse una antigua relación para poder seguir adelante.

Cuando una relación acaba sigues teniendo su chi a tu alrededor, y podría resultar difícil pasar a otra cosa si no limpias el viejo chi y llevas nueva energía al vacío que ha quedado.

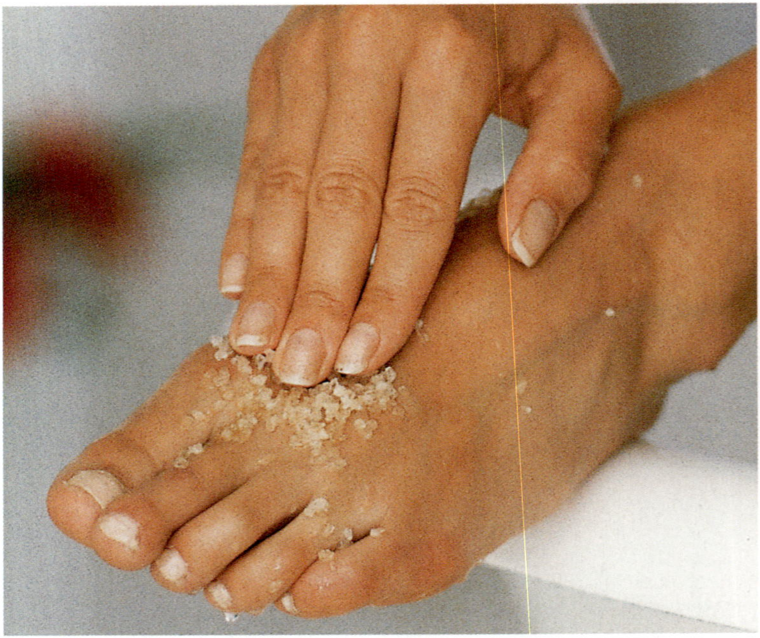

Lo que puedes hacer

- El chi del este está asociado con el comienzo del nuevo día y con el crecimiento de las plantas en primavera. Este chi es ideal para empezar una nueva fase de tu vida y dejar atrás el pasado. Para incrementar la energía chi del este, pon un detalle de agua en movimiento (como una fuente para interiores) en la parte este de tu hogar, junto con plantas altas. También es conveniente ponerse ropa de color verde brillante. Usa este color para decorar y para los objetos del hogar, por ejemplo para los cojines. Duerme durante algún tiempo con la coronilla orientada hacia el este.

- Mostrarse más yang hace que sea la otra persona la que sienta que ha perdido algo, y que tú encontrarás una relación nueva y mejor. Toma una dieta más yang a base de pescado, verduras de raíz, cereales y caldos densos. La actividad física te ayudará a sentirte más fuerte: deportes competitivos, artes marciales y ejercicios vigorosos son actividades yang. Viste con colores más brillantes y yang, como el rojo, el amarillo, el púrpura o el verde brillante.

- Mantener tu casa limpia y despejada, con espacios abiertos, te permitirá sentir que el chi fluye más libremente. Una profunda limpieza general refrescará la energía, ayudándote a tener un nuevo comienzo y despejando parte del chi de la antigua relación. Deshazte de las cosas que te la recuerden o almacénalas.

- Si te frotas la piel regularmente tu chi se moverá con rapidez; así olvidarás más fácilmente las decepciones y te harás más yang. La ropa y las sábanas limpias introducirán chi fresco en tu campo energético.

Frotar tu piel estimula el chi superficial y te ayuda a deshacerte de las viejas emociones, dejando espacio para llenar tu campo energético de algo nuevo.

EL FENG SHUI Y TU CREATIVIDAD

DISEÑA UN AMBIENTE DONDE SENTIRTE CREATIVO

El chi que rodea tu cabeza influye en tu flujo interno de chi y tiene un impacto en tu creatividad. El secreto consiste en hallar el flujo de chi que estimule tu mente para que puedan surgir nuevas ideas de lo profundo de ti. Cuando sabes esto, puedes diseñar el ambiente que genere la creatividad que necesitas. Evidentemente esto cambia de una persona a otra, pero aquí proponemos ideas que cubriremos en detalle en esta sección.

- Explora tu espacio hasta encontrar el área que tenga el flujo de chi que necesitas. Las zonas cercanas a las ventanas son interesantes, porque en ellas el chi se mueve con más fuerza.
- Los dibujos y estampados estimulan la mente, de modo que los tejidos que uses en las cortinas, en los cojines y en la ropa de cama pueden contribuir a tu creatividad.
- Para poder expandir tu chi mental necesitas espacio. Si tienes que ser creativo en tu casa necesitas la zona con el horizonte más amplio posible, con objeto de alcanzar grandes pensamientos.
- Tal vez descubras que tienes que salir de casa para que se activen ciertas ideas. Algunas personas descubren que un museo, una catedral o el vestíbulo de un hotel son el lugar ideal para esto. Otros necesitan escalar una montaña o mirar al mar.
- Habrá momentos del día y ciertos meses del año en los que te resultará más fácil evocar pensamientos creativos.
- En los altillos suelen surgir grandes ideas. Estar en lo alto de un edificio te expone a un chi más vertical.

- Puedes activar internamente tu chi creativo a través de la meditación y de las técnicas de respiración.
- La dirección hacia la que miras cuando estás sentado te expone al chi de esa dirección. Eligiendo una posición concreta puedes absorber más de ese chi, haciendo que te sea más fácil sentirte creativo.
- Los espejos hacen que un espacio parezca más grande y ayudan a acelerar el flujo de chi, produciendo un entorno más vivo y estimulante.
- Las obras de arte presentes pueden activar fácilmente ciertas pautas de pensamiento. Incluso es posible que asocies ciertas obras de arte con sentimientos creativos.
- Un exceso de objetos restringe el flujo de chi, aunque ayuda a sentirse cómodo y asentado. No es lo ideal cuando necesitas estímulos externos para tener una idea original.
- Los sonidos transmiten chi al vibrar en el aire y tocar tu campo energético externo. Ciertos sonidos pueden activar tu chi de una manera que te haga sentirte más imaginativo.

Un patrón estructurado, como estas máscaras, establecen una sensación más yang, que es ideal para organizarse.

SITÚATE EN EL FLUJO DE CHI QUE PASA POR LAS VENTANAS

BENEFICIO. Refresca tu chi mental.

Las ventanas son una de las vías a través de las cuales la energía entra y sale de tu casa. Sentándote cerca de una ventana te conviertes en parte de ese flujo. En el caso ideal, la parte anterior de tu cuerpo debería estar mirando a la ventana, de modo que el chi entrante interactúe con el lado fénix de tu campo de chi. El objetivo es beneficiarse del chi expansivo procedente del exterior, que fomentará tu creatividad. Puedes ajustar el flujo de chi que entra en tu hogar ajustando las ventajas de distintas maneras.

Lo que puedes hacer

1 Prueba a sentarte frente a la ventana. Es importante que la que elijas tenga una vista que te inspire. Procura colocarte de modo que puedas mirar en una dirección que te sea favorable (véase página 216).

2 Mantén las ventanas limpias y despejadas para que el chi pueda moverse libremente. Lo ideal sería que pudieras elegir entre reducir la energía que fluye a través de las ventanas cuando quieras tranquilizarte y relajarte, y abrirlas completamente para permitir que entre toda la luz posible cuando quieras activarte.

3 Usa cortinas cuando desees calmar el flujo de chi y crear un ambiente más cómodo y acogedor. Las contraventanas de madera facilitan el flujo de chi, generando una atmósfera más dinámica y estimulante; y puedes regular el ángulo para dejar entrar la luz sin recibir el resplandor de la luz directa del sol. Las persianas de tela enrollable tienen la ventaja de dejar la ventana despejada cuando están recogi-

das y de proporcionar una superficie más suave cuando están bajadas.

4 Puedes combinar el material que pongas en cada ventana con las diferentes energías chi presentes en cada parte de tu casa:

- Persianas de madera (norte, este, sureste y sur).
- Persianas enrollables de tela o cortinas (sur, noreste, suroeste, oeste y noroeste).

Las persianas de madera permiten que el chi fluya libre a través de la ventana cuando está abierta.

DIBUJOS, DISEÑOS Y ESTAMPADOS

BENEFICIO. Mayor estimulación.

Los dibujos, diseños y estampados de las telas afectan al ambiente de un espacio, y por tanto a tu creatividad. En cuanto a qué fomenta la creatividad, esto es muy personal: los diseños llamativos y chillones pueden incrementar la creatividad de una persona, mientras que otra podría necesitar un diseño más sutil y moteado. Lo principal es crear el efecto que deseas, y aquí vienen en nuestra ayuda el yin, el yang y los cinco elementos.

Estos principios pueden aplicarse a cualquier objeto que tenga un dibujo. De modo que el papel de pared, las cortinas, los cojines, la tapicería y otros tejidos pueden cambiar el chi de un espacio. Estos mismos principios también se aplican a la ropa. Si llevas ropa con estampados, rayas o cuadros, éstos están dentro de tu campo de chi.

Lo que puedes hacer

• Recuerda que los grandes bloques de colores lisos son más yang que los diseños fluidos y complicados. Un motivo que se repite frecuentemente es más yang que otro

El dibujo floral genera más chi agua yin que las bandas rectilíneas, que tienen un chi madera yang.

DISEÑOS Y ELEMENTOS

- **Madera.** Diseños verticales, altos y finos. Te ayudan a sentirte elevado y positivo, y a tener más inspiración del cielo.
- **Fuego.** Dibujos triangulares, apuntados o aserrados. Te animan a pensar con rapidez y a tener intuiciones sobre tendencias futuras. Están indicados para incrementar la creatividad tomando ideas de otras personas.
- **Tierra.** Dibujos y diseños bajos, planos y horizontales. Hacen que sea más fácil centrarse en la cualidad de las ideas, pensar las cosas con cuidado y asegurarse de que la creatividad no pierda el sentido práctico.
- **Metal.** Diseños redondos, abovedados o arqueados. Te ayudan a centrarte en el resultado final para que tu creatividad se dirija hacia algo que puedas completar y por lo que puedas ser premiado.
- **Agua.** Dibujos y estampados irregulares, curvos o moteados. Te ayudan a acceder a tu chi más profundo; de ahí salen tus ideas originales y personales.

irregular. El chi yang puede ser más estimulante, mientras que el chi yin abre tu mente a horizontes más amplios.

- Date cuenta de que cada uno de los cinco elementos tiene un patrón asociado con él (véase en el cuadro de arriba).
- Sé consciente de que el efecto de un dibujo sobre el chi de un espacio será más poderoso cuando esté coloreado. Por ejemplo, combinar un intenso diseño yang con un color yang (como un patrón a cuadros rojos y amarillos) tendrá un efecto intensamente estimulante.
- No olvides que muchos diseños contienen motivos pictóricos, como los diseños florales o simbólicos: estrellas en el cielo, por ejemplo. Asegúrate de que las imágenes que elijas contengan asociaciones positivas para ti.

ESPACIOS ABIERTOS

BENEFICIO. Pensamiento libre.

Los espacios abiertos permiten que el chi se mueva libremente, facilitando que puedas pensar con claridad. Cuanto mayor sea el espacio, más libertad tendrá el chi. Aquí se incluye la altura de los techos y la superficie del suelo. Si vives en una casa pequeña, es posible que tengas que salir para buscar estos espacios. En cualquier caso, procura crear al menos una zona de libre pensamiento en tu hogar para mejorar tu creatividad. Uno de los objetivos cuando decoras tu casa es crear ambientes variados para que tengas un espacio en el que relajarte, otro en el que hacer cosas y otro en el que desarrollar tu imaginación.

El almacenamiento bien organizado puede liberar más espacio para disponer de un ambiente despejado donde el chi pueda expandirse y fluir con facilidad.

Lo que puedes hacer

1 Mira el plano de tu casa y usa la transparencia de las ocho direcciones (véanse páginas 112-115) para ver si el sureste de tu hogar es un área adecuada: ésta es la zona ideal de tu casa para sentirte creativo, pues su chi ascendente (asociado con el cielo y el viento) suele ser el mejor para que se te ocurran grandes ideas. También puedes probar el sur o el norte. Si puedes elegir habitaciones, usa un espacio con techos altos y abundante luz natural.

2 Cuando hayas encontrado el mejor lugar, despeja el espacio en el centro de la habitación. Pon únicamente los muebles necesarios, junto con objetos que estimulen tu imaginación.

3 Procura mantener las superficies y los suelos tan vacíos como puedas para que el chi pueda moverse libremente. Posiciónate en este espacio para mirar en la dirección que mejor te vaya (véanse páginas 216-217).

4 Asegúrate de que el espacio no se vuelva a llenar de trastos (véase página 222, sugerencias para reducir el desorden).

SAL DE CASA PARA PENSAR

BENEFICIO. Tener una nueva perspectiva.

A veces la mejor opción para sentirte creativo es salir de casa a otro entorno que tenga un chi diferente. Ser creativo puede ser tan simple como adquirir una nueva perspectiva sobre aquello en lo que estás trabajando, de modo que cambiar de escenario puede suponer una gran diferencia.

Elije una dirección que sea beneficiosa para ti y que esté en concordancia con el número de tu año, y encuentra un espacio que satisfaga tus necesidades creativas. A nivel práctico, si tienes que trabajar con tu ordenador portátil podría tratarse de un espacio público, y si necesitas refrescar tu mente y desarrollar ideas nuevas puedes buscar un espacio al aire libre.

Lo que puedes hacer

1 Consulta la sección sobre encontrar tus mejores direcciones (véanse páginas 58-61), para establecer cuál es la dirección ideal desde tu casa para este año; si lo deseas, encuentra también la dirección ideal para el mes.

2 Camina en una de las direcciones que sean mejores para ti en busca de un espacio adecuado. Podría tratarse de un museo, del vestíbulo de un hotel, de una cafetería o de una iglesia. Procura encontrar algo con abundante espacio, de modo que el chi de tu cabeza pueda abrirse y buscar más creatividad. Es conveniente que el interior de ese espacio también te inspire. Por ejemplo, una galería de arte podría resultar estimulante, mientras que en una cafetería la comida y la bebida pueden renovar tu chi.

3 Si no necesitas estar en un espacio cerrado, podrías buscar un lugar inspirador en el campo. Los árboles aportan chi ascendente y pueden ser útiles para recibir inspiración. Los ríos generan más chi horizontal, que puede ayudarte a sentirte inspirado por las cosas que están cerca de ti. Una montaña es ideal si quieres recibir más chi del cosmos, que tal vez produzca un relámpago creativo y una gran idea.

4 Cuando encuentres tu espacio, acuérdate de usar los principios de los cinco animales (véase página 34) para encontrar la mejor posición donde sentarte.

Cuando quieras crear un estado de ánimo especial, tal vez descubras que necesitas salir e ir a otro edificio. En este caso, la amplitud del espacio, las superficies duras y la falta de muebles facilitan la expansión de tu campo de chi para contemplar asuntos más generales.

EL MEJOR MOMENTO PARA TENER NUEVAS IDEAS

BENEFICIO. Obtener inspiración.

Tu creatividad es diferente en distintos momentos del día y en distintos días del mes (e incluso en distintos años). Por tanto, tienes la oportunidad de mostrarte creativo en tu momento más fuerte. Las consideraciones clave a este respecto son la ubicación del Sol y la Luna, y combinar tu chi con el del cosmos.

Cuando el sol sale por el horizonte puedes experimentar el ascenso del chi y eso te ayudará a tener nuevas ideas.

Lo que puedes hacer

- Procura ordenar el día de tal manera que puedas mostrarte más creativo en la salida del sol, pues en ese momento es cuando el chi asciende con fuerza, activando todos tus chakras. Este chi debe darte más energía intelectual. Procura mirar hacia el este para que la impresión sobre tu chi sea aún más poderosa.

- La medianoche puede ayudarte a evitar cualquier distracción y a relajarte en esa quietud en la que las ideas parecen presentarse en tu cabeza como surgidas de la nada. En este caso podrías sentarte mirando hacia el norte para incrementar el efecto.

- En la fase de luna nueva debería resultarte más fácil conectar con tu interior para obtener inspiración. Éste es el momento ideal del mes para meditar y usar un chi más aquietado para tener nuevas ideas.

- Durante la luna llena tu energía está más activa, haciéndote más impulsivo y tendente a actuar a partir del chi del momento. Puedes reaccionar a los sucesos en tiempo real e interactuar creativamente con tu entorno.

- Usa la astrología feng shui para descubrir cuáles son los mejores meses (o incluso años) en los que tendrás el tipo de creatividad que se necesita para ciertos proyectos. Consulta las ocho direcciones en las que sentarse (páginas 216-217) para identificar de qué dirección viene el tipo de chi que más necesitas. Después ve a la página 54 para establecer qué mes o año te sintonizará con ese chi en particular.

LOS ALTILLOS Y DESVANES

> BENEFICIO. Tocar las estrellas para inspirarse.

Cuanto más alto estás en un edificio, más expuesto estás al chi vertical del cosmos. En este tipo de espacios debería resultarte más fácil sentirte inspirado y creativo que, por ejemplo, en un sótano. Esto se debe a que los edificios altos tienden a canalizar el chi vertical en mayor medida que una construcción baja y horizontal. Además, estar en lo más alto significa que hay menos obstáculos entre el cosmos y tú.

En un altillo deberías sentir que tienes más ideas dando vueltas en tu cabeza, que puedes ser más original y que tienes una visión más amplia en términos de creatividad. Éstos son algunos aspectos que debes buscar en un altillo.

Lo que puedes hacer

• Un altillo o desván con techos altos da más espacio al chi para que pueda moverse y fortalece el elemento vertical, de modo que debería resultarte más fácil pensar libremente y tener una nueva perspectiva.

• Los altillos con techos inclinados estimulan más la mente, pues la fogosa forma de la pirámide concentra y activa el chi interno. Esto será aún más eficaz si el techo es abierto y el tejado está sostenido por vigas de madera, pues la madera alimenta el chi del elemento fuego.

• Las claraboyas incrementan el movimiento vertical de la energía y hacen que el chi del cielo sea algo más accesible. Lo ideal es que las claraboyas estén abiertas para que puedas interactuar directamente con el mundo superior cuando necesites más creatividad.

• En un apartamento-altillo grande y abierto, estilo almacén, el flujo de chi tiene una libertad excepcional. Aunque en ese espacio podría resultarte más di-

fícil estabilizarte, te sentirás inspirado y se te ocurrirán muchas ideas nuevas. El reto consiste en hacer algo práctico con todo ese chi creativo.

En este altillo hay una gran cantidad de espacio libre por encima de la cabeza, lo que hace más fácil que expandas tu chi mental y amplíes tus puntos de vista sobre la existencia.

MEDITACIÓN Y RESPIRACIÓN

BENEFICIO. Te da acceso a tu chi creativo más profundo.

A veces las mejores ideas se te ocurren cuando estás completamente relajado y no piensas en nada. Lo que ocurre es que estás más receptivo al chi externo, y a través de él puedes obtener un tipo de inspiración que nunca habías creído posible. Se trata de traer la creatividad de fuera, en lugar de encontrarla dentro.

Lo que puedes hacer

1 El objetivo es inspirar profundamente. Túmbate de espaldas y ponte la mano sobre el ombligo. Al inspirar, expande el abdomen de modo que tu mano ascienda. Practica esto durante algún tiempo hasta que respires de manera natural a través del abdomen.

2 Llena el abdomen de aire y continúa respirando hasta llenar también el pecho. Expulsa todo el aire de tu cuerpo con la espiración.

3 Inspira rápida y profundamente durante dos segundos, retén un segundo y después espira completamente durante ocho segundos. Repite varias veces hasta que te sientas energetizado. Después de unas cuantas respiraciones tal vez te sientas mareado, en cuyo caso puedes practicar sentado o de rodillas. Detente en cuanto empieces a sentir que se te va la cabeza.

4 Encuentra un ritmo cómodo. Con cada inspiración, imagina que estás tomando el chi de tu alrededor. Imagínate inspirando un color, un sonido o un sentimiento, y visualiza que tu abdomen y pecho se convierten en ese color, sonido o sentimiento.

5 Al espirar, imagina que tu respiración llena el espacio que te rodea. Empieza llenando un espacio pequeño, y después progresa lentamente hasta llenar el universo con cada respiración.

Aquietar tu mente y concentrarte te ayuda a sentirte en armonía con tu entorno.

6 Pon una vela encendida frente a ti y mírala fijamente mientras meditas. Procura concentrar toda tu atención en sentir cada respiración, en cómo la sientes en tu nariz, boca, garganta y pulmones. Cuando tengas la mente plenamente focalizada en la respiración, absorberás chi e ideas en tu cabeza.

DIRECCIONES EN LAS QUE SENTARSE

BENEFICIO. Estimula tu creatividad.

La dirección hacia la que miras cuando te sientas te expone a una de las ocho direcciones del chi. Esto afectará a tu creatividad, de modo que es útil saber cuál es esa influencia en particular y si es algo que necesitas.

Lo que puedes hacer

1 Comprueba hacia qué dirección miras normalmente cuando estás sentado. Siéntate en tu silla sosteniendo una brújula y toma una lectura de la dirección en la que te sientas normalmente.

2 Anota la lectura y después consulta la transparencia de las ocho direcciones (véase página 113) para ver qué dirección le corresponde. Por ejemplo, 120 grados sureste. Ahora puedes consultar esa dirección en los párrafos siguientes para descubrir su influencia.

3 Lee las demás direcciones para ver si hay algún otro chi que pueda serte más útil.

4 Cuando dispongas dónde sentarte, acuérdate de protegerte la espalda con una pared, un mueble grande o una planta de gran tamaño y deja despejada la zona situada delante de ti.

Influencias de las direcciones

• **Este.** Ayuda a inspirarse y a sentir que la creatividad asciende por los chakras.

• **Sureste.** Es ideal para tener grandes ideas, expandir tus horizontes y ser creativo en los grandes asuntos.

• **Sur.** Cultiva un estado de ánimo rápido, espontáneo y creativo. Es ideal para proyectar tu creatividad.

• **Suroeste.** Es óptimo para plasmar tus ideas en la realidad. Ideal para refinar tus ideas.

Gira tu silla para que mire en la dirección del chi que deseas, teniendo en cuenta al mismo tiempo el chi de los cinco animales.

- **Oeste.** Es bueno para enfocar tu creatividad y desarrollar un punto concreto de tu trabajo.
- **Noroeste.** Te ayuda a ser más intuitivo y a sentirte más inspirado por el cosmos.
- **Norte.** Es excelente para acceder al nivel más profundo de tu creatividad y producir obras originales e individualistas.
- **Noreste.** Te anima a pulir tus ideas hasta su esencia más pura. Es, realmente, ideal para librarse de las distracciones periféricas.

ESPEJOS

BENEFICIO. Aceleran y dispersan el chi.

Los espejos y otras superficies reflectantes cambian la dirección del chi del mismo modo que reflejan la luz en una nueva dirección. Esto es útil cuando quieres dispersar el chi acelerado o dirigir más energía hacia un área estancada. El objetivo es movilizar el chi gastado y ayudarte a liberar tu chi creativo.

Comúnmente se utilizan dos tipos de espejos: los planos se usan para reflejar la energía de manera igualitaria y los redondos y convexos se usan para dispersar la energía en muchas direcciones diferentes. Lo mismo es aplicable a los objetos hechos de metal pulido. Los objetos reflectores cóncavos absorben la energía hacia sí mismos.

Lo que puedes hacer

• Cuelga espejos en espacios oscuros cuando quieras reflejar toda la luz disponible hacia la habitación. Esto se aplica a sótanos y a los apartamentos que sólo reciben luz norteña.

• Coloca un espejo estratégicamente para que la luz de una ventana se refleje hacia las zonas oscuras de la habitación o hacia una esquina con el chi estancado. Esto puede ser más fácil con un espejo convexo, que extenderá la luz hacia fuera, iluminando la habitación al máximo.

• Usa un espejo para compensar cualquiera de las ocho direcciones que parezca tener deficiencias sobre el plano. Pon la transparencia de las ocho direcciones sobre el plano (véanse páginas 114-115) para ver si en alguna de ellas hay una deficiencia significativa. Pon un espejo en el espacio asociado con la deficiencia de chi, de modo que la parte posterior del mismo mire hacia el exterior de la casa.

- Pon un espejo convexo o cualquier otro objeto reflector en el camino del chi que fluye con rapidez para dispersarlo hacia las áreas de tu hogar donde haya menos energía.

Un espejo convexo irradia un amplio arco de chi, ayudando a dispersarlo por la habitación.

OBRAS DE ARTE

BENEFICIO. Estimulan la mente.

Usa obras de arte para estimular tu mente y avivar tu creatividad. Los bloques de colores brillantes, los cuadros abstractos y las imágenes simples suelen estar asociados con la creatividad, aunque un cuadro impresionista, una escultura clásica o un objeto de decoración pueden resultar igualmente estimulantes. El objetivo es rodearte de artículos que activen tu creatividad cuando los veas.

Lo que puedes hacer

• Cada vez que compres algo para tu casa, asegúrate de que el diseño te parezca interesante y de que fomente tus instintos creativos. Podrías aplicar esto a objetos como lámparas de pie, mesas de café y candelabros.

• Procura visitar galerías de arte, tiendas de antigüedades y marcadillos para encontrar ese objeto especial que active tu creatividad. A veces llenar tu casa de obras de arte sosas puede disipar tu creatividad y diluir el efecto de cualquier objeto que resuene con tu chi creativo, de modo que es mejor ser selectivo y buscar unas pocas obras de calidad.

• Aplica tu ojo creativo a todos los objetos de tu hogar. En esto puedes incluir las telas de los cojines, las cortinas, la ropa de cama, las manillas de las puertas e incluso los radiadores.

• Trata de llenar tu casa de obras de arte exclusivas, más que de objetos producidos en masa. Es probable que tu casa ya tenga muchos de estos artículos, como televisiones, equipos de música y de cocina, de modo que será inspirador convertir tu hogar en un lugar único gracias a las obras de arte.

• Procura usar tu creatividad para pensar en ese elemento que te ayudará a de-

finir tu casa como un espacio creativo. Podrías proyectar poner un reloj de pared, un suelo construido con una combinación de materiales o colgar grandes grabados coloristas. Procura hacer tuyo cualquier objeto, de modo que cada vez que llegues a tu casa sientas esa sensación creativa.

Este cuadro tiene un movimiento ascendente madera y produce una dinámica sensación yang. El simple hecho de contemplarlo puede ayudarte a sentirte elevado.

DESPEJA LOS ESPACIOS

> BENEFICIO. Tener más sitio para pensar.

Uno de los objetivos de potenciar tu creatividad es hacer que el chi pueda moverse armoniosamente por tu hogar y evitar las situaciones en las que se queda estancado, puesto que el chi estancado es la antítesis de la creatividad.

Una de las causas de que el chi se estanque es tener la habitación abarrotada. Una habitación así restringe el movimiento del chi y hace que pierda fuerza. El desorden se pega al chi y lo mantiene en el mismo lugar durante mucho tiempo, produciendo una sensación viciada en la que resulta más difícil avanzar y probar nuevas cosas. Una persona que viva en una habitación muy abarrotada puede sentir que todo le cuesta mucho, que está atascada en un círculo vicioso y que ha perdido completamente la creatividad.

Lo que puedes hacer

1 Haz una gran limpieza general. Saca todo de su lugar y limpia los rincones oscuros, movilizando el chi que se haya quedado dormido.

2 Consigue cajas de cartón y etiquétalas con la fecha de hoy. Escribe en ellas: «almacenamiento a largo plazo», «deshacerse» y «por decidir».

3 Pon todas las cosas que crees que no necesitarás durante algún tiempo en la caja «almacenamiento a largo plazo». Se trata de artículos que no puedes tirar, pero a los que es poco probable que necesites acceder (como viejos extractos de tus cuentas bancarias).

4 Toma la caja marcada con «deshacerse» y pon en ella todos los objetos que te recuerden una parte de tu historia que quieres dejar atrás.

5 Pon en la caja «por decidir» todos los objetos que abarrotan tu casa pero crees que podrías echar de menos.

6 Transcurrido un mes, deshazte de las cosas que no hayas echado de menos de la caja «deshacerse». Guarda las otras dos cajas durante otro mes, y después revísalas para ver si puedes transferir algo de la caja «por decidir» a la caja «almacenamiento a largo plazo». Comprueba si te sientes cómodo deshaciéndote de los artículos de la caja «por decidir».

Limpiar el polvo retira el chi pegado a él, dejando espacio para que llegue a tu casa un chi más fresco.

LLENA EL AMBIENTE DE ONDAS SONORAS

> BENEFICIO. Mayor inspiración y creatividad.

Las ondas sonoras que vibran en el aire también atraviesan tu campo de chi externo. La frecuencia de las ondas sonoras influye en tu chi, ayudando a cambiar tu estado de ánimo y posiblemente tu creatividad. Un sonido más suave, delicado y yin aliviará y calmará el chi que te rodea, permitiéndote focalizarte hacia dentro con más profundidad para hallar esa solución creativa. Los sonidos más vibrantes, rítmicos y yang activarán tu campo de chi externo, sacando a la superficie tu creatividad y ayudándote a expresarla.

Lo que puedes hacer

- Piensa cuidadosamente cuándo vas a poner música (uno de los sonidos más comunes en una casa), puesto que es una oportunidad de estimular tus emociones. Puede haber ciertas piezas de música que te ayuden a sentirte inspirado y creativo. A veces esto podría deberse a una asociación —la música te recuerda una ocasión en la que te sentiste especialmente creativo— o simplemente podría ocurrir que las ondas sonoras resuenan con tu chi de una manera que activa tu imaginación.

- Antes de añadir a tu casa algo capaz de emitir un sonido (por ejemplo, un teléfono, un despertador o una campana para la puerta), asegúrate de que tenga un tono que te guste. Desde la perspectiva feng shui, los mejores sonidos son los que produce una campana metálica tradicional, que ayuda a limpiar y estimular el ambiente cada vez que suena.

- Considera la posibilidad de incorporar otros sonidos ambientales que te

gusten. Podría ser el sonido de una cascada para interiores o el tictac rítmico de un reloj. Estos sonidos se extenderán por tu hogar, manteniendo el chi en movimiento y reduciendo así el riesgo de estancamiento.

El agua corriente llena tu hogar de un sonido relajante multifrecuencia que apaga otros ruidos.

EL FENG SHUI Y TU ECONOMÍA

SÉ CONSCIENTE DE TU ECONOMÍA CON EL FENG SHUI

El feng shui te ayuda a establecer el escenario en el que poder mejorar tu economía. No obstante, si quieres tener éxito tienes que trabajar sobre ti mismo para ser una persona más consciente de tu economía. Es poco probable que el feng shui haga que te llegue el dinero sin más.

Piensa en maneras de incrementar tu riqueza. ¿Necesitas ganar más, ahorrar

más o gastar menos? Si necesitas ganar más, considera cómo podría ocurrir eso. Si tienes un trabajo por cuenta ajena, ¿necesitas un nuevo proyecto, recibir un ascenso o pedir un aumento de sueldo? ¿Cómo crees que puedes incrementar tu riqueza a largo plazo? ¿Estás trabajando en algo que pueda aportarte de una vez una gran compensación? ¿Necesitas acumular lentamente o se trata más bien de mantener lo que ya posees?

Cuando tengas una idea clara de cómo puedes ser más próspero, busca el modo de trabajar contigo mismo para incrementar tus oportunidades. Si ya lo has intentado y has fracasado, tendrás más experiencia para volver a intentarlo; si acabas de empezar, tendrás que usar más tu imaginación.

Haz una lista de las características que podrías cambiar en ti mismo para facilitar la llegada de la riqueza. Por ejemplo, ¿necesitas ser más asertivo, esforzarte más, tener una vena más despiadada, concentrarte más en los beneficios, completar mejor los proyectos, ser más disciplinado a la hora de ahorrar dinero o valorarte más? En esta sección aprenderás a concentrarte más en tu economía.

- Usa monedas para estimular el chi asociado con llevar dinero a casa.
- Incrementa el chi asociado con la riqueza usando plantas del dinero.
- Haz que todas las partes de tu casa trabajen para ti.
- Detén el chi de riqueza que se escapa por la puerta principal de tu casa.
- Crea una situación con más oportunidades de mejorar tu economía.
- Potencia el chi que necesitas para emprender nuevos proyectos.
- Fortalece el chi que te ayuda a incrementar tus ingresos.
- Usa el feng shui para poder ahorrar más.
- Activa el chi que incrementa el flujo de dinero.

Mantente centrado en para qué quieres el dinero,
de modo que lo que ganes tenga mucho valor para ti.

MONEDAS SOBRE UNA TELA ROJA

BENEFICIO. Incrementa la atención que prestas a tus finanzas.

El chi del oeste está asociado con la puesta de sol y la época de la cosecha. Ahora es cuando recibes la recompensa del trabajo realizado durante el día o durante el año, de modo que este chi es ideal para llevar las cosas a una conclusión provechosa. Una de las maneras de poner más energía en mejorar tu economía es potenciar el chi de la parte oeste de tu casa. Puedes hacerlo poniendo en esa parte algunas monedas o billetes sobre una tela roja. El metal del que están hechas las monedas, junto con el color rojo, añadirán más chi metal a esta dirección. Las monedas y los billetes también te servirán como recordatorio simbólico de este aspecto concreto de tu vida.

Usa tus monedas favoritas. Cuanto mayor sea su valor, mayor es tu ambición. Usa monedas de otros países si deseas viajar.

Lo que puedes hacer

1 Mira el plano de tu casa y alinea correctamente la transparencia de las ocho direcciones con el centro de la vivienda (véanse páginas 114-115) para poder ver dónde queda su segmento oeste. Si ese lugar no es adecuado para las monedas porque se trata de un baño, de un cuarto de planchar o almacén, elige el segmento noroeste o norte.

2 Encuentra un lugar destacado dentro de la habitación y extiende una tela roja. Pon el billete de más valor de la divisa que estés usando sobre la tela; después pon las monedas de más valor encima de él.

3 Si no quieres usar billetes, puedes limitarte a poner las monedas en un cuenco metálico sobre la tela roja. Para mantener el chi de las monedas en movimiento, toma algunas de ellas y sustitúyelas por otras nuevas cada semana.

4 Alternativamente puedes usar monedas chinas, que tienen un agujero cuadrado en el centro que te permite pasar una cinta roja por varias de ellas y colgarlas en el lado oeste de tu casa. Deben tener un simbolismo similar al de las monedas que usas habitualmente para poder ser igual de eficaces.

PLANTAS DEL DINERO

BENEFICIO. Incrementan el chi asociado con ganar dinero.

Cada parte de tu casa influye de manera diferente en tu capacidad de aumentar tu riqueza. Por ejemplo, el este hace que se te ocurran nuevas maneras de hacer dinero, el sureste busca maneras de incrementar tu prosperidad futura y el noreste te permite aprovechar la oportunidad de hacer una inversión provechosa.

Una manera de activar el chi de cada área es usar una planta del dinero. Sus hojas redondeadas están asociadas con el chi metal, que a su vez está vinculado con las monedas y el dinero. Para fortalecer el efecto puedes cultivar la planta en un contenedor de metal o potenciar el chi metal poniéndola en un tiesto de arcilla, que representa el chi tierra.

Las plantas del dinero suelen ser fáciles de cultivar siempre que no se rieguen demasiado.

Lo que puedes hacer

1 Pon la transparencia de las ocho direcciones en el centro de tu casa (dibujada en el plano) para encontrar dónde están situadas las ocho direcciones de tu hogar (véanse páginas 114-115).

2 Pon tu planta del dinero en el área elegida para activar el chi. La siguiente lista de las ocho direcciones te da ideas sobre la ayuda económica que puede prestar cada dirección concreta, y qué hacer en esa parte de tu casa.

Cualidades de las direcciones

- **Este.** Te ayuda a emprender nuevos proyectos para ganar dinero y expandir tu negocio.

- **Sureste.** Incrementa tu capacidad de desarrollar nuevas ideas para conseguir más prosperidad en el futuro.

- **Sur.** Te ayuda a generar pasión para salir a hacer dinero. Es una buena dirección para cultivar contactos útiles.

- **Suroeste.** Usa esta área para ahorrar y para encontrar modos de hacer que tu dinero dé más de sí.

- **Oeste.** Permite producir más dinero con lo que ya estás haciendo para ganarlo.

- **Noroeste.** Es bueno para adquirir más integridad con respecto al dinero y más respeto por su valor.

- **Norte.** Incrementa el chi relacionado con tu flujo de liquidez. Es ideal si a la gente le cuesta pagarte.

- **Noreste.** Éste es el chi del ganador y es genial para tomar decisiones rápidas. Incrementa este chi si quieres especular.

HAZ QUE TODA TU CASA TRABAJE PARA TI

BENEFICIO. Mejora cada aspecto de tu economía.

Como ya hemos visto (páginas 232-233), cada parte de tu hogar ejerce cierta influencia sobre tu capacidad de generar riqueza. La lista siguiente explica más detalladamente el significado de cada dirección y te da ideas sobre qué objetos usar en cada parte de tu hogar.

Más sobre atributos direccionales

- **Este.** Coloca un elemento con agua en movimiento en esta parte de tu casa para que te ayude a emprender nuevos proyectos para ganar dinero. Pon una moneda brillante en el agua al comienzo del día cuando sientas que estás a punto de experimentar un gran avance.
- **Sureste.** Pon un cuenco de agua fresca encima del billete más grande que tengas para adquirir nuevas ideas sobre tu prosperidad futura. Rellena el cuenco de agua cada día en cuanto te levantes.
- **Sur.** Cuelga imágenes de cosas que te motiven a ganar más dinero. Estas imágenes deben inspirarte y mantenerte concentrado en el futuro.
- **Suroeste.** Usa un tiesto de arcilla para guardar los extractos de tu cuenta de ahorro o simplemente cultiva una planta con flores amarillas en un tiesto de arcilla para potenciar la energía de esta dirección.
- **Oeste.** Pon monedas brillantes sobre una tela roja para incrementar este chi; esto hará que sea más fácil ganar dinero, y también te ayuda a divertirte y a disfrutar con el proceso.
- **Noroeste.** Guarda tu información económica en esta parte si quieres tomarte tu economía en serio. Esta zona es buena para entender el valor del dinero.

- **Norte.** Cuelga un cristal pequeño, redondo y multifacético en esta parte de tu casa para incrementar el chi relacionado con la liquidez.
- **Noreste.** Éste es el chi para tomar decisiones rápidas. Si te gusta especular y jugar en el mercado de valores, incrementa este chi guardando aquí los certificados de tus acciones junto con una gran piedra (los cristales blancos son lo mejor).

Guarda cosas que te inspiren en el sur, de modo que tomen el chi fogoso de esa dirección. Al contemplarlas mirando al sur recibirás más chi fuego.

ESCALERAS Y PUERTAS

BENEFICIO. Conservan tu dinero.

El chi respira entre los pisos de tu casa, y la mayoría de este chi fluye a través de las escaleras. A medida que las personas suben y bajan las escaleras, movilizan el chi, creando una vía natural por la que puede fluir. Las escaleras suelen ser un canal por el que el chi se mueve con rapidez y determinan cómo entra y sale parte de la energía de cada piso.

Las escaleras anchas y abiertas animan al chi a moverse más rápido. Las escaleras de piedra y de madera dura y pulida animan a la energía a desplazarse rápidamente sobre su superficie; las escaleras de madera desnuda tienen una influencia más neutral, y las alfombras y esterillas de junco y similares ralentizan el flujo de chi.

Conforme el chi adquiere velocidad al bajar por las escaleras, es importante considerar con qué se encontrará. Si cuando llega a la base de las escaleras se dirige hacia la puerta principal, tenderá a salir apresuradamente de tu casa, lo que podría producir una deficiencia de chi en tu hogar. Esto podría hacer que fuera más difícil retener el dinero y ahorrar. El remedio consiste en redirigir parte del chi desde la puerta principal hacia otras zonas de tu hogar.

Lo que puedes hacer

- Si las escaleras conducen a la puerta principal de tu casa, bájalas lentamente y busca cuál sería la mejor ubicación para un pequeño espejo redondo y convexo (puede tener aproximadamente el tamaño de la palma de tu mano). Cuelga el espejo para que mire hacia ti cuando bajes por las escaleras.

- Cultiva una planta frondosa entre la base de las escaleras y la puerta de tu casa para ralentizar el tránsito del chi.

- Cuelga una campana de viento para que suene cuando abras la puerta. Esto extenderá el chi por tu hogar, reduciendo el riesgo de que salga apresuradamente por la puerta.

Las escaleras abiertas, como éstas, permiten que
el chi se extienda a medida que fluye entre la planta
superior de tu casa y la inferior, mientras que
las escaleras cerradas canalizan el chi en una dirección.

DISFRUTA DE MÁS OPORTUNIDADES DE MEJORAR TU ECONOMÍA

BENEFICIO. Fortalece tu chi económico.

El chi rápido y reactivo del noreste es ideal para localizar nuevas oportunidades de inversión. Esta energía también te ayuda a aprovechar el momento antes de que otros puedan reaccionar. El chi del noreste es afilado y penetrante, como un viento fuerte, y te ayuda a ir directamente al grano. Al mismo tiempo tienes que ser más yang para mantenerte centrado, preciso y alerta, lo que a su vez te ayudará a reaccionar con rapidez.

Lo que puedes hacer

• Para exponerte más al chi del noreste, duerme con la cabeza orientada hacia esa dirección. Esto no funcionará si tienes el sueño ligero o sufres pesadillas, en cuyo caso procura orientarla hacia el oeste para tener más conciencia de tu economía. También es conveniente que mires hacia el noreste en tu puesto de trabajo.

• Poner piedras o rocas decorativas cerca de ti generará más energía del noreste, que está asociada con la montaña. El color blanco brillante estimula este chi todavía más. Procura pintar las paredes y los techos de blanco, usa más flores blancas o pon rocas blancas cristalinas en el segmento noreste de tu hogar.

• El chi fuego nutre el chi del noreste y te ayuda a localizar tendencias futuras. Para incrementar este chi, usa una iluminación púrpura fogosa y luces brillantes. Las plantas con hojas puntiagudas potenciarán esta energía todavía más.

• Crea una atmósfera más yang, donde el chi se mueva rápido, creando grandes espacios abiertos, usando colores brillantes y superficies duras; esto hará que te sientas alerta y activo.

- Tal vez descubras que tu mejor mes o año para encontrar nuevas oportunidades es cuando el número de tu año está en el noreste. Consulta la página 53 para ver cuándo será la próxima vez que esto ocurra.

Poner piedras y rocas en el noreste fortalecerá el rápido chi tierra de esa zona, ayudándote a tener una mente más rápida.

EMPRENDE NUEVAS EMPRESAS

BENEFICIO. Mayor energía para afrontar nuevos retos profesionales.

Para emprender una nueva profesión con éxito necesitas entusiasmo, confianza y creer en ti mismo. Estas cualidades se encuentran en el chi del este. Para poder alcanzar un comienzo óptimo tienes que traer más energía del este a tu campo de chi. Este chi del amanecer y de la primavera se mueve en dirección ascendente y hace que te resulte más fácil emprender nuevos proyectos para ganar dinero.

Un cuenco de cristal es ideal para el agua fresca, pues el vidrio también está asociado con el chi agua.

Lo que puedes hacer

• Pon un cuenco de agua en la parte este de tu hogar. Rellénalo cada mañana para añadir a ese espacio más energía del agua fresca. El agua favorece el chi madera del este e incrementa la presencia de esta energía matinal y primaveral. Esto será aún más poderoso si puedes posicionar el cuenco de tal manera que le dé el sol por la mañana.

• También puedes incrementar el chi del este cultivando plantas en esa parte de tu casa; las plantas representan la energía madera y aportan más de este chi.

- Otra manera eficaz de absorber chi del este es trabajar mirando hacia el este, lo que te permite llevar directamente esa energía a tu campo de chi. Si no fuera posible mirar en esta dirección, procura orientarte hacia el sureste.

- Cuando quieres empezar algo nuevo, es esencial tenerlo todo listo para la acción; esto significa deshacerte de todo lo que ya no necesitas y hacer espacio para que ocurran cosas nuevas. Cuando tengas el espacio despejado te resultará más fácil sentir que eres capaz de emprender un nuevo proyecto. Es mucho más difícil iniciar algo cuando no tienes espacio y aún te rodean los remanentes de los proyectos anteriores.

Mirar hacia el este te ayuda a absorber un chi poderoso para empezar nuevos proyectos.

AUMENTA TUS INGRESOS

BENEFICIO. Potencia tu capacidad de ganar dinero.

La parte occidental de tu casa está asociada con el deseo de ser rico, con sentirse romántico y estar contento, mientras que el noroeste está asociado con mantener el control, ser organizado y actuar de manera sabia. Estos aspectos de tu vida podrían estar alterados si en esa zona de tu hogar tienes algo que genere chi fuego. Podría tratarse de una caldera, cocina (de gas o eléctrica), chimenea u horno.

Las zonas oeste y noroeste están asociadas con el chi metal, que el chi fuego puede destruir cuando hay deficiencia de chi tierra. La solución consiste en añadir más chi tierra para armonizar los chi fuego y metal. La manera más fácil de hacerlo es usar algo que genere abundante chi tierra. Una buena opción consiste en poner carbón en un tiesto de arcilla (sugiero poner un carboncillo de dibujar roto en pedazos). Puedes potenciar el efecto todavía más poniendo el tiesto sobre una tela amarilla.

Otros elementos que pueden ayudar son cosas de arcilla, o un objeto amarillo que tenga una forma baja y aplanada. Además, la tierra de las plantas aporta energía tierra. Una planta que dé flores amarillas en un tiesto de arcilla cumple todos estos requisitos.

Lo que puedes hacer

1 Usa el plano de tu casa y la transparencia de las ocho direcciones para encontrar los segmentos oeste y noroeste de tu hogar (véanse páginas 114-115). Mira en esas direcciones para ver si hay algo que genere chi fuego.

2 Si has localizado una fuente de chi fuego, pon un tiesto de arcilla con carbón sobre una tela amarilla tan cerca como sea posible de la caldera, la cocina, la chimenea o el horno. Si se trata de una cocina o chimenea, pon el carbón a ambos lados. En el caso de una caldera, pon el carbón sobre un estante o en el suelo que queda debajo. En el caso de un horno, pon el carbón en un armario que esté tan cerca como sea posible.

3 Cambia el carbón aproximadamente cada dos meses y mantén la zona que rodea al tiesto de arcilla limpia y despejada.

Las flores amarillas están asociadas con el chi tierra. Cuando se ponen en el oeste sustentan el chi metal de esa zona, ayudándote a concentrarte en incrementar tus riquezas.

AHORRA MÁS

> BENEFICIO. Incrementa tu capacidad de ahorrar.

Es importante asegurarse de que el ambiente de tu casa te anime a ser consciente de tu economía y de cómo usar el dinero más eficazmente. El chi del suroeste, representado por el sol descendente de la tarde, está asociado con la capacidad de ahorrar. En feng shui el ahorro también guarda relación con la energía del otoño, cuando los animales guardan comida para el invierno, por lo que es el chi ideal para reunir y almacenar. Esta energía es más abundante en la parte suroeste de tu hogar.

Lo que puedes hacer

- Para ayudarte a activar el chi del suroeste, pon flores amarillas o una planta que dé flores amarillas en esa parte de tu hogar. Esto será aún más eficaz si usas un tiesto de arcilla.
- Usa telas amarillas, marrones o negras para los cojines, cortinas y manteles en la parte suroeste de tu casa. Esto fomenta una sensación de estabilidad y comodidad ante la idea de ahorrar dinero para el futuro.
- Procura dormir con la parte alta de tu cabeza mirando hacia el suroeste durante un tiempo para absorber más de este chi asentado y estable. Además, procura sentarte mirando en esa dirección.
- Puedes perder chi si dejas que salga de tu casa con demasiada facilidad. Los grifos que gotean aumentan este riesgo, particularmente si están en la parte suroeste de la casa. Arregla rápidamente cualquier fuga.
- Cuando gastes dinero, procura comprar cosas que conserven su valor o que lo incrementen con los años. Las antigüedades, los cuadros, los coches clásicos, las casas y las joyas pueden aumentar su valor.

- Te será más fácil ahorrar dinero en un año o mes en el que el número de tu año esté en el suroeste (véase página 53).

El amarillo reforzará el chi del suroeste y hará que sea más fácil ahorrar y conservar tu riqueza.

DEJA QUE FLUYA EL DINERO

> BENEFICIO. Formar parte del flujo económico.

El dinero fluye por el mundo con su propio chi y se ha convertido en un poderoso medio de interconexión a medida que pasa de una persona a otra. Basta con mirar dónde están fabricados muchos de los bienes que compras para darte cuenta de cómo el dinero que has pagado se extenderá por distintos países.

Si quieres formar parte de este flujo de chi que recorre el mundo tienes que posicionarte de manera que puedas ganar y gastar dinero, y esto se identifica óptimamente con el chi agua. El flujo de dinero refleja el flujo del agua en el planeta. Cuando formas parte del flujo, tienes la oportunidad de influir en la dirección hacia la que nos dirigimos los seres humanos cada vez que gastes dinero (por ejemplo, comprando alimentos biológicos no tratados con productos químicos).

Lo que puedes hacer

- Para absorber más chi agua del norte en tu campo energético, duerme con la parte alta de tu cabeza mirando hacia el norte, o siéntate mirando en esta dirección.
- Pon un detalle con agua en movimiento en el segmento norte, este o sureste de tu hogar. Usa el plano de tu casa y la transparencia para encontrar estas direcciones (véanse páginas 112-115). El agua en movimiento incrementará el flujo de chi, potenciando tu capacidad de tomar el dinero que fluye a tu alrededor.
- Estarás en la posición ideal para sentirte parte del flujo de dinero en un año o mes en el que tu número del año esté en el norte.
- Cuelga un cristal cerca de una ventana de la parte norte de tu casa para estimular el chi norteño. Procura colocarlo de tal manera que atrape parte de la luz solar de la mañana o de la tarde.

Un gran espejo en el lado norte de la habitación ayuda a estimular el chi de esa dirección.

EL FENG SHUI Y CAMBIAR DE CASA

ELIGE LA CASA ADECUADA

Mudarte de casa es uno de los acontecimientos que más pueden cambiar tu vida. Te sumerges completamente en otro chi y descubres inevitablemente que tu vida ha cambiado. Cuanto mayor sea la distancia entre la antigua y la nueva ubicación, mayor el cambio potencial. Irte a vivir a otro país con otra cultura implica un cambio aún más drástico. Si vas a comprar una casa nueva, probablemente será la mayor inversión de tu vida.

Por estas razones es esencial que el traslado salga bien y que lo hagas en una dirección que sea favorable para ti en ese momento, y a una casa que contenga el tipo de chi en el que puedas prosperar. Lo que sigue son algunas de las principales consideraciones que se abordan detalladamente en esta sección.

- Descubre lo que le ocurrió a la gente que vivió allí antes. Lo ideal es que hayan tenido una buena relación, hijos felices y éxito económico. Algunas casas tienen un historial de familias que se separan o han albergado a una serie de personas con problemas económicos. Debes evitar estas casas a menos que puedas entender lo ocurrido desde un punto de vista feng shui y sepas cómo remediarlo.

- Evita trasladarte a una casa que esté cerca de postes eléctricos o de una subestación eléctrica, porque muy poco puedes hacer para paliar los campos magnéticos dañinos. Asimismo, vivir cerca de una vía de ferrocarril electrificada, de una central nuclear o de un lugar expuesto a los residuos tóxicos puede ser peligroso.

- Mira las propiedades de las diversas direcciones (véase página 36) y decide qué direcciones te pueden ayudar más. Procura encontrar una casa que mire en una de estas direcciones, puesto que entrará más de ese chi en tu casa o apartamento.

- Procura tener una casa bien proporcionada, con una planta casi cuadrada. Esto te ayudará a vivir una vida equilibrada.

- Consigue una casa que tenga una buena exposición a la luz natural y a la luz solar. En la ciudad esto implica vivir en un piso alto para que no te dé la sombra de otros edificios. En las áreas rurales elige una casa que tenga espacio alrededor.

- Asegúrate de que tu futura casa contenga tantos materiales naturales como sea posible, especialmente si es nueva, porque muchos materiales sintéticos sueltan humos tóxicos, llenado tu hogar de gases insalubres.

Trasladarte a otra casa puede ser uno de esos acontecimientos que te cambian la vida, de modo que es importante asegurarte de que los cambios sean los que deseas.

SITÚATE EN UN NUEVO CHI AMBIENTAL

BENEFICIO. Cambios positivos en la vida.

Cuando vives durante algún tiempo en una casa, absorbes el chi de ese espacio y proyectas parte de tu propio chi en ella. Por eso tu chi será similar al de tu casa. Tu hogar contendrá parte de tu energía emocional y una parte de tu hogar habrá definido tu chi. Cuando te trasladas, sales de este chi familiar y te introduces en un nuevo chi. Si te trasladas a una casa que haya sido habitada por otras personas, también te sumerges en el chi que esas personas han dejado atrás. Esto hace que un traslado sea una gran oportunidad de cambiar tu chi y de avanzar en la vida. Pero cabe el riesgo de que si el resultado final no es la incorporación de un chi mejor, quizá veas que tu vida está siguiendo una dirección no deseada.

Una de las maneras más fáciles de sentir el chi de una posible nueva casa es investigar un poco a sus residentes.

Lo que puedes hacer

- Procura conocer a los actuales residentes para tener una sensación clara del tipo de chi que han proyectado en su hogar. En el encuentro con ellos intenta hacerte una idea de su salud física, de su bienestar mental y de su felicidad emocional. Si son una pareja, tal vez tengas una impresión del tipo de relación que tienen.

- También puedes consultar el registro de la propiedad o internet para ver si hay más información que te convenga saber.

- Si no puedes conocer personalmente a los actuales residentes, habla con los vecinos para hacerte una impresión de cómo son (o eran). Sería conveniente averiguar cualquier problema de salud, conflictos matrimoniales o dificultades económicas.

Un hogar en el que viven personas felices y saludables contendrá inevitablemente ese tipo de chi.

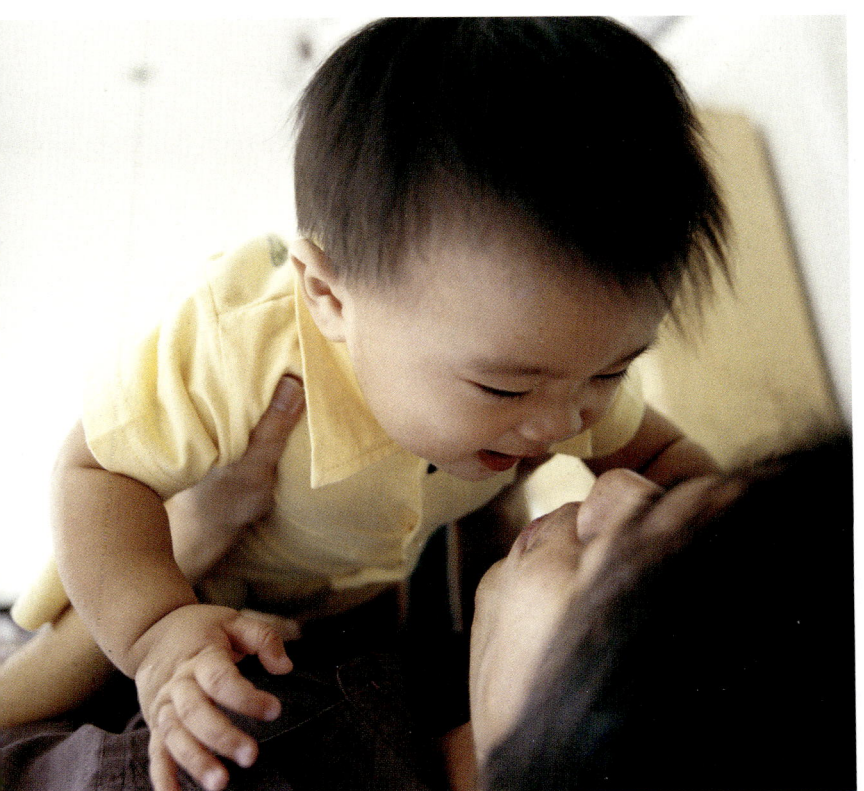

ELIGE TU UBICACIÓN

> BENEFICIO. Encontrar el chi que más te ayuda.

Las civilizaciones se han ido desarrollando a lo largo del tiempo en áreas de distintos chi, y han tenido fama de ser excelentes en ciertos campos porque ese chi particular les ha llevado a sobresalir en algo: tal vez en el arte, en las prácticas bancarias, en la escritura o en el comercio.

Es posible que ciertos tipos de chi estén mejor adaptados a determinadas profesiones. Por ejemplo, un fuerte chi vertical puede ser adecuado para los escritores, que trabajan en soledad y necesitan inspiración, originalidad e imaginación. Por el contrario, a un comerciante le podría ser más útil un flujo de chi horizontal, porque interactúa intensamente con otras personas.

Si sabes lo que quieres hacer en la vida y estás planeando trasladarte, puedes centrarte en los lugares que ofrecen más probabilidades de apoyo.

Este variopinto perfil urbano muestra la alta torre de chi madera, la cúpula de chi metal, las casas con tejados planos de chi tierra, la aguja de chi fuego y las formas irregulares del chi agua.

Lo que puedes hacer

1 Haz alguna búsqueda inicial en internet para encontrar lugares donde hayan vivido las personas que desees emular. Después mira si alguna de estas ubicaciones coincide con los lugares donde deseas vivir. Como todo pasa por diversos ciclos, es mejor centrar tus investigaciones en personas vivas.

2 Cuando hayas elegido una serie de lugares, investiga su historia. Puedes encontrar libros o textos que ofrezcan descripciones de las distintas actividades que se han desarrollado a lo largo de los siglos. Deberías ser capaz de determinar si esos lugares están en una fase ascendente o descendente.

3 Visita el área para determinar si tiene el tipo de ambiente en el que te sientes apoyado. Pasa tiempo al aire libre; prueba diferentes cafeterías y edificios públicos para sumergirte en el chi local.

4 Conoce a algunos lugareños —preferiblemente de tu profesión— y comprueba si parece que prosperan en ese lugar.

COLINAS Y AGUA

BENEFICIO. Obtener apoyo de las fuerzas naturales.

Tanto las colinas como el agua producen un efecto dramático en el chi local. Las colinas favorecen un componente más vertical en el flujo de chi, y los grandes ríos un fuerte flujo horizontal (la excepción son las cataratas, que animan al chi a moverse hacia abajo).

Por tanto, tiene sentido investigar cuidadosamente estos asuntos cuando busques una nueva casa. Generalmente puedes obtener toda esta información de un mapa detallado, que te mostrará las alturas de las zonas que te interesan, junto con las extensiones de agua.

Lo que debes hacer

1 Si eliges vivir en una zona de colinas o montañosa, lo mejor es escoger una casa que tenga la colina detrás de ti y una vista abierta por delante para tener la protección del chi de la tortuga detrás y el chi abierto del fénix delante (véase página 34).

2 Consulta el mapa para determinar si hay alguna corriente de agua cerca de tu casa. También podrías preguntar a las autoridades locales para que te den información sobre ríos subterráneos.

3 En el caso de que haya agua superficial, visita la zona y comprueba que esté limpia y libre de polución. Es más probable que el agua esté sana si fluye y si en ella habitan peces, anfibios y plantas.

4 Anota en qué dirección se halla el agua con respecto al centro de tu casa y estima a qué distancia está. Si la superficie de agua está muy cerca —digamos a unos cincuenta metros— es mejor que quede al este o suroeste.

5 Si tus indagaciones revelan que el agua subterránea discurre directamente debajo de tu casa y relativamente cerca de la superficie —como a unos dos metros—, averigua si es agua limpia o de desagües.

Las colinas fomentan el individualismo y el sentimiento de independencia. Usa el método de los cinco animales para saber en qué dirección orientar tu hogar.

VÍAS DE FERROCARRIL Y CARRETERAS

> BENEFICIO. Evitar el chi alterado.

Los trenes y los coches que se desplazan superficialmente movilizan el flujo natural de chi. Esto puede ser útil en cuanto a sentirse conectado con la sociedad en general, pero corres el riesgo de que te resulte más difícil relajarte y sentirte bien asentado si tu casa está cerca de este chi que gira.

Cuanto más tráfico tenga la carretera o la vía férrea, mayor será su influencia en tu hogar (las carreteras y vías ferroviarias tranquilas no producen un gran efecto). Otro aspecto a tener en cuenta en el caso de las vías férreas es si están electrificadas o no. Si lo están, la electricidad generará campos magnéticos que podrían poner en peligro tu salud (véanse páginas 142-143). Y los vehículos producen humos, que también suponen un riesgo para la salud.

Lo que puedes hacer

1 Comprueba sobre el mapa cualquier indicativo de la existencia de una vía férrea. En el caso de hallar alguna línea cerca (más cerca de un kilómetro o media milla), inspecciona las vías para ver si están electrificadas. Si así fuera, las vías tienen que estar al menos a ochocientos metros de distancia; las vías no electrificadas deben estar a un mínimo de quinientos metros.

2 Comprueba si hay carreteras cerca. Cualquier gran carretera debería estar como mínimo a 500 metros de distancia, y las autopistas deben estar todavía más lejos para asegurar que el chi cercano a tu casa no sea caótico, y que no te veas expuesto a humos insanos.

3 Mira si hay alguna carretera que apunte directamente a tu casa, de

modo que los vehículos se dirijan directamente hacia ella. Esto agitará el chi y lo conducirá hacia tu casa, haciéndolo mucho más intenso. Esta circunstancia sólo será problemática si la carretera tiene mucha circulación y un chi rápido.

Vivir al pie de una carretera curva implica que los vehículos conducen directamente hacia tu casa, dirigiendo el chi hacia ti. Esto podría dificultar tu relajación.

ELECTRICIDAD Y CONTAMINANTES DEL CHI

BENEFICIO. Evitar el chi contaminado.

Dos elementos potencialmente dañinos que son difíciles de remediar son los campos electromagnéticos y los residuos tóxicos. Ambos pueden influir negativamente en la salud, y los niños son los más expuestos al peligro. Por tanto, es importante determinar de partida si son un problema para cualquier nueva casa potencial, puesto que son las dos cosas que convierten un espacio vital en indeseable desde la perspectiva del feng shui.

Otra causa de preocupación sería una central nuclear o una planta de procesamiento de residuos. Si hubiera algún escape, cuanto más cerca estés, mayor es el riesgo de estar expuesto a una radiación nuclear dañina.

Lo que puedes hacer

1 Investiga en tu compañía eléctrica y consulta a las autoridades locales para comprobar si hay cables de alto voltaje o transformadores cerca de tu posible casa.

2 Haz que se midan los campos electromagnéticos dentro y alrededor de tu casa para poder evaluar el riesgo. Compara los datos de las mediciones con los que ofrecen las páginas web de las autoridades. Tu compañía eléctrica podría proveerte este servicio.

3 Comprueba en los datos de las autoridades locales si se ha producido algún vertido tóxico en la zona. Si vas a comprar una casa construida en los últimos 50 años, procura descubrir para qué se usaba el terreno anteriormente y si podría haber sido contaminado por residuos tóxicos.

4 Investiga el área más amplia para averiguar si hay algún reactor nuclear, plantas de procesamiento de residuos o instalaciones de almacenamiento en un radio de 20 kilómetros. Estas instalaciones suponen un riesgo potencial para tu hogar. Una vez más, los niños son los más expuestos.

5 Comprueba si hay industrias que puedan contaminar el aire o el agua de la zona. Las plantas químicas son un riesgo en términos de polución del aire, fuegos y explosiones. Asimismo, es mejor evitar vivir cerca de estaciones eléctricas, pues podrían emitir altos niveles de dióxido de carbono.

Ten cuidado de no trasladarte a una casa sometida a fuertes campos electromagnéticos, porque en estos casos es muy poco lo que el feng shui puede hacer para mejorar la situación.

MIRA TU CASA DESDE FUERA

BENEFICIO. Conocer el chi de tu casa.

El entorno externo de tu casa ofrece muchas claves sobre el chi fundamental que ésta contiene. Las principales consideraciones son cómo influye la forma de la casa en su chi interno, y si las ventanas facilitan el flujo del chi que entra y sale.

Lo que puedes hacer

1 Mira a tu casa o, si vas a comprar un apartamento, mira el edificio desde fuera para ver su perfil (véase página siguiente). La mayoría de los edificios tienen una mezcla de distintos tipos de chi. Por ejemplo, una casa baja con un tejado apuntado tiene chi tierra y chi fuego.

2 Si te das cuenta de que hay dos elementos opuestos en un edificio (como un edificio alto con el tejado en forma de cúpula), tienes que pensar la manera de aportar el chi armonizador (en este ejemplo, el agua armoniza la madera y el metal). No es habitual que esto ocurra.

3 Observa el número y el tamaño de las ventanas. Cuantas más ventanas tenga la vivienda, y cuanto mayores sean, más fácil le resultará al chi entrar y salir. Esto reduce la posibilidad de estancamiento, pero tal vez resulte más difícil sentirse bien asentado en ese espacio. Las ventanas favorecen un flujo de chi más horizontal.

Este edificio tiene potencialmente un fuerte chi horizontal debido a sus grandes ventanas, a su tejado plano y a sus rasgos horizontales.

El chi y las formas de las casas

• Si la casa es alta y tiene techos elevados, tendrá abundante chi ascendente y vertical, que genera chi madera en el interior.

• Un tejado apuntado indica que habrá más chi fuego en el interior. Cuanto mayor sea la pendiente del tejado, mayor será el efecto.

• Si el tejado es bajo y ancho, habrá un chi más estable y horizontal, representado por el chi tierra.

• Los techos en forma de cúpula, las ventanas redondas o los arcos sugieren que habrá más chi metal, que contiene el ambiente interno.

• Una forma irregular, cuando ha habido muchas adiciones a la casa a lo largo de los años, está asociada con el chi agua.

INSPECCIONA EL LUGAR

BENEFICIO. Chi más armonioso.

Hay tres consideraciones a tener en cuenta con respecto a los edificios cercanos a tu casa.

1 ¿Le quitan la luz natural del sol? Esto ocurrirá si los demás edificios son más altos que tu casa y se encuentran al este, sureste, sur, suroeste u oeste. Esto puede negarte parte del chi de esa dirección particular y producir una deficiencia en tu hogar.

2 ¿Apunta la esquina de algún edificio hacia tu casa dirigiendo hacia ella un chi rápido? Esto puede hacer más difícil que te sientas cómodo y bien asentado en tu casa.

3 ¿Está tu casa cerca de otra con un elemento opuesto? (Véanse en las páginas 262-263 los perfiles asociados con los cinco elementos). Cuando los elementos ausentes no están representados hay un riesgo de desarmonía.

Lo que puedes hacer

1 Si tu casa está en la sombra de otro edificio, comprueba qué dirección de la luz solar queda bloqueada. Mira en la página 36 para ver de qué tipo de chi tienes deficiencia y si eso es importante para ti.

2 Evalúa si puedes plantar árboles, arbustos o un seto entre tu casa y la esquina del otro edificio para amortiguar el chi girante que se dirige hacia tu hogar.

3 Mira la forma de tu edificio —la mayoría de las casas tienen tejados con forma de fuego— y comprueba si hay otras formas que podrían estar en conflicto. Por ejemplo, un edificio de forma irregular no estaría en armonía cerca de una casa con forma de tierra y tejado de fuego, a menos que estuviera presente el chi madera en forma de plantas y árboles.

La superficie de cristal de esta oficina acelerará el chi, con lo que la atmósfera circundante podría resultar más incómoda.

EN QUÉ DIRECCIÓN MIRA TU CASA

> BENEFICIO. Conocer el chi que entra en tu casa.

La dirección hacia la que mira tu casa o apartamento determina el tipo de chi que fluye principalmente hacia ella. En algunas situaciones ésta será la fuerza dominante; en otras, será una consideración relativamente menor. Esos hogares en los que el chi entra de manera evidente desde una dirección predominante son los que estarán fuertemente influidos por el tipo de chi entrante.

Una casa en la que el chi entre desde varias direcciones tendrá más equilibrio, y por tanto menos influencia de una única dirección. Por ejemplo, una casa cuadrada con puertas y ventanas en todas las direcciones estará relativamente equilibrada, mientras que una casa ancha con poca profundidad, grandes ventanas y una puerta lateral tendrá una fuerte influencia del chi de la dirección hacia la que mira.

Lo que puedes hacer

1 Camina alrededor de la casa para ver si las cuatro fachadas son de tamaño similar y si las puertas y ventanas están distribuidas de manera igualitaria. ¿Hay abundante espacio alrededor para que el chi pueda entrar equilibradamente? Si éste es el caso, la orientación de la casa no será una consideración de fundamental importancia.

2 Si sientes que el chi entra de manera predominante desde una dirección (porque, por ejemplo, la entrada al lugar, el camino, la puerta principal y la fachada frontal con grandes ventanas favorecen un fuerte flujo del chi procedente de una sola dirección), tienes que hacer una lectura con la brújula para determinar de qué chi se trata. Toma la lectura y consulta la transparencia de las ocho direcciones (véanse páginas 112-115) y la página 36 para ver qué tipo de chi entra en tu casa.

La puerta principal, el camino, la carretera y las ventanas hacen que ésta sea la fachada principal de la casa; la mayor parte del chi entra desde esta dirección.

HACIA DÓNDE TRASLADARTE

> BENEFICIO. Trasladarte a un chi que te ayude más.

Encontrar la ocasión de trasladarte siguiendo una dirección concreta (o varias), cambiará tu chi y te ayudará a sentirte más capaz de realizar tus sueños. Cuanto más lejos te traslades, más importante es esta consideración. Un traslado de menos de un kilómetro tendrá poco efecto, independientemente de la dirección. Un traslado a otro continente y a otra cultura tendrá la máxima influencia; se trata de un hecho que podría cambiarte la vida. Encontrarás una descripción más detallada de cómo realizar el proceso del traslado en la página 58.

Lo que puedes hacer

1 Para consultar cuándo trasladarse en una dirección particular, encuentra un mapa en el que figure tu casa y el lugar al que te quieres trasladar. Marca ambos con una X.

2 Pon el centro de las transparencia de las ocho direcciones (véanse páginas 112-115) sobre la X que indica tu casa y después gira la transparencia de modo que el norte apunte hacia lo alto de la página. Comprueba en qué sector está la X que marca tu punto de destino.

3 Consulta la página 58 para ver en qué años y meses te resulta favorable esa dirección.

4 Alternativamente, para determinar qué direcciones te son favorables en un determinado año, toma un mapa y marca tu casa con una X.

5 Coloca el centro de la transparencia sobre la X que marca tu casa y después gira la transparencia de modo que el norte apunte hacia la parte superior de la página.

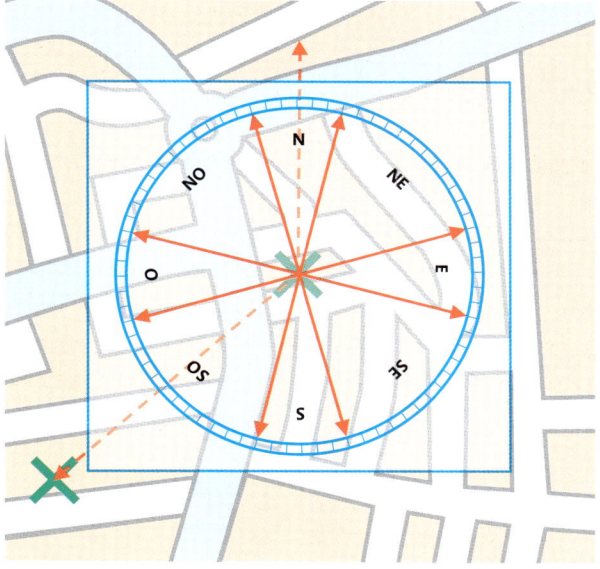

6 Realiza el proceso de la página 58 para averiguar qué direcciones son adecuadas para ti durante el año que te interesa.

La transparencia de las ocho direcciones es una manera rápida de consultar las direcciones desde tu casa en cualquier mapa.

7 Consulta las direcciones apropiadas en tu mapa para localizar posibles áreas hacia las que trasladarte.

LISTA DEL BUEN FENG SHUI

> BENEFICIO. Conseguir la casa adecuada.

Fotocopia esta lista para poder llevarla contigo cuando visites una posible nueva casa.

Lo que puedes hacer

☐ 1 Comprueba que la posible nueva casa esté en una dirección que sea beneficiosa para ti.

☐ 2 Mira al mapa para ver si hay ríos, lagos, pantanos, líneas férreas, polígonos industriales o centrales nucleares en los alrededores del vecindario.

☐ 3 Revisa las proximidades para ver si hay líneas o instalaciones eléctricas, carreteras principales, estanques o ríos cerca de la casa.

☐ 4 Averigua todo lo posible acerca de los actuales ocupantes de la vivienda.

☐ 5 Mírala desde fuera para ver el tipo de chi que podría contener.

☐ 6 Evalúa el perfil de la casa en términos de los cinco elementos y mira si hay algún conflicto potencial con otras casas circundantes.

☐ 7 Comprueba si hay otros edificios que tengan alguna esquina apuntando hacia la casa que te interesa.

☐ 8 Mira hacia el exterior de la casa para determinar si la mayoría del chi viene de cierta dirección. En ese caso, toma una lectura con la brújula para determinar cuál es el chi predominante.

☐ 9 Al entrar en la casa, comprueba si las escaleras vienen directamente hacia ti, dirigiendo el chi a salir por la puerta.

☐ 10 Mientras caminas por la casa, procura absorber su chi y nota cómo te sientes en ella.

☐ 11 Debes examinar de qué manera entra la luz a tu hogar; y es conveniente, del mismo modo, comprobar si existe algún impedimento que acabe bloqueando la entrada de la luz solar dentro de la casa. Si así sucediera, usa la brújula para determinar de qué chi podría haber deficiencia.

☐ 12 Procura hacerte una idea del plano (o mira el plano si está disponible), para determinar si la combinación de los distintos chi es igualitaria o si hay deficiencia de alguna energía.

☐ 13 Evalúa cuánto trabajo será necesario para que haya una sensación natural en ese espacio.

☐ 14 Estima la posición de todos los elementos agua y fuego para considerar si harán falta remedios.

RITUALES PARA EL TRASLADO

BENEFICIO. Limpiar el viejo chi.

Cuando te trasladas a una nueva casa, lo que puede ayudarte a empezar de cero es limpiar y despejar todo el chi que han dejado los anteriores ocupantes. El momento ideal es cuando la casa está vacía, antes de que lleguen los muebles.

Lo que puedes hacer

1 Mientras preparas la mudanza, procura deshacerte de las cosas inservibles, de modo que al llegar a la nueva casa sólo lleves lo que realmente necesitas.

2 La manera más rápida y drástica de limpiar el viejo chi es hacer una limpieza general en tu nueva casa. Esto será mucho más fácil si el espacio está vacío. Procura extraer todo el polvo y la suciedad de cada habitación. Es mejor hacer la limpieza un día seco y soleado para que el sol renueve el ambiente de manera natural. Mantén las ventanas abiertas para que el chi fresco recorra tu casa.

3 Si vas a conservar alguna de las alfombras, lávalas con jabón, pues en ellas es donde tiende a acumularse el polvo y la energía estancada. También merece la pena lavar las paredes si tienes ánimos para ello.

4 Las campanas manuales son útiles para movilizar el viejo chi estancado. Toma una campana y hazla sonar en todas las esquinas y en todos los lugares donde suela acumularse el polvo. Las ondas sonoras volverán a movilizar el chi, favoreciendo su renovación en esas zonas. Alternativamente puedes dar palmadas con las manos mientras espiras con fuerza para incrementar el movimiento del chi.

5 Absorbe el viejo chi de tu nueva casa usando sal marina. Espolvorea sal marina sobre el suelo antes de irte a la cama. Por la mañana, pasa la aspiradora o barre la sal y sácala inmediatamente de la casa para deshacerte del chi negativo. Puedes repetir este ejercicio varias veces hasta que sientas que el nuevo espacio tiene un ambiente limpio y fresco.

Cuantas más maneras encuentres de sacar el viejo chi de tu nueva casa, más fácil te resultará llenarla de tu propio chi.

TOMA POSESIÓN DE TU CASA

BENEFICIO. Funde tu casa con tu personalidad.

Tu chi mental y emocional no sólo llena tu cuerpo, sino que se expande hacia el espacio que te rodea. Esto posibilita que llenes tu casa de tu chi, de modo que ésta se convierta en una extensión de tu identidad mental y emocional. Para llenar el ambiente de tu propia energía tienes que irradiar pensamientos positivos hacia tu nuevo hogar.

Lo que puedes hacer

1 Medita y enfoca intensamente tu mente en lo que tratas de conseguir en la vida. Cada vez que espires, imagina que estás espirando esos pensamientos hacia fuera, hacia la habitación, y que tus ideas recubren cada superficie, pintando las paredes.

2 Enciende una vela y centra tu meditación en ella. Esto ayudará a extender tu chi más fácilmente, porque tus pensamientos se quedan pegados a las ondas de luz que la vela irradia hacia la habitación. Para hacerlo, siéntate o ponte de rodillas frente a la vela encendida y dirige hacia la llama todos los pensamientos positivos que quieras realizar en este espacio. Cada vez que espires, procura canalizar tu chi hacia la base de la llama.

3 El sonido de una campana te ayudará a extender más tu energía chi. Al hacer sonar la campana, las ondas sonoras se extienden por todo tu espacio pensante, llevándose tu chi con ellas. De modo que ten una campana de mano cerca de ti y hazla sonar cuando tengas un pensamiento o sentimiento que quieras extender con fuerza.

4 Asimismo, los cantos extenderán tu chi y tus emociones con más fuerza hacia el exterior. Procura emitir sonidos *aaah, oooh* y *mmm* al meditar.

Aquí los colores púrpura y la vela producen un fuerte chi fuego que te ayuda a extender tu chi emocional hacia el ambiente.

EL FENG SHUI Y TU FAMILIA

CREA LA ATMÓSFERA IDEAL PARA TU FAMILIA

El hogar en el que creces tiende a ser una influencia importante durante tus años formativos. Las casas contienen la vida familiar, pero también la definen. Hay una gran diferencia entre visitar los hogares de las personas con hijos y sin hijos. Los hogares familiares viven y respiran vida. Si tienes familia, es importante intentar crear el mejor ambiente para tus hijos, porque el resto de sus vidas estarán coloreadas por las experiencias que vivan entonces.

En esta sección descubrirás cómo sacar el máximo partido a tu casa familiar. He aquí algunas breves sugerencias que abordaré con más detalle en las páginas siguientes.

• Evita contaminar tu casa con el chi de discusiones desagradables, resentimientos latentes o celos hablando de estas cosas fuera del hogar.

• Entiende mejor tu dinámica familiar examinando los tres números ki de cada miembro de la familia. Descubre maneras de incorporar el chi que falta si dos o más miembros de tu familia son opuestos en el modelo de los cinco elementos.

• Encuentra maneras simples de hacer el chi más yin y pacífico, reduciendo el riesgo de que se produzcan discusiones.

• Incrementa el chi que ayuda a todos a divertirse y a tener ganas de jugar.

• Céntrate en la cocina, que suele ser el corazón del hogar familiar.

• Haz que el chi del cuarto de la lavadora esté limpio y funcional.

• Asegúrate de tener el almacén bien organizado, de modo que cada cosa esté en su lugar y los objetos más usados estén accesibles.

• El ambiente de la habitación infantil influirá en cómo duerma tu hijo, así como en la estimulación visual que reciba, de modo que es importante decorar esta habitación con cuidado para incrementar las posibilidades de que las noches sean pacíficas.

Los espacios ideales para los niños son aquellos donde puedes tumbarte en el suelo y la habitación está diseñada para facilitar situarse a su altura.

- Formar parte de una familia significa que en algún momento es posible que sufras la pérdida de un ser querido. Tu hogar puede desempeñar un papel a la hora de conservar su recuerdo, y puede hacer que sea más fácil procesar todas las emociones que acompañan al deceso.

- El salón tiende a ser un espacio donde la familia se junta y se relaja, de modo que es conveniente que su chi favorezca este proceso.

- Los tejidos de una habitación ofrecen suavidad, color y a veces imágenes. Objetos como sofás, sillas, saquitos rellenos para sentarse, cojines, cortinas y alfombras tienden a acumular el chi, aunque también polvo, de modo que conviene mantenerlos limpios.

- Los cuartos de jugar de los niños son importantes para su desarrollo, y conviene que los pequeños pasen su tiempo en un chi viviente y natural para potenciar su salud física y emocional.

CREA EL ENTORNO PERFECTO

BENEFICIO. Crea un buen entorno para toda la familia.

Tu hogar es el lugar donde la familia se junta y funde su chi. La medida de armonía con la que esto ocurra se verá afectada por el ambiente de tu hogar. Si el chi se mueve demasiado deprisa, es posible que experimentéis alteraciones y que os resulte difícil tranquilizaros; un exceso de chi vertical podría llevaros a no interactuar mucho.

Lo ideal es un flujo de chi bastante constante e igualitario, con un fuerte componente emocional que anime a todos a sentirse en armonía. Si hay un poco más de chi descendente, a las familias les suele resultar más fácil tranquilizarse.

Lo que puedes hacer

1 Siéntate cómodamente en soledad y piensa detenidamente en lo que se necesita para mejorar tu vida familiar. Por ejemplo: pasar más tiempo juntos, tener más aceptación mutua, divertiros más, apreciaros más o ser más respetuosos con vuestros respectivos espacios y recorridos vitales.

2 Repasa los nueve tipos de chi de la página 36 o los cuadros de las páginas 37-41 para ver qué dirección os aportaría el tipo de chi del que más necesitáis. Por ejemplo, el chi del norte ayuda a dar más espacio; el chi del oeste ayuda a ser más juguetones, y el chi del noroeste ayuda a la gente a ser más respetuosa con los demás.

3 Cuando hayas identificado de qué chi quieres más, procura incorporar sus colores, materiales, formas o detalles feng shui a tu hogar. Por ejemplo, para incorporar más chi occidental podrías usar el color rosa, objetos

metálicos, formas redondeadas y algunas flores rosa en un jarrón de plata.

4 Procura girar las camas de manera que la coronilla de vuestras cabezas apunte hacia la dirección de la que necesitáis más chi, o sentaros más frecuentemente mirando en esa dirección. Por ejemplo, para generar un ambiente familiar más estable, íntimo y cariñoso, procura absorber más chi del suroeste.

Cualidades de las direcciones

- **Este.** Estar activo y hacer cosas; dejar atrás rápidamente las disputas y seguir adelante con tu vida.
- **Sureste.** Ser sensible a los demás, evitar confrontaciones y buscar la armonía.
- **Sur.** Salir más y pasar menos tiempo en casa; ser expresivo e interactivo en casa.
- **Suroeste.** Sentirse más cerca y depender más unos de otros; incrementar el cuidado mutuo, el compartir, la simpatía de las personas.
- **Oeste.** Divertirse más juntos, jugar más y sentirse contentos unos con otros.
- **Noroeste.** Ser más respetuosos unos con otros; actuar con más dignidad y mostrarse responsables hacia otros miembros de la familia.
- **Norte.** Darse mutuamente más espacio y seguir adelante con la propia vida; aceptar más al otro y ser más afectuoso, pero independiente.
- **Noreste.** Ser más claros y directos unos con otros. No aceptar aquellas situaciones con las que no se está satisfecho.

EVITA CONTAMINAR TU HOGAR CON DISGUSTOS

> BENEFICIO. Mantiene el ambiente libre de discusiones.

Cuando tienes una discusión familiar, un disgusto o un desacuerdo violento, proyectas el chi asociado con las emociones de ese momento en el espacio que te rodea. Asimismo, si estás procesando emociones fuertes, como un resentimiento latente, celos o ira, irradias ese chi hacia tu entorno inmediato. Si ocurre algo de esto mientras estás en casa, corres el riesgo de llenarla de este chi. Y si esto ocurre regularmente, tendrá un efecto acumulativo, con el resultado de que podrías sentir estas emociones cada vez que vayas a casa y recojas un poco de chi del último disgusto.

Lo que puedes hacer

- Si quieres comentar un asunto delicado que sabes que puede producir una fuerte reacción, si quieres expresar algo que te produce sentimientos intensos o si sientes que algo está llegando al extremo, acuerda discutirlo en algún lugar alejado de tu casa. Hacerlo en un parque, en una cafetería, en un bar o en un edificio público implica que tu casa no se vea contaminada por el chi de la interacción, y así no sentirás asociaciones negativas.

- Si tienes una discusión, procura limpiar rápidamente el chi abriendo las ventanas. Si fuera necesario puedes espolvorear sal marina por el suelo por la noche, y a la mañana siguiente pasar la aspiradora y sacarla de tu casa.

- Una limpieza general ayudará a movilizar cualquier chi negativo del día anterior y renovará el ambiente.

*Cuando creas que vas a tener un enfretamiento,
tenlo fuera para evitar contaminar el chi del hogar.
Sentarse uno al lado del otro de esta manera enfrenta
menos que sentarse uno frente al otro.*

ASTROLOGÍA FAMILIAR FENG SHUI

> BENEFICIO. Entender mejor las relaciones familiares.

Al analizar el chi astrológico de cada miembro de la familia obtienes una impresión de cómo encajáis todos juntos. Podrías descubrir que algunos de los hijos se relacionan más directamente con su padre y otros con su madre, y esto proporciona información útil sobre quién puede ayudarle más en momentos de dificultad. En algunos casos uno de los hijos puede ser muy diferente del resto de la familia, haciendo que le resulte más difícil encajar y sentirse incluido.

Lo que puedes hacer

1 Busca los tres números de cada miembro de la familia en la página 44 y después consulta la página 36 para ver qué elemento está asociado con cada número. Por ejemplo, el número 1 está asociado con el agua. Escribe el nombre de cada persona, sus tres números y los elementos asociados debajo de los números respectivos.

2 Usando el diagrama de los cinco elementos de la página 30, trabajad los números de cada miembro de la familia para ver quiénes comparten el mismo elemento, qué miembros tienen elementos que están juntos y cuáles tienen elementos opuestos. Sólo tenéis que comparar los números que están en la misma posición. Por ejemplo, compara el número del año con otros números del año; después compara el número del mes con otros números del mes, y finalmente compara los números axiales con otros números axiales. El número del año describe cómo se llevan los miembros de la familia a largo plazo; los números del mes, cómo interactúan emocionalmente, y los números axiales, cómo juegan juntos.

EJEMPLO DE UN CARTA FAMILIAR

AÑO	MES	EJE
Persona A		
Metal	Madera	Tierra
7	4	8
Persona B		
Metal	Metal	Metal
7	6	6

En este ejemplo, los números de los años son los mismos, los números de los meses son opuestos y los números axiales están en armonía.

3 Identifica a esos miembros que comparten un elemento. Les resultará fácil entenderse mutuamente, aunque no estén de acuerdo.

4 Identifica a los miembros de la familia que tienen elementos próximos. Esto sugiere una relación armoniosa donde hay dar y recibir.

5 Identifica a los miembros de tu familia que tienen elementos opuestos. Disfrutarán de una relación dinámica con más atracción, pero les resultará más duro entenderse mutuamente.

APORTA EL CHI QUE FALTA

BENEFICIO. Hace que la vida familiar sea más íntima.

Mirando a tu familia como totalidad podrías descubrir que cada uno de sus miembros está conectado con otro respecto al mismo elemento, o a un elemento que es armonioso (véase página 284). Si éste es el caso, la familia suele alcanzar un equilibrio en el que los problemas se resuelven con la intervención de otro miembro. Por ejemplo, si dos hermanos tienen números de mes con los elementos fuego y agua, cabe el riesgo de que se produzcan malentendidos; no obstante, otro miembro de la familia cuyo número del mes esté asociado con el elemento madera puede tender un puente, pues le resulta más fácil aportar una solución satisfactoria.

En algunas familias un miembro podría estar solo en términos de los cinco elementos, es decir, que no haya nadie que comparta el mismo elemento ni nadie que lo tenga al lado. Esto puede producir sentimientos de exclusión, de ser diferente y de no encajar.

Lo que puedes hacer

1 Cuando un miembro de la familia está en oposición con todos los demás, consulta el cuadro de los cinco elementos de la página 30 para ver qué elemento se ha de aportar para tender un puente. Por ejemplo, el chi tierra aporta armonía al fuego y al metal.

2 Pon en tu casa colores, materiales y formas del elemento que cierre la brecha. Por ejemplo, amarillos, beige, marrones y negros mate aportan más chi tierra. Los tejidos, la arcilla y el barro cocido lo aportan todavía en mayor medida. Las formas bajas y planas también aportan chi tierra a la habitación.

EJEMPLO DE UNA CARTA FAMILIAR CON UN ELEMENTO AUSENTE

AÑO	MES	EJE	AÑO	MES	EJE
Madre			**Hermano**		
Tierra	Tierra	Tierra	Tierra	Fuego	Metal
2	2	5	2	9	7
Padre			**Hermana**		
Metal	Fuego	Tierra	Madera	Agua	Metal
6	9	2	3	1	7

En este ejemplo, los chi del año y del mes de la hermana son opuestos a los del resto de la familia.

3 Si sientes que hay un problema suficientemente grande como para requerirlo, procura girar la cama del miembro de la familia en cuestión para que la parte alta de su cabeza apunte en una dirección que proporcione el chi del elemento ausente. En el ejemplo que hemos usado aquí, apuntar hacia el suroeste o el noreste aportará más chi tierra.

REDUCE LAS DISCUSIONES

BENEFICIO. Calma el ambiente al cambiar la combinación de los chi.

Una manera de ayudar a reducir la tensión en casa es crear un ambiente más yin y tranquilo en el que el chi se mueva más lentamente. Eso hace que sea más fácil no reaccionar en el momento y considerar lo que dices con más cuidado. Ayuda a crear un hogar donde el chi no rebote de un lado a otro, sino que se mueva pacíficamente por cada habitación.

Lo que puedes hacer

1 Haz el ambiente más yin usando tejidos suaves y naturales, por ejemplo en los cojines grandes, en las cortinas largas y en los manteles. Los colores azules pálidos, verdes y crema ayudan a relajarse todavía más. Evita los colores brillantes, particularmente el rojo o el púrpura, pues podrían añadir más chi fogoso que fomente la discusión.

2 Suaviza cualquier esquina afilada con plantas frondosas o tejidos naturales para reducir la exposición de la familia al chi que gira rápidamente.

3 Para aquietar más el ambiente, aporta más energía del chi norteño, que está asociada con la noche y el invierno. Usa colores crema, formas fluidas y vidrio; por ejemplo, flores color crema en un jarrón curvado de vidrio. Si alguien acostumbra a estar tenso, procura que se siente mirando al norte. Otras direcciones relajantes hacia las que sentarse son el oeste, el noroeste y el suroeste.

4 Sé consciente de que la energía chi fogosa y potencialmente explosiva del sur agravará la situación. Pon un poco de carbón en un recipiente de arcilla en la parte sur de tu hogar, pues el chi tierra calma el chi fuego del sur. Asimismo, usa colores amarillos pálidos, beige y marrones, y muebles suaves en el sur para calmar todavía más el chi fuego de esa dirección.

5 Cultiva plantas frondosas o con hojas flexibles para que aporten más chi yin y pacífico. Retira cualquier planta con hojas puntiagudas del lugar donde tu familia se siente o trate de relajarse.

6 Revisa el número de espejos que tienes y mira si puedes reducirlos, de modo que el chi de tu casa no rebote de un lugar a otro.

La iluminación tenue y los tejidos suaves (ambos chi tierra), junto con los colores yin crema hacen que éste sea un espacio apacible y tranquilo donde será más fácil resolver las diferencias.

DIVERTÍOS JUNTOS

BENEFICIO. Crea un ambiente más juguetón.

Para dar a tu hogar un ambiente más juguetón tienes que incrementar la presencia del chi occidental. Esta energía divertida está asociada con la puesta de sol, el trigrama de la hija más joven, el lago y la época de la cosecha. A medida que incorporas más de este chi, deberías sentir esa sensación de alegría propia de cuando acabas el día de trabajo y tienes por delante una noche divertida.

Lo que puedes hacer

1 Para acumular chi del oeste procura usar el color rosa, que será más eficaz en la parte oeste de tu casa. Pon flores rosa: por ejemplo, un par de rosas en un jarrón de plata.

2 Para absorber más chi occidental, duerme con la parte alta de tu cabeza apuntando hacia el oeste, o siéntate con más frecuencia mirando hacia esta dirección.

3 Haz que tu casa sea ligeramente más yin. Los colores pastel, los muebles suaves y las formas curvadas serán de ayuda. Las líneas rectas, las esquinas afiladas y los muebles muy formales generan un ambiente demasiado serio y yang. Usa plantas para suavizar cualquier borde afilado y para romper algunas líneas rectas.

4 Ten cuadros románticos, esculturas y poemas en lugares donde puedas verlos a menudo. Procura que en tu casa suene más música romántica en los momentos adecuados.

5 Consulta la página 53 para ver en qué fase está tu número del año actual, y en qué mes estará en el oeste. Te resultará más fácil divertirte cuando tu número del año esté en el oeste, en el sureste o en el sur.

6 Cuelga un espejo en el oeste de

Llevar puesto algo rosa aporta más chi occidental a tu campo energético, ayudándote a sentirte más juguetón.

modo que su parte posterior mire hacia una pared exterior, pues eso activará el flujo de chi del oeste en esa parte de la casa.

7 La ropa de colores rosa o rojo, las joyas de plata y los tejidos suaves te rodearán de un chi más divertido y juguetón.

COCINA Y COMEDOR

> BENEFICIO. Fortalece el corazón familiar.

La cocina y la zona del comedor suelen ser el corazón del hogar familiar, porque son los lugares donde todo el mundo se junta para comer y beber. Para muchas familias con hijos mayores éste es el principal lugar de encuentro. El ambiente que haya aquí es importante para que cuando os juntéis todos tengáis una experiencia de calidad que ayude a crear asociaciones positivas para todos. Si quieres que este espacio funcione bien, lo ideal es crear un chi bastante contenido y asentado que se mueva lentamente. Este tipo de energía viene definida principalmente por el chi tierra del suroeste y el chi metal del oeste.

Lo que puedes hacer

1 Usa madera, que será más yin que la piedra o el metal, en las zonas donde quieras pasar más tiempo. Si quieres ralentizar aún más el chi y hacer que sea más fácil pasar tiempo juntos, procura poner cojines en las sillas, usar manteles de algodón o de lino y poner una alfombra en el suelo.

2 Para aportar más chi estable de la tierra usa los colores amarillo, marrón, beige o naranja. Puedes usarlos en los cojines, manteles, servilletas, manteles individuales o en la vajilla.

3 Para ayudar a contener el chi en esta zona, procura usar más formas metálicas y circulares. Una mesa redonda u ovalada hará que a todo el mundo le resulte más fácil verse y comunicar, conservando el chi de la familia en la mesa.

4 Conduce el chi hacia abajo manteniendo la iluminación cerca del suelo mientras comes. Apaga las luces del techo y usa lámparas de mesa con pantallas de tela o velas.

Usa materiales suaves y naturales si deseas crear el mejor ambiente para estar juntos. La madera, el lino y el barro cocido son ideales.

CUARTO PARA LAVAR Y PLANCHAR

BENEFICIO. Un chi más limpio.

Es importante que cualquier habitación donde corra el agua esté en armonía con el chi ambiental para que el tránsito del agua por la habitación se produzca con suavidad. El chi agua que genera el fregadero o la lavadora en el cuarto de la lavadora se combina con el chi de esa parte de tu casa. Puedes armonizar esa combinación usando la teoría de los cinco elementos (véase página 30). El principio que emplearemos es el de añadir más del chi que media entre dos elementos opuestos. Además, si en algún lugar hay demasiado chi agua, es posible drenarlo. Alternativamente, si el chi agua vacía el chi ambiental, es posible fortalecer el segundo.

Lo que puedes hacer

• Si tienes el cuarto de la lavadora en el norte corres el riesgo de que haya un exceso de chi agua, lo que hará más probable que los miembros de la familia se preocupen y se sientan solos o aislados. Tendrás que equilibrarlo añadiendo más chi madera en forma de plantas, superficies de madera y color verde.

• El chi tierra del noreste, suroeste o centro puede tener una influencia destructiva sobre el chi agua, produciendo una pérdida de vitalidad, mala salud y una reducción del apetito sexual. Armoniza los chi agua y tierra con más chi metal. Puedes conseguirlo usando más superficies metálicas, formas redondeadas, baldosas y los colores plateado o gris.

• Si tu cuarto de lavar está en el sur, el chi agua podría destruir el chi fuego propio de esa orientación, haciendo que te resulte difícil ser sociable, apasionado o expresivo, a menos que haya suficiente energía madera. Añade abundantes plantas, superficies u objetos de madera y el color verde.

- Si el cuarto de la lavadora está situado en el oeste o noroeste, el chi agua podría drenar el chi metal; corres el riesgo de no tener suficientemente en cuenta la economía, el placer o el romance. Para reforzar el chi metal, usa más superficies metálicas, formas redondeadas, baldosas y los colores plateado o gris.

Una ventana en tu cuarto de la lavadora es una gran ventaja porque permite que entre chi fresco.

ALMACENAMIENTO

> BENEFICIO. Organizarse mejor.

Tener las cosas convenientemente almacenadas permite mantener las superficies abiertas, limpias y despejadas, de modo que el chi se mueva con facilidad. También es muy práctico saber exactamente dónde está cada cosa, puesto que te ahorra horas de búsqueda. Cuando almacenes objetos es importante hacer que el almacenamiento sea lo más funcional posible. Todo tiene que estar accesible, no estorbar, ser fácil de limpiar y tener una bella apariencia. Tienes que ajustar los objetos que deseas almacenar al espacio disponible.

Lo que puedes hacer

1 Pon todo lo que tengas que almacenar en medio de la habitación y clasifícalo según la manera de almacenarlo, la frecuencia con que lo necesitas y dónde debería estar (por ejemplo, colgado, en estantes o en cajas). Algunas cosas tendrán que estar en tu habitación, en el baño o en la cocina.

2 Cuando almacenes, decide si sería conveniente poder ver las cosas a través de puertas de vidrio o botes de cristal, o si necesitas etiquetar los recipientes.

3 En la medida de lo posible, procura usar unidades de almacenamiento independientes, de modo que te reserves la posibilidad de cambiar el orden posteriormente. Este planteamiento flexible también te permite adaptarte a tus cambiantes necesidades a medida que pasen los años.

4 Para el almacenamiento a largo plazo puedes usar el desván o el garaje. Aunque estos lugares no suelen estar a la vista, sigue siendo importante invertir en sistemas de almacenamiento adecuados para que puedas

encontrar cada cosa cuando la necesites.

5 Para incrementar el chi que te ayuda a sentirte más organizado, limpia la parte noroeste de tu casa o apartamento. Puedes incrementar el chi de esta dirección usando plantas en tiestos metálicos, o colgar un reloj de péndulo con tantas piezas metálicas

El almacenamiento independiente te ofrece flexibilidad para mover las cosas cuando quieras crear un estado de ánimo diferente.

como sea posible para generar una mayor sensación de ritmo y estructura en tu hogar. Esto es importante, porque cuando hayas acabado de clasificar las cosas, tienes que ser capaz de guardarlas en su justo lugar y mantener tu sistema de almacenamiento.

EL SALÓN

> BENEFICIO. Conseguir más del chi que necesitas.

La decoración y el diseño de tu salón definen el chi general de la habitación, que puedes hacer más yin o más yang con colores, estampados, materiales y la cantidad de muebles que pongas en él. Cuando dispongas las sillas en tu salón también tienes la oportunidad situaros tu familia y tú en posiciones que pueden ayudaros a sentiros como deseáis.

Una de las influencias más poderosas será la dirección hacia la que mires, pero ésta no es la única consideración. También es una buena práctica sentarse de manera que tu espalda quede protegida por una pared, pantalla o planta de gran tamaño, y tener abierta por delante la mayor extensión posible de la habitación. Si hay varias personas que usan la habitación, las sillas tienen que estar ordenadas de manera que generen un buen ambiente para la interacción social. Generalmente, orientarlas hacia el centro ayuda a conseguir este efecto.

Lo que puedes hacer

1 Para averiguar hacia qué dirección te sientas actualmente, emplea la brújula y anota la lectura.

2 Decide qué dirección de la lista siguiente encaja mejor con tus necesidades y dispón los muebles consecuentemente.

Poner sillas sobre una alfombra ralentiza el flujo de chi a su alrededor, haciendo que el área sea un poco más serena, cómoda y acogedora.

Cualidades direccionales

• **Este.** Tiene ventajas si quieres sentirte activo, ambicioso y ocupado; es ideal para poner las ideas en práctica.

• **Sureste.** Favorece la comunicación y es beneficioso si quieres tener una buena conversación.

• **Sur.** Es útil para sentirse apasionado, expresivo y sociable; ideal para entretener a los amigos.

• **Suroeste.** Está asociado con las relaciones a largo plazo y es beneficioso para la armonía familiar.

• **Oeste.** Es ideal para el romance, el placer, y para sentirse más contento y sereno al atardecer.

• **Noroeste.** Es óptimo para cuidar de las necesidades familiares y tomar decisiones sabias.

• **Norte.** Es útil para sentirse más sereno, pacífico y tranquilo; ayuda a meditar.

• **Noreste.** Es beneficioso para la motivación, para tener un sentido de dirección y para ser más competitivo.

SENTARSE

> BENEFICIO. Sentirse estable y cómodo.

En general los muebles suaves ralentizan el chi, haciendo que todo el espacio sea más suave y cómodo. Y la forma del asiento define la postura que adquieres cuando te sientas. Cuanto más cerca del suelo estés, mayor será tu conexión con el chi de la tierra. Este chi terrenal tiende a ayudarte a sentirte seguro y estable, de modo que tumbarte en un gran cojín o saco relleno te acerca a él.

Además, cuanto más erguido estés, más vertical y yang será tu flujo de chi; cuanto más cerca estés de la posición tumbada, más yin y relajado te sentirás. En general, procura introducir varios tipos de asientos en la habitación, de modo que tengas la opción de adoptar distintas posturas en función de tus estados de ánimo. Cada postura cambia la forma de tu campo de chi externo, ayudándote a sentir y a pensar de manera diferente.

Otra consideración a tener en cuenta es si una silla te es favorable en términos de los cinco animales (véase página 34). Para esto necesitas que tenga un respaldo alto y apoyos para los brazos.

Sentarte cerca del suelo en una posición reclinada te ayuda a conectar con un chi más tranquilo, haciendo que te resulte fácil estar contento.

Lo que puedes hacer

1 Repasa tu salón y toma nota mentalmente de los diferentes tipos de asientos.

2 Mira si hay alguna manera de sentarte que te dé la opción de adoptar posturas que se adapten más a tu estado de ánimo. La mayoría de la gente ya tiene butacas y sofás, de modo que tienes que considerar otras maneras de sentarte, como en sillas con respaldo recto, en sacos rellenos o en grandes cojines sobre el suelo.

3 Resuelve cómo introducir otras maneras de sentarte de modo que mantengas una posición de fuerza en la habitación. Por ejemplo, es conveniente tener la espalda contra una pared y ver la puerta y las ventanas. Además, comprobar si miras en la dirección que te aporta más del chi que deseas.

LA HABITACIÓN DEL BEBÉ

BENEFICIO. Sueño saludable.

El bebé pasa una parte considerable del día durmiendo, y un sueño de calidad es esencial para crecer con salud. Por tanto, la principal función del cuarto del bebé es proporcionar el entorno ideal para dormir profundamente.

La ubicación de la cama de tu bebé dentro de la habitación afectará a sus hábitos de sueño, en particular la dirección hacia la que apunte la parte alta de su cabeza, puesto que determina el tipo de chi que el bebé absorbe más durante la noche. También tiene su influencia durante el día.

Lo que puedes hacer

Consulta las direcciones siguientes y elige la que creas que va a ser mejor para tu bebé.

- **Este.** Es ideal para crecer y ayuda al bebé al comienzo de su vida. Como la energía del este está más activa al comienzo del día, también ayuda a estar lúcido por la mañana.

- **Sureste.** Ayuda a dormir y también a tener un crecimiento y un desarrollo armoniosos; esta dirección tiende a estimular la imaginación y la creatividad del bebé.

- **Sur.** Podría causar dificultades para dormir; la ventaja es que ayuda a desarrollar el pensamiento rápido y el espíritu espontáneo.

- **Suroeste.** Una posición estable que anima a dormir bien; este chi fomenta una actitud cauta, práctica y cariñosa.

- **Oeste.** Combina los beneficios de un buen sueño con un ambiente alegre, juguetón y satisfecho.

- **Noroeste.** Se trata de un chi más serio y probablemente demasiado maduro para un bebé, aunque ayuda a dormir.

- **Norte.** Una dirección tranquila que puede ayudar al bebé que tenga dificultades para dormir; es mejor usar el norte temporalmente, pues este chi es demasiado aquietado para un niño que está creciendo.
- **Noreste.** Es demasiado duro y penetrante para dormir bien, e incluso podría hacer que tu bebé fuera más proclive a las pataletas; esta energía sólo será de ayuda si piensas que tu bebé podría estar más motivado y ser más competitivo.

Si tu bebé se gira cuando duerme, comprueba con la brújula en qué dirección apunta la parte alta de su cabeza para averiguar de qué chi necesita más.

LA HABITACIÓN DE LOS NIÑOS

BENEFICIO. Una infancia más natural.

El ambiente ideal en una habitación infantil es aquel que permite al niño dormir de un tirón toda la noche, pero también contiene un chi que le ayuda a crecer y a desarrollarse. Aparte de dormir, esta habitación también puede usarse para jugar, lo que introduce el reto de hacer que sea divertida durante el día y tranquila por la noche. No obstante, si tienes espacio suficiente, es mejor usar habitaciones separadas para dormir y para jugar.

Cuanto más natural sea el ambiente de la habitación de tus hijos, más fácil les resultará sentirse relajados, lo que puede ayudarles a dormir mejor y a tener un mejor comportamiento. Cabe el riesgo de que los materiales artificiales emitan humos y generen una carga de electricidad estática, pudiendo poner en peligro la salud del bebé.

Lo que puedes hacer

1 Procura hacer que tus hijos sean conscientes de los materiales de los que están hechos sus juguetes, y anímales a preferir los de metal, madera o tela sobre los de plástico.

2 Pon cualquier aparato eléctrico, como ordenadores, luces, cables o estufas a una distancia conveniente de las camas. Si es posible, sácalos totalmente de la habitación y ponlos en otra, pues tus hijos serán más sensibles a los campos electromagnéticos durante el sueño.

3 Comprueba los tejidos empleados en la habitación de tus hijos, como sus ropas, ropa de cama, cortinas, alfombras, alfombrillas y cojines. Si hay fibras sintéticas, reemplázalas por otras de algodón o lino. Cuanto más cerca esté algo de la piel de tu bebé, más influirá en su campo energético. Lo más importante es la ropa interior, los pijamas y las sábanas.

4 Si te falta espacio, en lugar de una cama podrías usar un futón, que puede enrollarse y guardarse durante el día a fin de crear más espacio para jugar.

5 Evita los muebles de madera barnizada o de derivados de madera, pues podrían generar gases tóxicos. Procura usar siempre madera maciza. Este tipo de madera conduce mucho mejor la energía.

6 Cultiva varias plantas sanas en la habitación.

Los materiales de la habitación de tu hijo deben ser tan naturales como sea posible para evitar la acumulación de humos tóxicos.

DEFUNCIÓN: CREAR UN ALTAR SAGRADO

BENEFICIO. Una mayor sensación de plenitud.

Cuando alguien cercano a ti muere, es natural experimentar sentimientos de pérdida, soledad, pena, miedo, depresión o enfado. Una manera de preservar la conexión espiritual con un ser querido que haya fallecido es construir un altar para él.

Esto te ayudará a sentir que tienes un lugar específico dedicado a esa persona. Puede ser un espacio especial en el que pienses en ese ser querido, un lugar en el que hablarle y revivir viejos recuerdos.

Lo que puedes hacer

1 Elige un lugar en la parte norte o noroeste de tu hogar o habitación. Debe ser un espacio donde puedas poner una pequeña mesa o estante.

2 Selecciona fotografías de tu ser querido que te recuerden los mejores momentos que pasasteis juntos. Podrías crear un guión visual de su paso por la Tierra, con imágenes de cuando era niño y de todos los sucesos importantes de su vida hasta el final de sus días. Esto puede ayudarte a ponerlo todo en perspectiva.

3 Coloca las fotografías sobre la mesa o el estante y añádele un cuenco de agua fresca, una planta o flores frescas, un pequeño cuenco con semillas de cereales crudas (por ejemplo, granos de arroz integral), una vela y un recipiente con sal marina. Cambia el agua cada día, y la sal y las semillas cada semana.

Pon cosas que te recuerden a tu ser querido sobre una mesa o estante para que este espacio se convierta en un altar donde puedas sentirte cerca de él.

4 Si estás creando este altar para alguien que murió hace muchos años, puedes visitar su tumba, traer una piedra que encuentres cerca y ponerla en el cuenco de agua.

5 Cuando sientas ganas, enciende una vela y arrodíllate o siéntate mirando al altar. Aquí puedes revivir los tiempos que pasasteis juntos y decir cualquier cosa que sientas que haya quedado pendiente.

EL FENG SHUI Y TU PROFESIÓN

LA OFICINA EN CASA

La oficina en casa se está convirtiendo en un elemento cada vez más importante de la vida moderna, pues cada vez más gente tiene la oportunidad y el deseo de trabajar desde casa. Actualmente muchas empresas ofrecen a sus empleados la opción de realizar parte del trabajo desde su hogar.

Esto es posible porque los ordenadores, el correo electrónico, internet, los teléfonos, faxes, copiadoras y escáneres hacen que hasta la oficina más pequeña pueda operar globalmente. El problema de la mayoría de estas oficinas hogareñas es que suelen ser demasiado pequeñas, y la persona que trabaja en ellas puede estar expuesta a fuertes campos electromagnéticos. No obstante, hay muchas maneras de mejorar ese espacio usando el feng shui. Las ideas siguientes representan lo esencial del proceso de crear una oficina en casa, y se abordan con gran detalle más adelante en esta sección.

Uno de los factores principales es encontrar el mejor lugar para sentarse. Es muy importante sumergirse en el mejor chi para poder rendir al máximo.

Tu puesto de trabajo define cómo interactúas con tu actividad laboral, e influye en cómo te sientes al realizarla. Como las maneras modernas de trabajar han cambiado tanto, hay una mayor necesidad de nuevos tipos de escritorios para que todo funcione con eficiencia.

La silla en la que te sientas es vital para tu comodidad y para la salud a largo plazo de tu espalda, hombros y cuello.

Los campos electromagnéticos procedentes de todos los equipos electrónicos que hay en una oficina moderna pueden reducir tu capacidad de pensar con claridad y de concentrarte; en situaciones extremas, podrían incluso contribuir a un problema de salud a largo plazo.

Lo ideal sería que cada vez que entraras a la oficina te sintieras inspirado, de modo que es importante contar con las imágenes adecuadas.

Cuando pases por periodos importantes de tu carrera profesional, puedes usar la astrología feng shui para intentar saber cuáles son los mejores momentos para hacer las cosas. Esto es útil si cuentas con un plan a cinco o diez años y puedes pensar anticipadamente. A corto plazo también puedes averiguar cuál será tu periodo ideal en los próximos nueve meses.

Según tu número del año, cada mes y cada año hay varias direcciones que te son favorables y pueden ayudarte a centrarte en ellas para encontrar nuevos trabajos.

Cuando trabajes con otra persona, sentaros en ángulo une vuestros campos externos de chi de una manera armoniosa.

UNA RAMPA DE LANZAMIENTO PARA TU CARRERA PROFESIONAL

BENEFICIO. Iniciar una nueva profesión o potenciar la que ya tienes.

Pasas una parte tan grande de tu vida adulta trabajando que es muy importante que hagas algo que te guste y en lo que creas. Cuando todo va bien, tu profesión puede ser una gran fuente de inspiración, e incluso podría darte más energía. Para ayudar a que ocurra esto, tu oficina en casa debería ser tu plataforma de lanzamiento para conseguir la profesión que verdaderamente deseas.

Para emprender con éxito una nueva profesión necesitas entusiasmo, confianza y creer que puedes conseguirlo. Estas cualidades se encuentran en el chi del este. Para tener un buen comienzo has de llevar más energía del este a tu campo energético. Este chi también te ayudará a potenciar y activar tu profesión actual, aunque no satisfaga completamente tus expectativas.

Lo que puedes hacer

1 Pon un cuenco con agua en la vertiente este de tu casa u oficina. Rellena el cuenco cada mañana para disponer de más energía fresca. El agua sustenta la energía madera del este e incrementa la presencia de esta energía matinal y primaveral. El efecto será más intenso si puedes situar el cuenco de agua de tal manera que le dé el sol matinal.

2 Cultiva plantas en la parte oriental de tu oficina para incrementar el chi del este; las plantas representan y aportan chi madera.

3 Trabaja mirando al este para poder llevar directamente esta energía a tu campo energético. Si esto no fuera posible, procurar mirar al sureste.

4 Para empezar un nuevo proyecto, despeja el espacio y ponte en acción. Deshazte de todo lo que ya no necesites y crea espacio para que ocurra algo nuevo. Es más difícil empezar algo cuando tienes poco espacio y aún estás rodeado de cosas utilizadas en otros proyectos.

Sentarse erguido en un lugar despejado ayuda a tener la mente clara, centrada y decidida.

EN QUÉ DIRECCIÓN SENTARSE

BENEFICIO. Absorber el chi para mejorar en tu carrera profesional.

La dirección hacia la que mires te aliena con un chi particular, y esto marca la diferencia en tu manera de trabajar en la oficina.

Lo que puedes hacer

Seguidamente presentamos una lista de cada dirección junto con sus beneficios potenciales, para que puedas elegir la que te sea más favorable. También puedes elegir la dirección en función del tipo de trabajo que haces, aunque ésta es una prioridad secundaria. La posición del escritorio con respecto a las puertas y ventanas tiene una influencia significativa en cómo te sientes en la oficina. La puerta también influye en la manera en que los demás te perciben, en caso de que tengas visitantes. Lo ideal es que la puerta esté delante de tu escritorio.

Beneficios de las direcciones

- **Este.** Promueve la actividad, la ambición y la confianza; es favorable para las actividades relacionadas con los ordenadores, emprender negocios y la tecnología de la información.

- **Sureste.** Fomenta la creatividad, la comunicación y la tenacidad; es favorable para actividades relacionadas con la comunicación, el *marketing,* la distribución, los viajes y la creatividad.

- **Sur.** Favorece el pensamiento rápido, la capacidad de hacerse notar y la expresividad; es conveniente para actividades relacionadas con las ventas, el *marketing* y los entretenimientos.

- **Suroeste.** Promueve la mejora de la calidad, la consolidación y el espíritu práctico. Favorable para las actividades relacionadas con los recursos humanos,

Las pantallas planas te dan más espacio porque puedes alejarlas de ti, reduciendo tu exposición a los campos electromagnéticos.

los edificios, los servicios al cliente y la creación de equipos.

- **Oeste.** Permite tomar conciencia de la economía, la capacidad de completar tareas y de estar contento; es favorable para las actividades relacionadas con las finanzas, las cuentas y las inversiones.

- **Noroeste.** Promueve la organización, las dotes de liderazgo y la responsabilidad; favorece las actividades relacionadas con la gestión, la administración y la planificación previa.

- **Norte.** Fomenta la objetividad, la calma y la flexibilidad; favorece las actividades relacionadas con el autodesarrollo, la educación y el flujo de dinero líquido.

- **Noreste.** Promueve el trabajo duro, la motivación y la actitud competitiva; favorece las actividades relacionadas con la competición, las compras, el comercio y los edificios.

EL ESCRITORIO DE TU OFICINA

BENEFICIO. Trabajo eficiente.

Cuando estás trabajando, la influencia más inmediata sobre ti es tu escritorio. No sólo define cómo trabajas, sino también cómo te sientes cuando lo haces, pues influye en tu chi, y por tanto en tu manera de pensar cuando estás en él. El material del que está hecho el escritorio, su forma, tamaño y tu manera de disponer los objetos sobre él ejercen cierta influencia en ti.

Lo que puedes hacer

• Las superficies de escritorio curvadas tienen una apariencia más natural y reducen el riesgo de generar el chi afilado y girante característico de las esquinas.

• Un gran escritorio con un espacio claro, amplio y abierto en el que trabajar te ayudará a realizar más trabajo sin estresarte. A la larga te ayudará a ser más ambicioso. En general, mantener el escritorio despejado y los espacios de almacenamiento bien organizados te ayudará a trabajar más eficazmente.

• La madera sólida es un material que favorece el flujo natural de chi. Los escritorios hechos de virutas o de polvo de madera compactado con adhesivos tienden a bloquear el flujo de chi, al igual que el plástico. Estos materiales suelen estar recubiertos con una fina capa de madera.

• Las maderas duras y oscuras (como la caoba) son más yang, y crean la apariencia de una oficina más formal y seria. Las maderas suaves más ligeras (como el pino) son más yin, y aportan un chi relajado y despreocupado a tu campo energético.

• Un escritorio con la parte superior de cristal acelera el chi que fluye por su superficie, haciendo que sea un lugar más espontáneo donde trabajar. No obstante, esta superficie más yang no es adecuada si deseas permanecer en el escritorio largos periodos de tiempo.

La superficie de cristal fomenta un flujo de chi más rápido, ayudándote a trabajar con rapidez. No es adecuado cuando tienes que ser paciente y cuidadoso.

LA SILLA DE LA OFICINA

> BENEFICIO. Buena postura.

Como es posible que pases mucho tiempo sentado en una silla frente al ordenador, es esencial que la silla esté diseñada para resultar cómoda durante largos periodos. Una de las causas del dolor de espalda, de cuello y de hombros es la postura que mantienes mientras estás sentado trabajando.

La base de la columna tiene que tener el ángulo correcto para que la parte superior del cuerpo esté equilibrada sobre las vértebras lumbares, de modo que

los músculos situados a lo largo de la columna (incluidos los del cuello) no tengan que compensar una mala postura. Si estos músculos se cansan y trabajan demasiado, cabe el riesgo de que empiecen a doler. Durante el proceso de corregir una mala postura los músculos acumulan ácido láctico, que a su vez produce rigidez. Si estos músculos siguen estando forzados regularmente, existe el riesgo de sufrir dolor y rigidez a largo plazo. Los músculos rígidos son más susceptibles a lesiones, y muchos dolores de espalda se deben a que algunos de estos músculos forzados sufren espasmos. Esto restringe mucho tu movilidad y puede producir un dolor agudo.

Para reducir estos riesgos, usa una silla en la que puedas inclinar el asiento. Ajustar el asiento permite conseguir el ángulo óptimo para las vértebras lumbares, de modo que tu espalda, hombros y cuello estén bien colocados sobre la base de la columna. Además, la altura de la silla tiene que ser ajustable. En la mayoría de las situaciones es conveniente tener una silla sobre ruedas que se pueda mover con facilidad.

Lo que puedes hacer

1 Equilibra la base de la silla para que esté nivelada.

2 Ajusta la altura de la silla para tener la planta de los pies situados sobre el suelo y poder apoyar cómodamente la parte inferior de los muslos en la silla.

3 Inclina el asiento lentamente hacia delante hasta sentir que la parte inferior de tu espalda está en una posición en la que ya no necesitas inclinarte hacia atrás.

4 Si fuera necesario, vuelve a ajustar la altura del asiento.

Procura usar una silla de oficina con la altura ajustable y con una base reclinable para poder mantener la postura ideal.

TRABAJAR CON ORDENADORES Y REDUCIR LOS CAMPOS ELECTROMAGNÉTICOS

BENEFICIO. Más concentración, claridad mental y salud a largo plazo.

Todas las cosas que transportan o hacen uso de la electricidad producen un campo electromagnético. Esto es particularmente preocupante en tu oficina, puesto que buena parte de los equipos usan electricidad. Algunas investigaciones indican que la exposición a los campos electromagnéticos puede ser nociva para la salud y que los riesgos van progresivamente en aumento desde el dolor de cabeza hasta el cáncer. Los campos electromagnéticos distorsionan el campo magnético natural de la tierra, y por tanto son indeseables para el feng shui. Desde una perspectiva feng shui, estar expuesto a campos electromagnéticos en la

oficina hará que te sea más difícil concentrarte, pensar con claridad y conservar el entusiasmo.

La mejor manera de reducir tu exposición a ellos es mantenerte tan alejado de su fuente como sea posible. Generalmente, cuanto más cerca esté un componente eléctrico, más alto sea su voltaje y más electricidad consuma, más expuesto estarás a su campo electromagnético.

Lo que puedes hacer

1 Toma nota de todos los objetos eléctricos que te rodean. Comprueba a qué distancia estás de ellos cuando te sientas en tu escritorio.

2 Desenchufa cualquier aparato que no uses con frecuencia, porque de esta manera el transformador estará desactivado y no emitirá un campo electromagnético.

3 Mueve los equipos eléctricos para que estén tan lejos como sea posible de tu silla. Procura ordenar la oficina de manera que estés al menos a un metro de distancia de cualquier aparato eléctrico.

Poner una planta sobre tu escritorio puede reducir el campo electromagnético del ordenador y hacer que esa zona te parezca más viva.

4 La unidad central de procesamiento (CPU) de tu ordenador puede emitir campos electromagnéticos más potentes que el teclado, y por tanto deberías mantenerla más lejos de ti. Lo ideal es usar una pantalla plana, porque puedes alejarla más y emite menos radiación.

5 Si tienes un ordenador portátil, mantén el transformador lo más alejado que puedas.

6 Cuando sea posible, cultiva un lirio de la paz, un planta araña o un cactus sudamericano cerca del ordenador, porque ayudan a contrarrestar algunos efectos de los campos electromagnéticos (véase página 142-143).

CREA UN LUGAR QUE TE INSPIRE

BENEFICIO. Mayor estímulo mental.

La calidad de tu trabajo depende de cómo te sientas en tu oficina. Por tanto, es conveniente llenarla de imágenes que te inspiren y te ayuden a trabajar mejor. Puedes conseguirlo con recordatorios de las cosas que has hecho bien en el pasado, con imágenes de las cosas a las que aspiras o simplemente usando objetos que te hagan sentirte bien.

Lo que puedes hacer

1 Reúne todas las imágenes y objetos que podrías poner en tu oficina. Pueden ser grabados, cuadros, modelos, juguetes, certificados, premios, esculturas o fotografías.

2 Separa los que más te inspiren. Por ejemplo, si siempre has deseado visitar la Toscana, podrías elegir una imagen de un pueblo italiano; si siempre has soñado con tener un Jaguar clase E, podrías tener un modelo de este coche clásico; y también podrías tener un dibujo de tu hogar ideal.

3 Junta en una pila los objetos que te hacen sentirte orgulloso de ti mismo. Puedes incluir premios, recordatorios de trabajos que sabes que has hecho bien, o algo que te recuerde una ocasión en la que te sentiste muy bien contigo mismo.

4 Por último, junta las cosas que te garantizan una sensación más positiva. Puede ser cualquier objeto, desde cuadros y fotografías de las personas que amas hasta esculturas, juguetes o relojes.

5 Selecciona los artículos de estos tres grupos que irán a tu oficina. Si es posible, pon los objetos que te inspiran en el este, sureste o sur; los re-

cordatorios del pasado en el oeste, noroeste o norte, y los objetos que te hacen sentirte positivo en las partes suroeste, oeste, norte o noreste de tu oficina. Estas ubicaciones marcarán una sutil diferencia.

Usa las paredes para poner imágenes que te inspiren y te ayuden a avanzar.

CAMBIOS IMPORTANTES EN TU PROFESIÓN

BENEFICIO. Ser más eficaz.

Puedes utilizar tus ciclos naturales para descubrir el momento en que las fuerzas de la naturaleza te faciliten la consecución de tus objetivos profesionales. Usa la información siguiente para hacer que esto ocurra. Consulta también las páginas 42, 44 y 53 para reunir la información que necesitas.

Lo que puedes hacer

Para emprender una nueva carrera profesional

• **Este.** Representa la confianza, el entusiasmo y la ambición; te ayuda a tener un buen comienzo y a establecerte con rapidez.

• **Sureste.** Representa una fase positiva en la que integrar algo nuevo que puede contribuir a tu prosperidad futura.

• **Sur.** Te ayuda a causar buena impresión y a hacerte notar; en esta fase te resultará fácil promocionarte y conseguir ofertas de trabajo.

• **Oeste.** Simboliza la conciencia de la economía; tal vez descubras que puedes llegar a acuerdos lucrativos.

• **Noroeste.** Representa la dignidad, la responsabilidad y la autoridad; es ideal si tienes la intención de conseguir un puesto directivo.

• **Noreste.** Simboliza la competitividad y la motivación; una fase que podría hacer que tu profesión fuera más estresante y tendente al conflicto.

Para pedir un aumento

- **Este y sureste.** Representan fases positivas en las que encontrar otro trabajo y sentirte más confiado ante otras posibilidades en ese campo.
- **Oeste.** Incrementa tus ingresos, pues este chi está asociado con la época de la cosecha y con llevar el dinero hacia dentro.
- **Noroeste.** Ofrece dignidad y sabiduría para negociar mejoras salariales.

Para buscar una promoción

- **Sureste.** Una dirección generalmente positiva en la que resulta más fácil realizar una transición armoniosa a un puesto de mayor categoría.
- **Sur.** Representa una ocasión para promocionarte, desarrollar tu reputación y atraer atención.
- **Noroeste.** Está asociado con el liderazgo y con un momento en el que es más fácil ganarse el respeto y presentarse como alguien capaz de asumir más responsabilidades.
- **Noreste.** Representa la oportunidad de localizar una oportunidad y aprovecharla rápidamente.

Para emprender un negocio

- **Este.** Es ideal para emprender un nuevo negocio y tener un excelente comienzo; la fase siguiente (sureste) también es positiva para el crecimiento, la comercialización y el desarrollo del negocio, dándote dos años para establecerte.
- **Oeste.** Se centra en el resultado final y en orientar el negocio de manera que se maximicen los beneficios; le siguen el noreste y el sur, que te ayudan a ser competitivo y a darte a conocer al público respectivamente, con un plazo de tres años para establecerte.

LA MEJOR DIRECCIÓN PARA TU PROFESIÓN Y NEGOCIO

BENEFICIO. Encontrar trabajo y nuevos clientes.

Cada año hay ciertas direcciones que te son más favorables, dependiendo de tu número anual (véanse páginas 42, 44 y 58). En cualquier año, las direcciones más favorables te facilitan el éxito si tienes que hacer algo en esa dirección. Por ejemplo, si estás buscando un nuevo trabajo, si quieres encontrar nuevos clientes o establecer un nuevo negocio, sería acertado averiguar qué direcciones te ayudan y enfocar tus esfuerzos hacia ellas. En teoría, serás capaz de hacer más con menos esfuerzo al aprovechar el impulso natural del chi positivo.

Lo que puedes hacer

1 A partir de los cuadros de las páginas 42, 44 y 58 averigua qué direcciones son óptimas para ti.

2 Consigue un mapa de tu casa y la zona que la rodea para aplicarlo a tu negocio o profesión. Lo ideal sería que tuviera una sola página, aunque también puede ser un mapa plegable.

3 Dibuja las ocho direcciones sobre el mapa, situando el centro de la transparencia en tu casa (véanse páginas 112-115).

4 Consulta qué direcciones te son favorables durante este año para ver si hay áreas potenciales en las que encontrar nueva profesión o clientes.

Si eliges la dirección hacia la que miras mientras trabajas puedes cargarte con el mejor chi para desempeñar la labor que realizas.

5 También puedes consultar el año siguiente, de este modo siempre estarás preparado y mirando hacia el futuro. Procura marcar las direcciones favorables de distintos años con notas adhesivas de distintos colores para evitar confusiones.

6 Si quieres enfocar tu energía de manera más precisa, averigua qué meses tienen direcciones favorables que coincidan con las del año; después mira si puedes elegir esas épocas para iniciar un nuevo negocio o proyecto.

EL FENG SHUI Y LA NATURALEZA

TU CONEXIÓN CON LA NATURALEZA

Vivas donde vivas, incluso en la casa que tenga el mejor feng shui, siempre tendrás que hacer algunas concesiones, pues el entorno interno necesariamente tendrá algo de artificial. Puedes controlar el chi del interior de tu casa con cierta facilidad, pero perderás inevitablemente parte de la vitalidad que ofrece la naturaleza.

Resulta más fácil llevar el chi natural a tu hogar si vives en el campo o tienes jardín. Esta sección examina cómo sacar el máximo partido al chi que rodea tu casa y conseguir una mejor conexión con la naturaleza, de modo que algo del chi de las plantas, de los árboles y de la vida silvestre que te rodea alimente tu cam-

po energético. He aquí algunos de los elementos clave para establecer una conexión más intensa con la naturaleza.

- Las plantas, las flores, la madera, la luz solar y el aire fresco llenan tu hogar de chi procedente del exterior.
- Las jardineras que se colocan en el exterior de las ventanas generan un fuerte chi natural en el entorno, ayudando a que esta energía entre en tu casa.
- Los balcones ofrecen una excelente oportunidad de generar chi viviente cerca de tu hogar si vives en una zona residencial.
- Los jardines te permiten acercar la naturaleza a tu casa, al tiempo que mantienes cierta influencia sobre el tipo de chi que dejas entrar en ella.
- Las fuentes y elementos acuáticos para exteriores generan un saludable chi agua cerca de tu campo energético, haciendo que te sea más fácil incrementar tu vitalidad.
- Los senderos te ayudan a definir el flujo de chi que atraviesa un jardín; puedes diseñarlos de manera que la energía circule y entre en tu hogar.
- Las esculturas y obras de arte potencian las imágenes de tu jardín y establecen un escenario en el que puedes inspirarte y sentirte elevado.
- Los árboles y las plantas que elijas poner alrededor de tu casa definen cómo se combina el chi del cielo con el de la tierra. Esto tiene un efecto importante en tu propio chi, y por tanto una intensa influencia en tus estados de ánimo.
- Aun estando tú dentro de casa, un invernadero te acerca a la naturaleza. En los climas que no permiten salir al jardín durante todo el año, el invernadero es un añadido interesante.

La naturaleza que rodea tu casa entrará a través de las puertas, de las ventanas y en menor medida de las paredes, influyendo en el chi interno.

CONECTAR CON LA FUENTE DE VITALIDAD

BENEFICIO. Recarga el chi.

Tu chi depende del exterior para reabastecerse, revitalizarse y recargarse. Necesitamos este contacto con las fuerzas externas para sentirnos vivos y estimulados, y resulta conveniente encontrar la manera de activar y mantener este proceso.

La solución más evidente es pasar tiempo al aire libre en áreas donde sientas que la naturaleza está viva y vibrante. Una vez allí, puedes encontrar la manera de absorber el chi natural que te rodea.

Lo que puedes hacer

1 Busca oportunidades de salir a entornos naturales. Puede tratarse de un parque, de un campo, de un enclave donde preparar comidas campestres o de una pequeña extensión de hierba con unos pocos árboles.

2 Cuando hayas encontrado ese lugar natural, hay ciertas actividades que te ayudarán a absorber más del chi que te rodea. Disfrutar de una comida campestre te permite incorporar chi por medio del alimento, y al mismo tiempo puedes asimilar parte del chi circundante.

3 Sentir el aire fresco y el sol sobre la piel desnuda te permite incorporar más chi natural. Esto puede resultar profundamente relajante y es la manera más eficaz de absorber parte del chi del centro de nuestro sistema solar, el sol. Debido a los daños sufridos por la capa de ozono, ten mucho cuidado a la hora de exponerte directamente a los rayos del sol. Si tienes la piel sensible, las mañanas y las tardes son los periodos más seguros.

4 Relajarte y pensar en los temas profundos de tu vida te ayuda a empaparte del chi circundante, mientras que hablar y estar activo proyecta tu chi hacia fuera.

Pasar tiempo al aire libre te conecta directamente con el chi natural. Procura encontrar tiempo para rodearte de esta energía revitalizante.

TRAE LA NATURALEZA AL INTERIOR DE TU HOGAR

BENEFICIO. Disponer de más chi natural en tu casa.

Para incrementar el chi natural en tu hogar —y por tanto tu exposición al chi natural mientras estás en casa— tienes que encontrar el modo de incluir más elementos que contengan y emitan chi, además de incrementar tu exposición a las fuerzas externas.

En realidad, esto significa poner más plantas y flores naturales en casa, y abrirla al aire fresco y a los rayos del sol. Un añadido más sutil sería usar muebles y elementos de madera, que aún contienen algo de chi viviente.

Lo que puedes hacer

1 Cultiva en tu casa tantas plantas sanas como puedas. Procura tener mucha variedad y crear pequeños jardines mezclando diversas plantas en un mismo tiesto grande. Si eres aventurero, es posible que puedas crear un pequeño jardín interno de rocas en algún rincón de tu casa. Recuerda que puedes cultivar plantas en tiestos y también usar plantas colgantes y trepadoras para sacar el máximo partido al espacio disponible.

2 Abre las ventanas regularmente para dejar que entre el aire fresco. Hazlo mientras limpias para renovar el chi.

3 Permite que la luz solar entre en tu hogar. Es más fácil dejarla entrar por las ventajas que miran hacia el este o el oeste, pues en esas direcciones el sol está más bajo y penetrará directamente en tu hogar.

4 Cuando sea posible, usa madera para incorporar su chi viviente a través de los suelos y de los muebles. Si tienes que proteger la madera, usa cera natural en lugar de laca o barniz, que tienden a cerrar sus poros e impedir que el chi fluya con facilidad.

Prueba a cultivar plantas en el suelo, sobre los muebles o colgadas en cestas, y usa también las trepadoras para llenar tu casa de chi viviente.

JARDINERAS PARA VENTANAS

BENEFICIO. Aportan chi natural a tu hogar.

Las jardineras son un medio excelente de acercar un chi natural y colorista a tu hogar. Las jardineras situadas en las ventanas son muy útiles, porque potencian el chi que entra en tu casa a través de ellas. Son un refuerzo muy importante si vives en un edificio de apartamentos en la ciudad, donde estás bastante alejado de la naturaleza.

Puedes elegir los colores de las flores en función del tipo de chi que desees incrementar y de la dirección hacia la que esté orientada la fachada principal de tu casa. Los colores fuertes aportan más chi yang estimulante, mientras que los colores pálidos generan un chi más yin y pacífico.

Si es posible, elige especies que den flores la mayor parte del año. Además, considera la posibilidad de cultivar hierbas aromáticas en tus jardineras, porque emitirán fragancias y serán una saludable fuente de nutrientes cuando cocines.

Lo que puedes hacer

Calculándola desde el centro de tu casa, determina en qué dirección quieres instalar la jardinera de ventana para decidir qué material usarás. Coloca la transparencia de las ocho direcciones sobre el plano de la casa (véanse páginas 112-115) y alinéala con el norte para poder determinar en qué dirección está esa ventana.

Las flores rosas, rojas y blancas aportan más chi occidental a este hogar a través de sus ventanas, ayudando a las personas que viven dentro a estar más contentas.

- Es mejor poner las jardineras metálicas en el suroeste, noreste, oeste, noroeste o norte.
- Conviene poner las jardineras de madera al norte, este, sureste o sur.
- Las jardineras de arcilla van mejor en el sur, suroeste, noreste, oeste o noroeste.
- Evita usar jardineras de plástico en las ventanas porque pueden alterar el flujo de energía.

BALCONES

BENEFICIO. Aportan chi fresco y viviente.

La principal ventaja de los balcones es que desde ellos se suelen tener buenas vistas y mucha exposición al sol. Resulta muy útil conectar con este chi abierto, que puedes potenciar todavía más creando un pequeño jardín en tu balcón. Esto coloreará el chi que entre en tu casa, produciendo una sensación diferente.

Una ventaja de crear un jardín en el balcón es que en verano tendrás mucho follaje que dará una sombra natural, mientras que en invierno las hojas caerán dejando pasar la luz solar invernal.

Además, si pasas tiempo en tu balcón estarás expuesto a ese chi abierto que se mueve libremente. Esto debería resultarte inspirador, estimular tu imaginación y ayudarte a pensar libremente. Lo mismo ocurre si tienes un jardín en la azotea.

Lo que puedes hacer

1 Decide de qué tipo de chi necesitas más y después planea qué cultivarás en el balcón para llevar más de ese chi a tu hogar. Por ejemplo, si quieres más estimulación yang, usa plantas con flores de colores, o con hojas puntiagudas, dentro de tiestos atractivos. Si deseas una sensación más yin, suave y calmada, pon plantas con hojas flexibles, enrejados y trepadoras.

2 Recuerda que los balcones de madera generan un chi más suave y yin en comparación con los que tienen los suelos de piedra u hormigón. Asimismo, los muebles de madera serán más yin que las sillas y mesas metálicas.

3 Puedes añadir un punto de interés poniendo un detalle de agua o un baño para pájaros en el balcón. Si tu balcón está orientado hacia el este o sureste, el detalle de agua estará situado en el lugar óptimo.

Pasar tiempo en este balcón te permitiría acercarte al chi de las flores.

JARDINES

> BENEFICIO. Rodean tu hogar de chi vibrante.

Creando el jardín de tus sueños puedes rodear tu hogar de un chi que te ayude a sentirte simultáneamente inspirado y tranquilo; además, al salir al jardín podrás sumergirte en él.

Si el jardín es suficientemente grande, puedes idear distintos ambientes para sumergirte en diversos chi en función de tu estado de ánimo. Por ejemplo, los espacios abiertos animan al chi a moverse rápidamente, mientras que los pequeños espacios cerrados contienen mejor el chi.

Lo que puedes hacer

1 Comprueba si hay alguna zona que se preste de manera natural a ser un entorno más abierto. Éste sería el espacio ideal para plantar hierba. Considéralo un espacio de movimiento libre donde el chi será más dinámico.

2 Busca un lugar en tu jardín donde puedas crear un espacio más cerrado con vegetación, árboles y arbustos. Aquí el chi estará más contenido, haciendo que sea más fácil relajarse y tranquilizarse. Éste sería un buen lugar para poner un banco.

3 Piensa en crear una zona donde el chi se eleve intensamente. Aquí tienes que plantar árboles, bambúes, hierbas altas o cualquier planta que crezca con fuerza.

4 Considera la posibilidad de crear un jardín de rocas donde puedas fomentar un chi claro y afilado, que te haga sentirte despejado y decidido.

5 Recuerda que los arbustos, las plantas tropicales de grandes hojas y los senderos ayudan a mover el chi horizontalmente, facilitando la sociabilidad y la conexión con otras personas.

6 Date cuenta de que un jardín rectangular, con un césped central y lechos de flores por los bordes tendrá un diseño claro y será accesible, produciendo un flujo de chi más yang. Cuanto más intrincado sea tu jardín, con senderos tortuosos, nidos de amor escondidos y lechos de flores curvados, más yin será su flujo de chi.

Los escalones de piedra dura dan un contraste yang al follaje yin de este jardín.

FUENTES Y DETALLES ACUÁTICOS

BENEFICIO. Incrementan la vitalidad y la frescura.

El agua que forma parte de tu paisaje local tiene un efecto sobre el chi de tu hogar. Cuando las condiciones son favorables, el agua es capaz de potenciar la vitalidad. Una fuente o elemento de agua aporta más movimiento a tu jardín, generando una energía más activa. Si bien el chi metal representa el dinero, el chi del agua que fluye está asociado con el movimiento del dinero.

Lo que puedes hacer

- El agua siempre debe estar limpia, fresca y libre de contaminación. El agua estancada genera más chi estancado, que, si está suficientemente cerca de ti, podría hacer que se estancase tu propio chi.

- El agua en movimiento crea un chi más yang que el agua aquietada. Por ejemplo, una cascada tiene una influencia más yang que un estanque. Pero el movimiento descendente de la cascada tiene un efecto más terrenal, a diferencia del chi elevador de un manantial burbujeante.

- El agua que fluye rápidamente y en línea recta tiene una influencia más yang que el agua lenta que dibuja meandros y curvas suaves. Los estanques y las ciénagas tienen la máxima influencia yin, pero aquí es importante que haya una variedad de especies silvestres para evitar el estancamiento.

- La dirección en la que se halla el agua desde el centro de tu hogar también tiene su influencia. Lo mejor es tener el agua localizada en el este o sureste, donde ayudará a incrementar el chi madera de esas direcciones.

- El agua que fluye hacia la entrada principal lleva más chi a tu casa, mientras que el agua que sale de la entrada reduce el chi de tu hogar. Incluso podría producir la sensación de que el dinero se te está escapando.

El agua en movimiento agita el chi, creando un entorno más dinámico. Las cascadas también oxigenan el agua, dándole vitalidad.

SENDEROS Y ESCULTURAS

BENEFICIO. Alteran el flujo de chi.

Los senderos afectan a la apariencia de tu jardín y a la experiencia de usarlo. Cuando elijas el material para tu sendero, piensa en la sensación que te producirá caminar sobre cada superficie. Tener varios tipos de superficie hará que tu jardín resulte más interesante. Un sendero con una superficie dura y plana (como piedras de pavimento) anima al chi a moverse con rapidez. Un sendero rectilíneo mueve el chi todavía más rápido.

Cuando planifiques el jardín, usa estatuas para resaltar ciertas áreas. Por ejemplo, una estatua en medio de un círculo llama la atención hacia esa zona. La estatua también puede completar un paisaje: una estatua situada al final de un camino determina hacia dónde conduce el sendero. Y a veces puedes usarla para producir una sorpresa: podrías ocultarla parcialmente entre las plantas, o podría verse repentinamente al doblar una esquina.

El uso imaginativo de materiales en este jardín hace que su diseño sea mucho más interesante.

El efecto de diferentes materiales sobre el chi

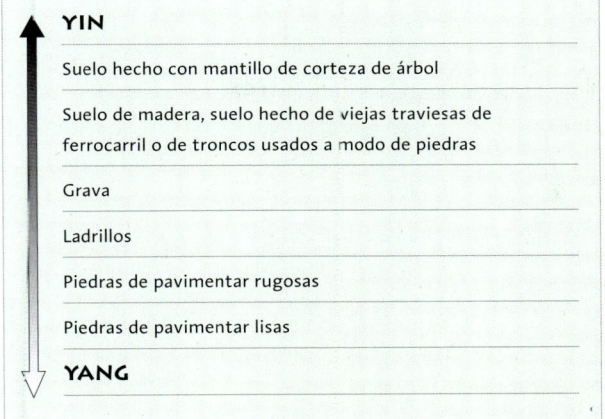

YIN

Suelo hecho con mantillo de corteza de árbol

Suelo de madera, suelo hecho de viejas traviesas de ferrocarril o de troncos usados a modo de piedras

Grava

Ladrillos

Piedras de pavimentar rugosas

Piedras de pavimentar lisas

YANG

Lo que puedes hacer

• Para incrementar las relaciones románticas de tu vida pon una estatua romántica sobre una base metálica redonda rodeada de flores rojas y sitúala al oeste.

• Para fortalecer la energía chi asociada con tu profesión pon una estatua alta de madera rodeada de plantas verdes en el este.

• Para potenciar el chi que produce más armonía familiar instala una estatua baja de arcilla o yeso rodeada de color amarillo en el suroeste.

• Para tener más paz y tranquilidad lo ideal es poner una estatua de cristal de formas curvas en el norte.

• Para incrementar el chi fuego asociado con la fama, el reconocimiento público y la pasión pon una estatua con forma de estrella o piramidal en el sur, con flores púrpura a su alrededor.

ÁRBOLES Y PLANTAS

BENEFICIO. Introducen más chi viviente.

Los árboles y las plantas ayudan a definir el ambiente de tu jardín. En general, un jardín delantero convenientemente abastecido de una variedad de plantas aporta un saludable equilibrio de chi. Puedes ajustar la cantidad y el tipo de plantas para satisfacer tus necesidades personales. La principal consideración es cómo quieres sentirte en tu jardín. Las ideas siguientes te ayudarán a diseñarlo.

Lo que puedes hacer

- Una arboleda crea un espacio donde el chi fluye verticalmente. Es un buen lugar cuando quieras centrarte en ti mismo y sentirte más independiente.
- Un jardín abierto con una gran extensión de césped permite que el chi se mueva fácilmente alrededor y dentro de tu casa. Es ideal si te quieres sentir más extravertido, sociable y activo. También podría ayudarte a desarrollar ideas más expansivas, a tener la mente más abierta y a ampliar tu visión.
- Un trazado más complejo —donde un laberinto obligue al chi a moverse por una ruta más tortuosa en torno a lechos de flores, arbustos, árboles y plantas curvadas— genera un ambiente más imaginativo donde sentirse más creativo, artístico y reflexivo. Es ideal para fomentar ideas nuevas y originales, sentirte más inspirado y retirarte a tu propio mundo.
- Las plantas con hojas acabadas en punta, como las yucas y palmeras, crean un ambiente más excitante, mientras que las plantas con grandes hojas flexibles

Los árboles cambian el chi de un plano superior, influyendo en la energía que tienes por encima de la cabeza. Si te sientas debajo de un árbol te sentirás diferente a medida que su chi entre por tu chakra coronario.

generan una sensación más calmada. Puedes seleccionar las plantas en función de cómo quieras sentirte en tu jardín.

- Si quieres más intimidad o si vives cerca de una carretera con mucha circulación, es conveniente poner un seto que ralentice el chi y cree una barrera para el chi rápido.

INVERNADEROS

BENEFICIO. Sentirse más cerca de la naturaleza.

Los invernaderos ofrecen un ambiente único, porque forman parte al mismo tiempo de tu casa y de tu jardín. El invernadero tiene un chi muy natural que te permite sentir una fuerte conexión con la naturaleza mientras estás protegido de los elementos. Siempre que sea posible, usa materiales naturales y deja abundante espacio para las plantas. Éstas son algunas ideas que debes considerar cuando planifiques un invernadero.

Lo que puedes hacer

1 Procura captar toda la luz solar que puedas y oriéntalo hacia una dirección soleada. Si le dan los rayos del sol la mayor parte del día, podrás usarlo durante más tiempo. No obstante, en el interior de los invernaderos puede hacer mucho calor, de modo que conviene usar plantas trepadoras o un árbol para que dé sombra en verano. Incorpora además un sistema de persianas internas.

2 Los materiales que uses influirán en el ambiente del invernadero. Si está orientado hacia el este, el sureste o el sur, usa la madera siempre que puedas, mientras que es más conveniente usar metal y piedra si el invernadero mira hacia el suroeste o el oeste.

3 Cuando añades un invernadero a tu casa, cambias la forma del plano. La forma ideal del plano de una casa es la que se acerca todo lo posible al cuadrado, de manera que las cuatro direcciones estén bien representadas. El plano de algunos hogares tiene unas proporciones tales que sólo están representadas algunas de las ocho direcciones, mientras que otras están totalmente ausentes. Esto es típico de las casas estrechas y de las que tienen forma de L. En estos casos conviene añadir un invernadero que equilibre esas formas; procura añadirlo de manera que no empeore las cosas.

Para que tu invernadero funcione, usa materiales naturales y llénalo de abundantes plantas que te permitan absorber en él el chi natural.

EL FENG SHUI
Y TU VIDA ESPIRITUAL

NUTRE TU SER ESPIRITUAL

Si tu hogar tiene la energía apropiada, puede ayudarte a entrar en contacto con el chi espiritual más profundo que circula por tus chakras. Al mismo tiempo, al acceder a tu chi más profundo y proyectarlo hacia tu hogar, puedes llenarlo del tipo de energía que te ayude a sentirte espiritual cada vez que regresas a él.

La meditación y la oración llenan naturalmente tu hogar de este chi espiritual. Este proceso se activará todavía más si haces algo que incluya el movimiento y use más espacio dentro de tu hogar. Por eso los ejercicios espirituales, como el chi kung (véase página 366), pueden ser eficaces.

Esta sección busca maneras de crear un entorno más espiritual en tu hogar.

• Empieza creando un espacio que te permita acceder más fácilmente a tu chi espiritual. Este chi debe ser ligeramente disperso, lento y fluir libremente, y ha de tener un componente vertical.

• Un método para producir el estado de ánimo adecuado es crear tu templo feng shui donde conectar con tu espiritualidad.

• Busca maneras de recargar tu chi interno, facilitando que suba hacia la superficie.

• Encuentra maneras de irradiar este chi espiritual hacia el espacio que te rodea, explorando técnicas de respiración y meditación y usándolas para proyectar tu chi.

• Usa los ejercicios de chi kung para liberar tu chi y permitirle que encuentre su flujo y reflujo natural dentro de tu campo energético. Deja que este chi fluya externamente hacia la habitación, ayudando a liberar la energía que te rodea.

• Emplea técnicas de limpiar el espacio para dispersar, refrescar y renovar el chi de tu hogar, lo que te permitirá rellenarlo con tu propia energía

La sal tiende a absorber el chi, por lo que es ideal para liberarse del viejo y dejar que entre el nuevo.

espiritual. Puedes usar sonidos que se extiendan por tu hogar y hagan vibrar el chi, llevando movimiento a viejas energías que se pueden haber quedado atascadas.

- Proyecta conscientemente pensamientos positivos hacia tu hogar que contribuyan a crear una atmósfera más feliz.

CREA UN ESPACIO SAGRADO DONDE DESPLEGAR TU SER ESPIRITUAL

BENEFICIO. Hace que te resulte más fácil sentirte espiritual.

Tu chi espiritual llena tu cuerpo y se expande hasta colmar el campo energético que te rodea. Este chi externo interactúa con el chi del espacio donde piensas, haciendo que el ambiente que te rodea facilite o dificulte las energías espirituales. He aquí algunas ideas que debes considerar cuando intentas crear un espacio donde desplegar tu espiritualidad.

Lo que puedes hacer

1 Para sentirte espiritual y permitir que tu mente se expanda plenamente hacia las posibilidades que se abren ante ti, necesitas espacio alrededor de tu cabeza. Si la habitación es demasiado pequeña, o está llena de muebles o desordenada, tu chi mental se verá limitado cuando intente obtener nuevas inspiraciones espirituales antes de ser contaminado por otras fuerzas.

2 Recuerda que el chi que te rodea debe ser limpio, y has de evitar estar dentro de un chi estancado que sofoque tu espiritualidad. Si el chi está cansado y ha estado atascado en el mismo lugar, te resultará difícil tener la pureza necesaria para sentirte espiritual.

3 Ten presente que cualquier espacio expuesto al aire fresco y al sol dispondrá naturalmente de un chi fresco y renovado. En él te resultará más fácil acceder a tu energía espiritual.

4 No olvides que la manera más rápida y drástica de limpiar el chi de un espacio es hacer una limpieza general completa. Este proceso también lim-

piará tu chi, permitiéndote acceder al sentimiento de pureza.

5 Cuando realices la limpieza general, procura deshacerte de las cosas inservibles. Un exceso de objetos restringe el movimiento del chi, haciendo que resulte más difícil mantenerlo fresco. Un espacio más abierto permite dispersar el chi y evitar la congestión.

Deja que entre chi fresco a tu casa cada día y deja salir parte de tu viejo chi. Esto puede ayudarte a sentirte ligeramente vacío, con lo que será más fácil conectar con tu lado espiritual.

6 Usa plantas altas para crear un flujo de chi más vertical que te ayude a conectar más fácilmente con los cielos.

CREA TU TEMPLO FENG SHUI PERSONAL

BENEFICIO. Te permite acceder a tu espiritualidad.

Puedes dedicar un espacio especial de tu hogar a tu templo feng shui personal. Será un lugar al que podrás acudir cuando quieras concentrarte en ti mismo y plantearte preguntas sobre tu vida y en qué dirección quieres enfocarla. También puede ser un sitio al que acudas para sentir paz y tranquilidad, y para conseguir crear un espacio entre tú y tu vida cotidiana que te permita ser más objetivo.

Lo que puedes hacer

1 Encuentra una habitación en tu hogar, o un espacio dentro de la habitación, que puedas dedicar a ti mismo. Orienta ese espacio de modo que al contemplar la mesa en la que has creado tu templo mires hacia el norte para tener más acceso a la espiritualidad, o al noroeste para buscar la sabiduría.

2 Lleva a ese espacio las cosas que sean muy importantes para ti y que, en tu opinión, definan quién eres y, lo que es más importante, quién quieres ser.

3 Pon esos objetos sobre la mesa para poder sentir en qué punto estás de tu viaje existencial hasta este momento. Puedes incluir cuadros, juguetes, certificados, fotografías de tus antepasados, viejos diarios, así como tus libros, DVD y CD favoritos.

4 Pon también sobre la mesa cualquier concepto que hayas elaborado con respecto a los cambios que quieres introducir en tu vida o a los objetivos que quieres conseguir.

5 Pon una vela, un cuenco de agua fresca o un platito con sal marina sobre la mesa. Cuando quieras pensar libremente sobre tu vida, enciende la vela y mírala fijamente mientras intentas vaciar tu mente. Deja que el chi de tu templo feng shui fluya hacia tu campo energético para que puedan entrar en tu mente nuevos pensamientos inconscientes.

Reúne objetos e imágenes que signifiquen mucho para ti a fin de crear tu templo personal y úsalo para recargarte.

CAMBIA TU CHI INTERNAMENTE

BENEFICIO. Libera el espíritu dentro de ti.

En este ejercicio aprendes a desplazar el chi con tu mente. El principio empleado es que concentrando tu mente en las distintas partes de tu cuerpo y usando imágenes positivas puedes enviar un chi favorable a esas células.

Lo que puedes hacer

1 Encuentra un espacio donde estés cómodo y que creas que tiene un buen chi natural, porque incorporarás más energía durante y al final de este ejercicio. Ponte ropa suelta de algodón.

2 Empieza por tumbarte cómodamente sobre la espalda. Si es necesario, ponte cojines o toallas enrolladas debajo del cuello, de la parte baja de la espalda y de las rodillas para sentirte cómodo. Comienza respirando lenta y profundamente hacia el abdomen.

3 Imagina que estás respirando chi hacia el abdomen. Desplázate por tu cuerpo con la mente, planteándote preguntas en cada lugar para llegar a conocer realmente tu cuerpo. Es importante averiguar si está tenso o relajado, energetizado o cansado, caliente o frío, duro o blando, pesado o ligero. Cuanto más puedas sentir y mantener tu atención en un lugar particular, más fuerte será la recarga de chi en esas células.

4 Crea un par de manos imaginario que pueda entrar en tu cuerpo para masajearlo, aliviarlo y mover el chi. Puedes inventarte un color que te haga sentirte muy bien. Por ejemplo, prueba con un color dorado, anaranjado o amarillo. A medida que recorres el cuerpo con la mente, satura cada parte de tu color preferido. Esto hará que tu capacidad de visualizar potencie tu chi y afecte a tus células.

5 Haz que tu mente recorra lentamente todo tu cuerpo. Después tómate unos segundos para ver cómo te sientes en general. Debes sentirte más ligero y relajado, y tener una sensación general de armonía.

Asegúrate de estar cómodo, plenamente relajado y libre de distracciones antes de empezar a meditar.

IRRADIA TU CHI DENTRO DE UN ESPACIO

BENEFICIO. Llena una habitación con tu chi espiritual.

El objetivo de este ejercicio es generar dentro de ti el tipo de chi con el que deseas llenar tu casa y después proyectarlo hacia una habitación, creando un ambiente más espiritual. Tienes que hacer esto regularmente, pues parte del chi se disipará con el tiempo.

Sentarte con la espalda contra un árbol funde tu campo de chi con el del árbol, animándolo a desplazarse verticalmente por tus chakras.

Lo que puedes hacer

1 Encuentra un lugar donde puedas llenar tu campo de chi del tipo de energía que te ayude a sentirte espiritual: un lugar de adoración, un árbol, un parque o jardín podrían ofrecer el ambiente adecuado. Mientras estás allí, medita en tu respiración: concéntrate en la inspiración, imaginando que al llenar tus pulmones estás absorbiendo el chi que te rodea. Visualízate inspirando un color, sonido o sentimiento. Podrías inspirar tu color favorito e imaginar que tu abdomen y pecho se vuelven de ese color.

2 Vuelve a casa y siéntate con la espalda recta en una habitación que quieras llenar del chi más espiritual. En esta ocasión céntrate con más fuerza en la espiración, imaginando que tu chi llena la habitación o el espacio donde te encuentras. Puedes empezar llenando un pequeño espacio a tu alrededor y después progresar lentamente hasta llenar espacios cada vez mayores.

3 Es conveniente que pongas una vela encendida delante de ti y mires fijamente la llama mientras meditas. Concéntrate en proyectar tu chi hacia la raíz de la llama mientras espiras, de modo que el chi de la vela ayude a irradiar con más fuerza tu propio chi hacia el resto de la habitación.

RESPIRAR

BENEFICIO. Te conecta con el chi que te rodea.

Cada inspiración que tomas aporta chi a tu cuerpo y cada espiración devuelve chi a la atmósfera. El acto de respirar te conecta profundamente con el chi que te rodea, pues el chi externo sigue el camino del oxígeno dentro de tu corriente sanguínea. Respirar es la principal forma de integrarte con el mundo: establece un flujo y reflujo rítmico de chi que entra y sale de tu campo energético. Cuando estás en tu hogar, el ritmo respiratorio te permite sumergirte más profundamente en el chi del espacio que habitas.

Tu manera de respirar define cómo te mezclas con el chi del ambiente. Ser capaz de respirar plenamente te ayuda a intercambiar tu chi de manera activa con el chi que te rodea. Esto resulta útil cuando deseas incorporar más energía de un lugar particular. Por ejemplo, podrías querer incorporar más chi de tu lugar natural favorito, o encontrar un edificio público donde te sientas muy feliz.

Lo que puedes hacer

1 Practica la respiración completa inspirando inicialmente hacia el abdomen. Tal vez te ayude poner la mano sobre el ombligo y concentrarte en empujarla hacia fuera al inspirar. Al espirar aprieta los músculos del estómago para expulsar el aire.

2 Cuando te sientas cómodo habiendo inspirado hacia el abdomen, continúa inspirando hacia el pecho. Abre los hombros para poder inspirar la máxima cantidad de aire posible.

3 Contén la respiración durante unos tres segundos antes de expulsar el aire. Tal vez te ayude inclinarte ligeramente hacia delante y tensar el abdomen para sacar todo el aire.

Respirar profundamente junto al mar implica incorporar el chi marino que te conecta con las corrientes de la energía global, ayudándote a pensar en la vida en términos más amplios.

MEDITACIÓN

> BENEFICIO. La capacidad de mover el chi.

El objetivo de estos ejercicios es poder cambiar tu campo energético con la mente. La principal manera de controlar tu chi es moverlo hacia abajo, hacia arriba, hacia dentro y hacia fuera. Puedes conseguirlo combinando la respiración con el movimiento y el pensamiento durante los ejercicios de meditación.

Lo que puedes hacer

• Lleva el chi hacia abajo para ser más práctico, realista y conectado con la tierra; esto es ideal si están pasando muchas cosas en tu cabeza y no sientes paz mental. Espira soltando el aire de tu pecho y después el de tu abdomen. Contén la última gota de aire en la parte inferior de tu abdomen hasta el final. Al espirar, sigue llevando el chi por las piernas hasta los pies para acabar dirigiéndolo hacia la tierra.

• Dirige el chi hacia arriba para tener nuevas ideas, energía creativa e inspiración; esto te ayudará a sentirte positivo y con ganas de materializar tus proyectos. Ponte de pie y separa los pies a la distancia de los hombros, dejando descansar el peso en las partes anteriores de los pies. Empieza respirando hacia la parte baja del abdomen y después continúa hacia el pecho. Espira vaciando el abdomen y después suelta hasta la última gota de aire de tu pecho. Imagina que estás llevando el chi desde lo profundo de tu abdomen hacia tu cabeza.

• Si quieres hacerte notar o causar buena impresión tienes que proyectar y expandir tu campo de chi hacia fuera; esto es ideal para expresarte y deshacerte de diversas emociones. Agáchate con los pies separados y los brazos cruzados sobre el pecho e inspira. Al espirar, abre y eleva los brazos para acabar haciendo la forma de la estrella, con los brazos abiertos en horizontal y las piernas separadas. Entre tanto imagina que tu chi llega hasta la punta de los dedos de las manos y de los pies.

• Lleva el chi hacia dentro para desarrollar tu fuerza interna, concentrándote en tu núcleo energético más profundo y facilitando el encuentro con tu poder interno; prueba este ejercicio cuando te sientas cansado, frío o frágil. Siéntate o arrodíllate e inspira lentamente. Empieza por llevar chi a tu abdomen y después hacia el pecho. Cuando tengas el cuerpo lleno, cierra el ano, y mantén también cerrados la boca y los conductos de aire de la nariz mientras aprietas el abdomen y lo metes hacia dentro.

Mantener la espalda recta alinea todos los chakras, haciendo que sea más fácil que la energía fluya a través de ellos y los cargue del chi del cielo y de la tierra.

CHI KUNG

> BENEFICIO. Libera las emociones y el chi.

Chi kung es el arte de mover el chi de una manera que aporte armonía natural a todo tu campo energético. Para conseguirlo, permite que tu cuerpo realice movimientos espontáneos que redistribuyan, expulsen o absorban el chi. La idea es que tu voluntad subconsciente sabrá lo que verdaderamente necesitas y que, entrando en el estado en el que tu inconsciente toma el mando, puedes realizar los reajustes adecuados. Mientras haces tus ejercicios de chi kung, tu campo de energía ampliado cambiará el chi de la habitación. Si puedes armonizar tu chi provocarás un realineamiento espontáneo del chi de la habitación.

Lo que puedes hacer

Tienes que preparar tu cuerpo para que le resulte más fácil realizar los movimientos espontáneos del chi kung. Todos los ejercicios iniciales tienen el objetivo de mover libremente una parte de tu cuerpo sin usar los músculos. Esto te ayuda a relajarte y te abre a dejar que algunas partes de tu cuerpo se muevan sin recurrir a tu mente consciente.

Ejercicio para aflojarse

1 Deja que tu cuerpo tiemble como hacen los animales. Usa el torso para dejar que los brazos se muevan libremente. Con la ayuda de algo a lo que agarrarte (el respaldo de una silla, por ejemplo), deja temblar cada una de las piernas sucesivamente. Después túmbate sobre la espalda para precipitar movimientos libres de balanceo, girando las caderas para que tus brazos y piernas se muevan sin usar sus músculos.

Estimula tu campo externo de chi

1 Para movilizar y jugar con la periferia de tu campo de chi, desplaza las manos alrededor de tu cuerpo manteniéndolas a una distancia de la piel de unos 30 cms.

2 Con los pies separados, empieza por doblarte hacia abajo y traza un círculo alrededor de tus pies. Eleva las manos por los laterales de las piernas y el cuerpo hasta las axilas. Después extiende las manos completamente hacia fuera. Gira las palmas y llévalas hacia el cuello. Eleva las manos por los lados y estíralas por encima de la cabeza antes de desplazarlas por delante del cuerpo para que vuelvan a tocar los pies.

3 A continuación, eleva las manos por la parte posterior de tus piernas y torso. Cuando llegues al punto en el que tus manos ya no pueden seguir subiendo por la espalda, tráelas hacia delante por debajo de las axilas y después por la parte posterior de la cabeza. Ahora vuelve a bajarlas por los laterales hasta los pies. Puedes continuar ascendiendo por delante del cuerpo y empezar un nuevo ciclo para cubrir todos los lados de tu figura en cada dirección.

4 Cuando hayas dominado el movimiento básico, puedes acelerar todo el proceso convirtiéndolo en un ejercicio vigoroso. Al hacerlo estarás movilizando tu chi superficial y mezclándolo más activamente con el chi que te rodea.

El ejercicio de abrazar el árbol

Este ejercicio se hace de pie, con la parte anterior de tu cuerpo en contacto con un gran árbol y los brazos alrededor de su tronco. La meta es encontrar una posición en la que poder permanecer durante mucho tiempo.

1 Ponte de pie con los pies separados y las rodillas dobladas un ángulo de unos 15 grados. Tienes que inclinar la pelvis hasta encontrar una postura cómoda. Relaja los hombros y pon los brazos en la posición de abrazar el árbol. Mete el mentón hacia dentro para equilibrar la cabeza sobre el cuello. Mientras estés en esta posición, sé consciente de cualquier incomodidad y haz los reajustes necesarios para mejorarla. Es importante que recuerdes la posición a la que has llegado para poder partir de ella en la próxima ocasión. El objetivo del ejercicio es desarrollar el conocimiento y la experiencia que te permitan mantener esta posición durante horas.

2 Cuando hayas encontrado la posición que funcione para ti debes notar que el chi circula sin esfuerzo. Al adoptarla podrás liberar tu campo energético y dejar que se restablezca de una manera más armoniosa. Hacer esto bien requiere paciencia y conviene tener a alguien observando cómo ajustas tu postura, o hacerlo frente a un espejo.

Ejercicios de liberación

El paso más importante es intentar realizar movimientos de chi kung espontáneos. En primer lugar, trabaja durante unas semanas los ejercicios que ya hemos visto, para preparar tu cuerpo para el paso siguiente. Al practicarlos, procura cultivar un sentimiento de completo abandono.

Puedes probar dos opciones, una de pie y la otra tumbado, para ver cuál encaja mejor. La ventaja de realizar este ejercicio de pie es que dispones de más libertad de movimientos. No obstante, podría resultar más fácil hacerlo tumbado de espalda. Suele ser más sencillo relajarse en esa posición. En cualquier caso, tal vez puedas acentuar los movimientos espirando y emitiendo un sonido mientras concentras tu mente en la parte de tu cuerpo que se esté moviendo. Hazlo de manera completamente natural, permitiéndote emitir sonidos espontáneos.

Al comienzo puedes pedir ayuda a un maestro de chi kung para que te facilite esa primera fase y para que te observe mientras permites que tu subconsciente tome el mando por un rato. Es importante encontrar a alguien en quien confíes y con quien te sientas cómodo. Con un tutor así podría resultarte más fácil soltarte, sabiendo que hay alguien que cuida de ti.

La opción de estar de pie

1 Cuando sientas que es el momento oportuno, al final de tus ejercicios de chi kung, procura realizar movimientos subconscientes manteniendo una postura relajada y dando pasos atrás, de modo que el pie de atrás sólo tenga los dedos y la parte anterior en el suelo. Comienza dejándote equilibrar sobre la parte anterior del pie. Durante un rato permite que se desarrolle un movimiento de rebote. Procura mantener la mente tan vacía como puedas concentrándote en la respiración. Deja que tu pie haga su propio movimiento.

2 Sin pensar mucho en ello, procura que el movimiento del pie se extienda hacia otras áreas de tu cuerpo. Esto podría activar algún tipo de movimiento rítmico en torno a las articulaciones corporales. La clave está en impedir que tu mente tome el mando y empiece a adoptar decisiones conscientes con respecto a qué articulaciones mover y cómo hacerlo. Conviene tener presente que podría no ser el momento adecuado para practicar este ejercicio, en cuyo caso no debes forzarlo. Simplemente continúa ofreciendo a tu cuerpo la oportunidad y, cuando llegue el momento oportuno, ocurrirá naturalmente. Otra posibilidad es cambiar de pie y ver si esto ayuda a provocar una reacción.

La opción de estar tumbado

1 Túmbate de espalda y empieza a mover las caderas rítmicamente. Deja que roten, giren o se inclinen, haciendo lo que les parezca adecuado en ese momento. Respira profundamente y mantén la atención en la respiración. Tal vez descubras que después de un rato tus piernas, brazos o cuello empiezan a moverse. Una vez más, centra la atención únicamente en la respiración y resístete a la tentación de dejar que tu mente adquiera protagonismo. Cuando empiezan los movimientos espontáneos ya no necesitas seguir tumbado sobre la espalda. Siéntete libre de tumbarte de lado o de cambiar completamente de posición.

2 Después de un tiempo deberías sentir que los movimientos acaban. Entonces relájate y aquiétate hasta que vuelvas a sentirte completamente asentado.

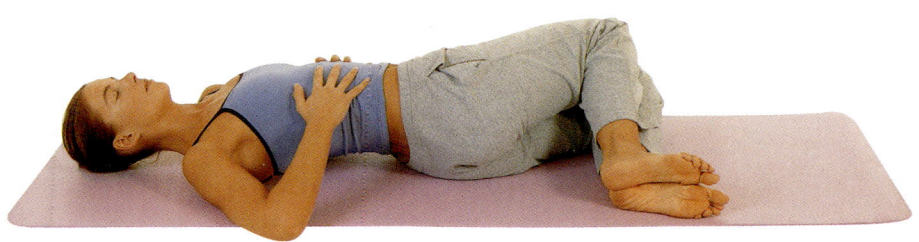

LIMPIAR EL ESPACIO CON SONIDOS

BENEFICIO. Aporta chi fresco.

Para limpiar el chi en un espacio puedes usar el sonido. Las ondas de sonido se extienden por el aire, movilizando el chi. Si el viejo chi puede moverse libremente, parte de él saldrá de la habitación, dejando sitio para que pueda entrar energía fresca.

Existen varias maneras de hacer esto. Puedes cantar, tocar campanas o dar palmadas. Cantar es la primera opción, pues proyectas tu chi más profundo hacia la habitación. Después de limpiar el espacio con sonidos, suele ser de ayuda usar sal marina para limpiar cualquier chi que pudiera quedar.

Otros sonidos —ya sean música, un gong o incluso personas hablando— también movilizarán el chi. La diferencia es que practicando los métodos siguientes puedes enfocar los sonidos hacia un área específica y, en el caso del canto, poner tu propio chi personal en ello.

Lo que puedes hacer

1 Prepara la habitación que deseas limpiar abriendo todas las puertas y ventanas, ordenándola y despejándola. Concéntrate en sacar la máxima cantidad posible de polvo. Para hacer esto debes llevar puesta ropa suelta de algodón.

2 Cuando cantes, es importante mantener la espalda recta de modo que todos tus chakras estén alineados, lo que facilita el flujo vertical del chi. Para ello lleva hacia atrás tus costillas inferiores mientras mantienes los hombros en la misma posición, enderezando así la espalda. Mete ligeramente el mentón y eleva la parte alta de la cabeza como si tiraran de tu coronilla hacia el cielo.

3 Toma largas inspiraciones para poder emitir un sonido largo y poderoso y proyectar intensamente la vibración hacia la habitación. Para movilizar todo el chi en una habitación procura emitir varios tipos de sonidos. Lo más fácil es empezar con un sonido bajo y recorrer la gama ascendente de tonos en una única espiración prolongada. Comienza con un sonido «aaa» bajo y ve subiendo con los diversos tonos «ooo» para acabar con el «mmm», todo ello en la misma espiración. Repítelo varias veces. Puedes emplear cualquier sonido, e incluso cantar. En cualquier caso, es conveniente combinar el sonido con una espiración larga y profunda y concentrarte en proyectar tu chi hacia la habitación.

4 Recuerda que las campanas de mano son otra manera útil de movilizar el chi estancado. Si piensas que tu habitación tiene la energía plana, toma una campana de mano y hazla sonar en todas las esquinas y en cualquier lugar donde se acumule el polvo. Las ondas de sonido ayudarán a movilizar el chi, permitiendo que esas zonas se llenen de energía fresca.

Los cuencos emiten un sonido que puedes usar para movilizar el chi en una habitación y deshacer la energía estancada.

5 Otra opción es dar palmadas rápidas mientras espiras con fuerza para hacer que el chi se acelere. Puedes combinarlas con el canto.

6 Después de utilizar el sonido puedes seguir limpiando la energía de un espacio empleando sal marina, que empapará cualquier chi residual. Antes de ir a la cama, espolvoréala por el suelo en cualquier zona de la habitación que sientas que necesita limpieza. Por la mañana barre la sal o pasa la aspiradora, y seguidamente sácala de tu casa para liberarte de la energía negativa. Repítelo varias veces hasta que sientas que el chi se ha renovado.

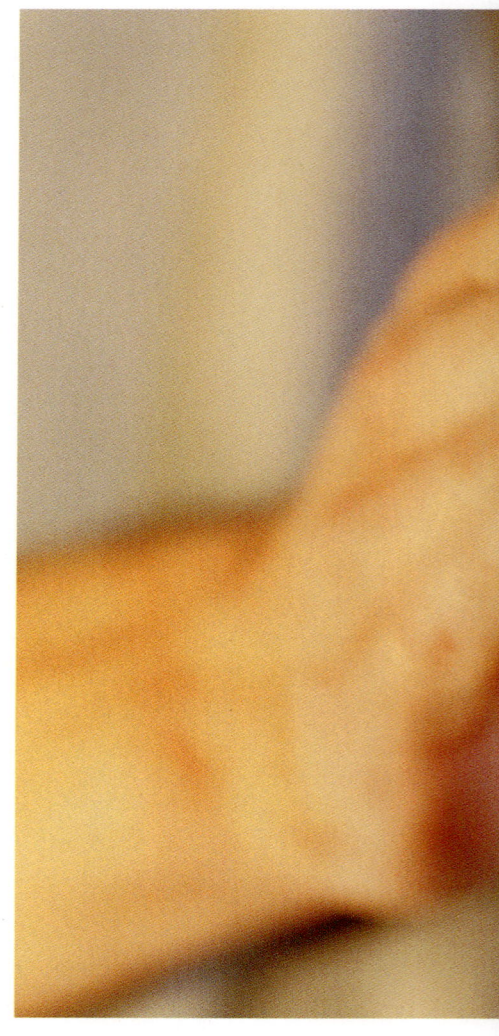

Dar palmadas genera un sonido y, junto con él, también irradia tu chi, especialmente cuando lo combinas con una espiración enérgica.

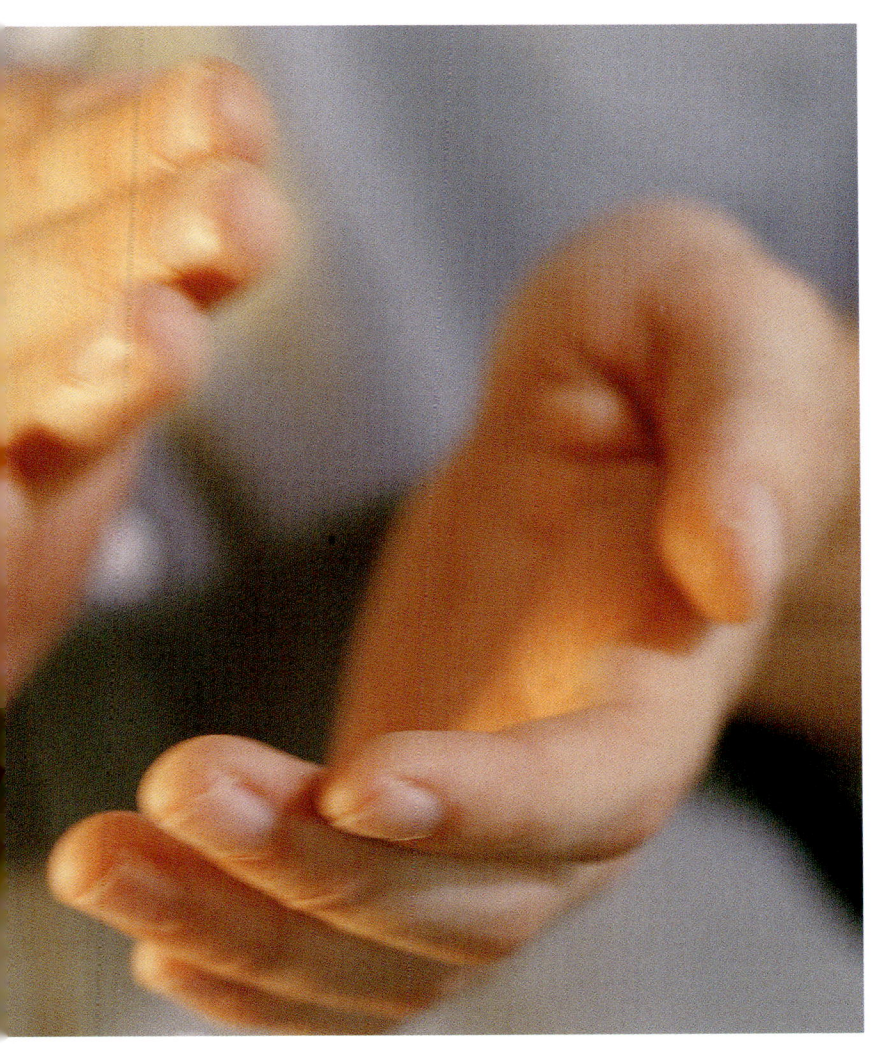

APORTA FELICIDAD

> BENEFICIO. Sentirte feliz en casa.

Cuantas más experiencias felices vivas en tu hogar, más fácil será que se convierta en un lugar feliz. El chi de la risa, la alegría y la satisfacción que se vierten en las habitaciones de tu casa acaba convirtiéndose en parte de su ambiente. Esto tiene un efecto acumulativo, por lo que cuanto más consistente seas y cuanto más tiempo hagas esto, mayor y más permanente será la influencia.

Puedes anular todo este proceso si te sientes muy deprimido, estresado o resentido en tu hogar. El riesgo es que ese chi podría permanecer allí, haciendo más difícil que volvieras a tener sentimientos positivos. Por eso es útil usar técnicas para limpiar el espacio (véanse páginas 372-375) después de haber sufrido un disgusto.

Es importante intentar llenar la casa de cosas y objetos que te hagan feliz. Puedes elegir fotografías, cuadros y esculturas que te pongan contento. También puedes usar la música, el humor y el color para llevar más risa y alegría al espacio.

Las personas que te visitan aportan su propio chi a tu hogar, y si se sienten felices, su chi positivo se propaga externamente hacia tu casa o apartamento. Esto es particularmente cierto con los niños. Cuando están llenos de alegría, tienden a proyectar su chi intensa y activamente sobre el espacio que les rodea. Un animal de compañía contento puede tener el mismo efecto en el ambiente de tu hogar.

Con el tiempo puedes alcanzar un estado tal que el simple hecho de ir a casa y empaparte de su ambiente te eleve y haga que te sientas más feliz.

Las personas felices emiten un chi feliz hacia el ambiente, dejando una impronta de felicidad en la habitación.

Lo que puedes hacer

- Haz que la risa sea la mejor manera de aportar un chi más alegre y feliz a tu hogar. Procura ver programas de humor que te hagan reír. También puedes tener libros que te entretengan. Los chistes, los juegos divertidos o cualquier cosa que te dé risa aligerarán el ambiente de tu casa.

- Invita a tu casa a personas con las que puedas divertirte. Recibir a amigos íntimos regularmente, jugar y hacer cosas con ellos llena tu casa de un chi más sociable y vibrante.

- Si tienes hijos, procura jugar con ellos y anímales a hacer cosas divertidas. Invita a sus amigos y, si dispones de espacio suficiente, deja que se desmadren y que hagan lo que quieran. Procurad que toda la familia coma junta para compartir los momentos graciosos de la vida. Si vives solo, tal vez compruebes que un animal de compañía aporta emociones positivas a tu hogar. Esto sólo funcionará si tu casa es un entorno feliz para tu animal de compañía.

- Pon flores que añadan vida y color a tu hogar, dándole un chi más vi-

brante y ascendente. Procura preparar grandes y atrevidos arreglos florales para que tu hogar se beneficie de su energía. También puedes plantar distintas plantas que den flores en un tiesto grande para que la habitación se llene de color y chi viviente.

- Comprueba que todas las fotografías y obras de arte de tu hogar producen en ti una respuesta positiva. Procura encontrar nuevas imágenes que te hagan sonreír un poco más que las que tienes ahora. Debes reemplazar cualquier cosa que sea demasiado oscura o sombría, o que te recuerde tiempos infelices.

- Pon música frecuentemente para que su sonido melódico llene tu hogar. Elige música que sepas que eleva tu espíritu y te ayuda a sentirte más feliz.

- Procura encontrar cada día algo que te ofrezca ese momento especial, algo que desees para darte un gusto.

- Piensa en aficiones divertidas que puedas practicar en casa y en cualquier cosa que te pueda ayudar.

Las flores pueden proyectar un chi feliz y colorista en tu hogar. Córtales los tallos y cámbiales el agua cada día para mantenerlas frescas.

INTEGRA EL FENG SHUI EN TU VIDA

> BENEFICIO. Mantiene viva tu práctica feng shui.

Después de leer este libro puedes empezar a usar regularmente el feng shui en tu vida. Procura usar los conceptos del chi, el yin y el yang, los cinco elementos y las ocho direcciones como una nueva manera de mirar al mundo que te rodea. Cuanto más lleves el feng shui a tu vida cotidiana, más podrás integrarlo de manera natural en todo lo que hagas. En lugar de hacer del feng shui un concepto abstracto, deberías poder recurrir a él intuitivamente. En este sentido tienes que hacerlo tuyo.

Lo que puedes hacer

1 Trabaja tu propio chi practicando la meditación y haciendo ejercicio, y toma alimentos «vivos» e integrales.

2 Continúa mirando las cosas en términos de yin y yang, y procura establecer conexiones entre tus sentimientos y las diversas influencias externas a las que estás sometido.

3 Cuando visites a tus amigos, trata de vincular aspectos de su carácter y de sus vidas con el feng shui de su hogar.

4 Considera la posibilidad de asistir a un curso de feng shui.

5 Averigua las fechas de nacimiento de otras personas y sus números feng shui astrológicos; después establece asociaciones entre sus tres números y su carácter.

6 Aplica la astrología feng shui a distintas personas que conozcas haciendo un cuadro en el que compares sus números del año, del mes y axial.

Sentándote a esta mesa puedes absorber y sentir su chi brillante y colorista, y experimentar las sensaciones que te produce.

7 Usa la astrología feng shui para descubrir las distintas etapas por las que pasan tus amigos y familiares a lo largo de su vida. Comprueba si tus predicciones concuerdan con su experiencia vital.

8 Prueba algunos de los remedios feng shui en tu propio hogar y después, si tienes amigos dispuestos a ello, adquiere experiencia útil aplicando el feng shui que has aprendido en este libro a sus vidas y a sus hogares.

PONLO TODO EN PERSPECTIVA

BENEFICIO. Mayor armonía.

Recuerda que todo lo que viene en este libro se basa en conceptos y no en una realidad rígida. Tal vez descubras que aplicar estos conceptos a tu vida produce resultados asombrosos, pero es importante ver el feng shui como una pieza más del rompecabezas de la vida. Hay otros muchos conceptos que puedes probar y explorar.

Procura mantener el feng shui en perspectiva para que complemente otros aspectos de tu vida, al tiempo que te proporciona muchas ideas nuevas e interesantes para tu hogar. Usa el feng shui para que te ayude a realizar elecciones fundadas. Al fin y al cabo, el feng shui es una herramienta más de tu trayecto vital. Puede hacer el recorrido más interesante y ayudarte en los momentos difíciles, pero no es una píldora mágica y no proporciona soluciones infalibles. Más bien es un arte que puedes utilizar para hacer más con menos esfuerzo. Y es de esperar que te ofrezca una vida más satisfactoria.

Lo que puedes hacer

1 Procura no dejar que esta disciplina (o cualquier otra) limite tu vida; más bien, úsala para fortalecerte. Debes mantener el control y vivir la vida que deseas, usando el feng shui para mejorarla.

2 Esfuérzate por entenderlo todo, de modo que sepas lo que estás haciendo. Evita hacer las cosas por fe ciega y procura realizarlas desde una posición de fuerza.

3 Cuando introduzcas cambios en tu vida, hazlos de uno en uno para poder verificar los resultados. El riesgo de apresurarse e introducir cambios generalizados es que no sabrás con certeza lo que está funcionando y lo que no.

4 Practica y adquiere toda la experiencia posible de cada aspecto del feng shui para poder ponerlo a prueba y reforzar todo lo aprendido en este libro con la experiencia de la vida real.

Toma notas o escribe un diario para conectar tus sentimientos con los espacios donde pasas tiempo. Mirando atrás, esto puede convertirse en un valioso recurso personal.

GLOSARIO

Aura: Campo energético que rodea el cuerpo humano. Puede ser fotografiado usando la fotografía Kirlian, que muestra una neblina multicolor. Con la práctica puedes ver el aura con tus ojos o sentirla con las manos.

Ba gua: *Véase* Cuadrado mágico.

Campo de chi: Energía que constituye tu chi personal. Está dentro de ti, pero también abarca un espacio a tu alrededor y puede ocupar desde unos pocos centímetros hasta un metro, dependiendo de con cuánta fuerza estés proyectando tu chi en ese momento.

Chakras: Siete puntos o centros de actividad situados a lo largo del cuerpo donde tu chi está particularmente activo. Los chakras están situados en: la espiral de lo alto de la cabeza, la zona entre las cejas, la garganta, la zona entre los pezones, el estómago, justo debajo del ombligo y la base de la columna. Los chakras suelen usarse en las prácticas curativas para crear un flujo de chi más saludable alrededor de tu cuerpo.

Chi: Una energía electromagnética sutil que fluye a través de todas las cosas, transfiriendo información de una entidad a otra. Es como si todo estuviera vinculado por una red invisible, de modo que tú ejerzas influencia y la recibes de todas las cosas que conoces. En el cuerpo humano el chi transporta tus pensamientos, ideas y emociones. Esta energía se extiende más allá de tu cuerpo, envolviéndote con tu propio campo energético. Puedes ver el chi usando la fotografía Kirlian. Resulta fácil influir en el chi a través del ambiente de tu casa; por eso sientes cosas diferentes en distintos lugares.

Chi kung: Ejercicios espirituales que liberan el chi y le permiten encontrar su flujo y reflujo natural dentro de tu campo energético.

Cinco animales: Representan tu energía externa; están situados alrededor de tu cuerpo y siempre ocupan las mismas posiciones. La energía situada delante de ti está representada por el fénix, la que está a tu derecha por el tigre, la que está a tu espalda por la tortuga, la que está a tu izquierda por el dragón y la del centro por la serpiente.

Cinco elementos: Cinco tipos distintos de energía emocional, que están representados por los elementos madera, fuego, tierra, metal y agua. Cada energía está asociada con un momento del día y con una estación, y ésta es la mejor manera de reconocerlas. Imagina que estás en la naturaleza en cierto momento del día y del año: madera = salida del sol y primavera; fuego = mediodía y verano; tierra = tarde y cambio del verano al otoño; metal = puesta de sol y otoño; agua = medianoche e invierno. El aspecto más importante de los cinco elementos es su manera de interrelacionarse entre ellos. Los cinco elementos establecen la base que permite diagnosticar ciertos problemas en una casa y resolverlos.

Cuadrado mágico: Ordenación particular de los números del 1 al 9 dentro de un cuadrado de tal modo que la suma de cualesquiera tres de ellos que estén en línea recta siempre da 15. Cada número puede ser más yin o más yang que el siguiente, y tiene asociado un elemento y un trigrama. Esta trama numérica se pone sobre el plano de tu casa para ver cómo fluye la energía en ella. El feng shui se basa en el cuadrado mágico de Fu Hsi (también conocido como ba gua). Cuando se aplica a una casa, el cuadrado mágico se usa en su forma estándar, con el número 5 en el centro (véase página 42).

Feng shui: Se traduce literalmente como «viento y agua». La manera en que estos elementos se mueven por el planeta es muy parecido al flujo de la energía feng shui; ambos elementos establecen una conexión entre el cuerpo y el mundo externo. El 70 por 100 del peso de un ser humano es agua, y siempre estás rellenando el agua de tu cuerpo con agua fresca del exterior; y también tomas oxígeno del aire que respiras. El viento y el agua son nuestros vínculos más importantes con el mundo que nos rodea, y sin ellos moriríamos. El feng shui se basa en esta misma idea, pero se centra en una energía que transporta información sobre ti, y que se actualiza y combina constantemente con la energía del mundo que te rodea.

Limpieza del espacio: Técnicas que pueden ir desde limpiar y ordenar hasta tocar campanas, cantar, dar palmadas o meditar, y se usan para dispersar el viejo chi estancado en un espacio.

Meridianos: Rutas que transportan la energía por tu cuerpo. Estas rutas principales alimentan otras ramas menores, llevando el chi a cada célula del cuerpo. Esto significa que cada pensamiento y emoción tocan cada una de las células, y a la larga esto puede afectar a nuestro cuerpo físico, de modo que piénsatelo dos veces antes de entrar en otro estado de furia o depresión. Lo contrario también es cierto: el estado de tus células y tu forma de usar el cuerpo alteran tu flujo energético y tu manera de sentir y pensar. Es posible que te hayas dado cuenta de que resulta difícil seguir enfadado si respiras lentamente y haces estiramientos, o deprimirte si estás en medio de un ejercicio vigoroso.

Números del año, del mes y axial: Son tres números del 1 al 9 que representan tu chi interno y se basan en el año y en el mes de tu nacimiento. El número axial es una combinación de los números del mes y del año (para encontrar tu número axial, mira el cuadrado mágico que tiene en su centro el número de tu mes de nacimiento; después encuentra tu número anual y ve en qué dirección está; el número asociado con esa dirección cuando el 5 está en el centro del cuadrado mágico es tu número axial). Cada número describe un tipo particular de chi, y este sistema puede usarse para examinar tu carácter y tus relaciones. Además, puedes usar tu número del año para ver en qué fase estás cada año y cada mes, así como qué direcciones son mejores para ti.

Ocho direcciones: Son las ocho direcciones de la brújula y se usan para construir un perfil del tipo de energía que se encuentra en cada dirección. Por ejemplo, la energía del este está asociada con la salida del sol, la mañana y la primavera; ésta podría ser una energía favorable que absorber en tu campo de chi si quieres tener una sensación energética por la mañana. Por el contrario, la energía de la puesta de sol en el oeste es más adecuada para completar los proyectos o para recibir un premio por el trabajo hecho. Cuando sabes lo que ofrece cada una de las ocho direcciones, puedes usar el feng shui para aportar más de esa energía particular a tu ser.

Sistema de los nueve ki: Sistema basado en el cuadrado mágico, en el que cada uno de los nueve números describe un tipo de chi. Los números pueden ordenarse de nueve maneras diferentes en el cuadrado mágico, creando un ciclo que puede aplicarse a los años, a los meses y a los días. Puedes usar este sistema para averiguar qué chi estaba presente en el nacimiento de alguien, además de cuáles son las mejores direcciones y fases de cada año y de cada mes para esa persona.

Trigramas: Serie de tres líneas paralelas que pueden ser continuas o partidas. Las líneas partidas son más yin y las continuas son más yang. Existen ocho formas posibles de ordenar estas líneas, y cada una de ellas está vinculada con una de las ocho direcciones.

Yin y yang: Son términos opuestos y complementarios que pueden usarse para describir cualquier cosa. Según la traducción literal, el yin representa el lado sombrío de la montaña y el yang el lado soleado. Generalmente el yang hace referencia a cualquier cosa que te haga estar activo, energético, alerta, concentrado, tenso, y que te lleve a ser preciso, agresivo, asertivo y rápido. El ying describe cualquier cosa que te ayude a relajarte, a ralentizarte, a abrir tu mente, a ser creativo, a estimular tu imaginación, a ser flexible y relajado, a ver la imagen global y a ser receptivo. Una cosa siempre es más yin o más yang que otra. Por ejemplo, el kárate te hace más yang que practicar estiramientos, pero los estiramientos son más yang que sestear. Por tanto, puedes decidir si te sientes más feliz siendo más yin o más yang, y seguidamente ajustar tu estilo de vida. El yin y el yang pueden aplicarse a la decoración de tu casa, a la comida que tomas, a la ropa que vistes y a cualquier actividad.

ÍNDICE

A
Abrazar los árboles 368
Adivinación 100-1
Agua 132-3
    En la cocina 128
    Trasladarse de casa 256-7
Alimentos 128, 130-1
    Comer juntos 188, 189
Almacenamiento 296-7
Altares 306-7
Altillos y creatividad 200, 212-13
Amantes, *véase* Relaciones
Animales
    Y las mejores direcciones 59
    Cinco animales 10, 34-5, 209, 300, 386
Árboles 346-7
Áreas de cenar 292-3
Ascenso, buscar un 325
Astrología, *véase* Cuadrado mágico;
    Números nueve ki
Aura 14, 26, 384

B
Ba gua, *véase* Cuadrado mágico
Balcones 338-9
Baños 133, 134-5
Baños de sol 333
Bebés 278, 302-3
Bordes afilados, suavizar los 149, 164-5

C
Campanas 91, 273, 274, 275
Campanas de mano 91, 273, 274, 275
Campanas de viento 88, 123
Campos electromagnéticos 142-3,
    250, 258, 260, 305
    Y equipamiento de oficina 310, 320,
    321
Cantos 274, 372, 373, 374
Carbón 85, 243, 289
Carne 131
Carreteras 258-9
Casas con forma de L 111
Casas rectangulares 110
Cascadas 256, 343
Chakras 14, 26-7, 365
    Y direcciones para dormir 138-9
Chi 9, 13, 14-15, 24-9, 384
    Campo de chi 385
    Del suroeste 185
    En relaciones 172-3, 178-9, 186
        Aportar el chi ausente 178-9
    Establecer el tipo prevaleciente
        121
    Nueve pautas del 43
    Que aporta felicidad 376, 379
    Que llega a través de las puertas y
        ventanas 122-3
    Y agua 132-3

Y bordes afilados 164
Y creatividad 201
Y cuartos de lavar 294-5
Y familias 278, 279, 280-1, 292
   Aportar el chi ausente 286-7, 289
Y finanzas 238-9, 240-1, 242
Y la naturaleza 330-1, 332-3, 335, 345
Y la salud 126-7
Y limpieza del espacio con sonidos 272-5
Y los cinco animales 34-5
Y los cinco elementos 30-3
Y los nueve números 36-41, 93
Y los planos 116-17
Y profesiones 313, 314, 316, 317
Y trasladarse 250, 252-3, 254-5, 262-3, 266
   Contaminación 260-1
   Rituales 273
Y velas 156-7
Y ventanas 122-3, 262
Y vida espiritual 354-5
   Cambiar tu chi internamente 358-9
   Irradiar hacia el espacio 360-1
Chimeneas/fuegos 149, 162-3
Ciclos de negocios, nueve ki 54
Cinco animales 10, 34-5, 300, 386
   Y creatividad 209
Cinco elementos 10, 13, 30-3, 386
   Formas 75
   Iluminación 72-3
   Materiales 71
   Y creatividad 205
   Y familias 284, 285, 286, 287
   Y formas de las casas 263, 265
   Y las ocho direcciones 117
   Y plantas 136
   Y relaciones 173, 176-7, 178-9
Círculos de piedra 12
Claraboyas 122
Coches 258, 259
Cocinas 126, 127-8, 166, 292-3
Cojines 68, 160, 169
Colchones 141
Colinas 256-7
Colores
   Cambio de estado de ánimo 148, 150-1
   Flores 190
   Y creatividad 204, 205
   Y diseño del hogar 68-9
   Y finanzas 230-1, 238, 239
   Y relaciones 183, 185, 194-5, 197
   Y trasladarse 275
Conceptos clave 9, 12-63
Confidencialidad 102
Contaminación 144-5, 260-1
Contraventanas 202-3
Cortinas 202
Creatividad 198-225
   Diseñar un ambiente creativo 200-1
   Meditación y respiración 201, 214-15
   Salir de casa 208-9

Y desorden 201, 222-3
Y espacios abiertos 200, 206-7
Y espejos 201, 218-19
Y los altillos 212-13
Y momento del día/mes 210-11
Y obras de arte 201, 220-1
Y ondas sonoras 201, 224-5
Y pautas 200, 204-5
Y ventanas 200, 202-3
Cristales 89, 183, 246
Cuadrado mágico 10, 14, 42-57, 386
   Y las nueve pautas del chi 42, 43
   Véase también Nueve números ki
Cuadros 152, 153, 376, 379
Cuarto de planchar 294-5
Cuartos de baño 135
Cultura china 18

D

Desorden 149, 201, 222-3, 355
Despensas 126, 127-8
Detalles de agua 80, 331, 339, 342-3
Diferencias culturales 18
Dinero 103
Direcciones en las que sentarse 211, 216-17
   Profesión 314-15
Direcciones para dormir 138-9, 180-1, 194, 197, 244
   Y economía 244, 246
   Y familias 281, 287
   Y relaciones 180-1, 194, 197

Discreción 102
Discusiones 278, 282-3, 288-9
Diseño de la habitación 76-7
Dormir juntos 189
Dormitorios 126, 173
   Camas y ropa de cama 140-1, 183
   Y sexo 172, 180, 182-3
   Véase también Direcciones para dormir
Duelo 306-7

E

Economía 226-47
   Ahorrar más 244-5
   Atributos de las direcciones 233, 234-5
   Comenzar nuevas empresas 240-1
   Escaleras y puertas 236-7
   Flujos financieros 246-7
   Incrementar tus ingresos 242-3
   Monedas y tela roja 230-1
   Plantas del dinero 232-3
   Y chi del noreste 238-9
Edificios altos 262, 263
Ejercicio 197
   Chi kung 352, 366-71, 385
Ejercicios de chi kung 352, 366-71, 385
Emociones, nueve ki 55
Enfocarse 99
Escaleras 137
Escuela de feng shui de la estrella voladora 22-3

Escuela de feng shui de las ocho mansiones 22, 23
Escuela de feng shui de las tres puertas 21
Escuela feng shui de la forma 20-1, 23
Escuelas de feng shui 9, 20-3
Esculturas en jardines 331, 344-5
Espejos 87, 195
   Y creatividad 201, 218-19
   Y familias 291
Esquinas 165
Estados de ánimo 146-69
   E iluminación 148, 154-5
   E imágenes 148, 152-3
   Formas lineales y curvadas 149, 166-7
   Y color 148, 150-1
   Y fuegos/chimeneas 149, 162-3
   Y muebles 149, 160-1
   Y proporciones de las habitaciones 149, 158-9
   Y velas 148, 156-7
Estatuas en jardines 344
Ética del feng shui 102-3

F

Familias 276-306
   Almacenamiento 296-7
   Aportar el chi ausente 286-7, 289
   Cocinas y comedores 278, 292-3
   Colores 281, 289, 290, 291
   Crear un ambiente juguetón 290-1
   Cualidades direccionales 280, 281, 299, 302-3
   Cuarto de lavar 294-5
   Cuarto del bebé 278, 302-3
   Direcciones en las que dormir 281, 287
   Discusiones 278, 282-3
      Reducir 288-9
   Duelo 306-7
   Habitación de los niños 279, 304-5
   Plantas 289, 290, 305
   Salones 279, 298-9
   Sentarse 300-1
   Tejidos 279, 289
   Y la astrología feng shui 284-5
Felicidad 376-9
Feng shui de la brújula y sin brújula 20, 22
Flores 83, 183, 378-9
   Y relaciones 190-1
Formas curvas 149, 166-7
Formas de cocinar 131
Formas y diseño del hogar 74-5
Fotografías 152, 153, 187, 376
Frutas 130
Fu Hsi 14, 386

H

Habitaciones altas 149, 158
Habitaciones circulares 158-9
Habitaciones cuadradas 158
Habitaciones de jugar 279, 304-5

Habitaciones de los niños 279, 304-5
Habitaciones pequeñas 158
Habitaciones vacías 149
Hogares 96, 104-23
   Chi en 24-5, 116-17, 119, 121
   Elementos de diseño 10, 66-77, 86
   Encontrar tus mejores direcciones 61
   Establecer la dirección hacia la que miran 120-1
   Investigación feng shui 106
   Y el cuadrado mágico 42, 43
   Y las escuelas del feng shui 20-3
   Y problemas feng shui 17
   Véase también Planos de planta; Traslados
Hornos microondas 129
Humos tóxicos 144-5, 261

I

Imágenes
   Cambiar de ánimo con 148, 152-3
   En las oficinas en casa 310
   Y profesión 322-3
Influencia china 13-14
Invernaderos 331, 348-9

J

Jardineras de ventana 331, 336-7
Jardines 331, 340-7
   Árboles y plantas 246-7
   Elementos de agua 342-3
   Planificación 340-1
   Plantas 340, 341, 346-7
   Senderos y esculturas 331, 344-5
   Setos 347
Jarrones 83

K

Kinesiología 100, 101

L

Lámparas 154
Limpieza del espacio 372-5, 387
Limpieza general 354-5
Localización, trasladarse de casa 254-5
Luces
   Cambiar el estado de ánimo con las 148, 154-5
   Cocinas 129
   Y diseño del hogar 72-3
   Véase también Velas
Luces fluorescentes 155
Luces halógenas 154
Lugares en los que sentarse 35, 62-3
Luz del sol 335, 349

M

Mapas, y las ocho direcciones 60
Materiales
   En baños 134
   En cocinas 128
   Senderos y esculturas en los jardines 345
   Y diseño del hogar 70-1

Y cambiar de casa 251
Meditación 86, 90, 99, 352, 364-5, 380
   Y cambiar de casa 274
   Y creatividad 201, 214-15
   Y respiración 201, 214-15
Mejoras después de usar el feng shui 8-9
Mejores direcciones 58-61
   Para la profesión y los negocios 326-7
Meridianos 15, 26, 387
Mesas 160-1
Mitos y supersticiones 18-19
Momento en que ocurren los sucesos 53-7
   Relaciones 53, 192-3
Muebles
   Balcones 339
   Conseguir el equilibrio adecuado 168-9
   Curvas en 167
   Habitación de los niños 305
   Influencia sobre el estado de ánimo 149, 160-1
Música 379

N

Naturaleza 97, 328-49
   Balcones 338-9
   Elementos acuáticos 339, 342-3
   Invernaderos 331, 348-9
   Jardineras de ventana 331, 336-7
   Llevarla dentro de tu casa 334-5
   Pasar tiempo al aire libre 332-3
   Y chi 330-1, 332-3, 345
   Y plantas 331, 334, 335
   Véase también Jardines
Negocios, empezar nuevos 325
Niños 378
Nueve tipos de chi (nueve números) 23, 36-41, 93
Números nueve ki 42-52, 380-1, 387-8
   Encontrar 44-9
   Números anuales 44, 50, 53, 58, 311, 388
   Números axiales 44, 52, 58, 284, 388
   Números del mes 44, 51, 53, 58, 388
   Significado de 50-2
   Y momento en el que ocurren los sucesos 53-7, 192-3
   Y relaciones 173, 176-7

O

Objetos
   Curvados 167
   Influencia sobre el estado de ánimo 149, 152, 153
Obras de arte 167, 379
   Y creatividad 201, 220-1
Ocho direcciones 58-61, 385
   Escuela de feng shui 23
   Transparencia 112-13, 119, 185, 207, 216, 218, 231, 326
   Y colores 69
   Y creatividad 207, 216-17, 218

Y economía 233, 234-5
Y planos 112-17
Ocho trigramas 10, 13, 19, 387
Oficinas en casa 310-11
Oficinas, *véase* Profesión
Ondas sonoras y creatividad 201, 224-5
Ordenadores
   Mantener las plantas cerca 142
   Trabajar con 320-1
   Para hacer planos de la casa 108
   Y campos electromagnéticos 143
Orígenes del feng shui 12-13
Orquídeas 183

P
Pares, disponer las cosas en 153
Pautas y creatividad 200, 204-5
Personas, centrarse en 97
Pescado 131
Pirámides 12-13
Planos de planta 11, 106, 108-9
   E invernaderos 349
   Sintonizar las relaciones 174
   Y creatividad 207, 218
   Y economía 231
   Y el chi del suroeste 185
   Y las ocho direcciones 112-17
Plantas 82, 107, 169, 334, 335
   En baños 135, 136-7
   En cocinas 129
   En esquinas 165
   En jardines 340, 341, 346-7
   Florecimiento 191
   Jardineras de ventanas 336-7
   Para reducir la contaminación 145
   Plantas del dinero 232-3
   Y campos electromagnéticos 142
   Y espiritualidad 355
   Y familias 289, 190, 305
Problemas de la vida real, aplicar el feng shui a 11
Profesión 309-27
   Cambios importantes en 324-5
   Crear una rampa de lanzamiento 312-13
   Cualidades direccionales 314-15, 324-5, 326-7
   Escritorios 310, 316-17
   Imágenes 322-3
   Mejores direcciones para la 326-7
   Oficinas en casa 310-11
   Ordenadores 320-1
   Posiciones en las que sentarse 314-15
   Sillas de oficina 318-19
   Y la astrología feng shui 311
Profesionalismo 103
Proporciones de la habitación 149, 158-9
Puertas
   Chi que llega a través de las 122-3
   Y plantas 136-7

Y la economía 236, 237

R

Relaciones 170-97
    Comer, sentarse y dormir juntos 188-9
    Construir la carta de tu relación 176-7
    Cuando una relación acaba 196-7
    Encontrar un amante 194-5
    Intimidad 186-7
    Mejor momento para las 53, 192-3
    Mezclar tu chi con el de tu amante 172-3
    Nueve fases de las 56-7
    Remedios 92-3
    Sacar el máximo partido de las 184-5
    Sintonizar 174-5
    Y flores 190-1
    Y los cinco elementos 173, 176-7, 178-9
    Y sexo 172, 180, 182-3
    Y velas 156, 182, 183
Relaciones sexuales 172, 180, 182-3
Relojes 84
Remedios 11, 78-93, 96, 98, 381
    Campanas 91, 273, 274, 275
    Campanas de viento 88
    Carboncillos 85, 243, 289
    Cómo usar los 92-3
    Cristales 89
    Elementos acuáticos 80
    Encontrar tu enfoque 99
    Espejos 87
    Flores 83
    Meditación 86, 90
    Plantas 82
    Producir el cambio 78-9
    Relojes 84
    Sal marina 81, 107, 273, 353, 374
    Velas 86
Respiración 352, 362-3
    Y meditación 201, 214-15
Risa 378
Ropa 186, 187

S

Sal marina 81, 107, 273, 353, 374
Salones 279, 298-9
Salud 124-45
    Contaminación de humos tóxicos 144-5
    Mantener tu casa saludable 127
    Y chi 126-7
Senderos 331, 344-5
Sentarse 149, 163
    Familias 300-1
    Lugares donde sentarse 35, 62-3
    Sillas 160, 161, 169, 300, 301
Setos 347
Sillas 160, 161, 169, 300, 301
    En oficinas 310, 318-19
Sonidos, limpieza del espacio con 372-5

T

Té 131

Tejados 262, 263
Tejidos 279, 289
    Formas curvas en los 167
    Y creatividad 200
Teléfonos 143
Teléfonos móviles 143
Traslados 17, 58, 97, 248-75
    Colinas y agua 256-7
    Combinar tu casa con tu personalidad 274-5
    Dirección del movimiento 250, 166-7
    Elegir un lugar 254-5
    Entorno externo 262-3, 271
    Lista de comprobación 270-1
    Planos de la casa 251
    Rituales para entrar a vivir 272-3
    Supervisar el lugar 264-5
    Trasladarse a una dirección concreta 268-9
    Vías de ferrocarril y carreteras 258-9
    Y luz natural 251, 264-5
Trigramas 10, 13, 19, 387

V
Velas 86, 148, 156-7, 274
    En el dormitorio 182, 183
Velas flotantes 157
Ventanas
    Abrir 335
    Y chi 122-3, 262
    Y creatividad 200, 202-3
    Y plantas 136-7
Verduras 130-1
Vías ferroviarias 258
Vida cotidiana, el feng shui como parte de la 380-1
Vida espiritual 350-83
    Cambiar tu chi internamente 358-9
    Chi kung 366-71
    Crear un espacio sagrado 352, 354-5
    Establecer un templo personal 352, 356-7
    Irradiar en un espacio 360-1
    Limpiar el espacio con sonidos 372-5
    Producir felicidad 376-9
    Respirar 362-3
    Y meditación 364-5

Y
Yin y yang 10, 13, 28-9, 380, 388
    Colores 67, 68
    Formas 74
    Iluminación 72
    Materiales 67, 70

SOBRE EL AUTOR

Simon Brown obtuvo la licenciatura en ingeniería del diseño teniendo dos inventos patentados a su nombre. Seguidamente empezó a estudiar medicina oriental en 1981, y obtuvo la titulación de terapeuta de shiatsu y consultor macrobiótico. Mientras estudiaba estas artes curativas aprendió también feng shui de maestros japoneses en Estados Unidos. Durante siete años Simon fue director de la London's Community Health Foundation, que ofrecía una gran variedad de cursos especializados en las artes curativas orientales. Durante esa época organizó los primeros grandes cursos de feng shui en el Reino Unido. Desde 1993 Simon se dedica profesionalmente al feng shui a tiempo completo. Entre sus clientes se incluyen famosos como Boy George y grandes compañías públicas, como The Body Shop y British Airways. Simon es miembro de la Feng Shui Society.

Consultas con Simon G. Brown

Simon ofrece un servicio de consultoría completo. En las consultas se pueden acordar visitas de campo, pero también pueden hacerse por email o por correo. Simon proporciona planos con recomendaciones feng shui, un informe completo en el que se incluye su investigación, explicaciones de las recomendaciones, información astrológica para el año en curso y los tres próximos, tus mejores direcciones para el presente año y las mejores fechas en las que llevar a cabo las recomendaciones. Estas consultas también incluyen un seguimiento telefónico.

Cursos con Simon G. Brown

Simon ofrece distintos de cursos, que van desde introducciones de un día hasta un curso de formación completo, con tareas para casa y un examen tras el que se otorga un certificado.

Datos para contactar

Simon G. Brown, PO Box 10453, Londres, NW3 4WD
Tel.: +44 (0) 20 7431 9897
Fax.: +44 (0) 20 7431 9897
E-mail: simon@chienergy.co.uk
Página web: www.chienergy.co.uk

Libros escritos por Simon G. Brown

Astrology by Numbers
Publicado por Carroll & Brown, ISBN 1-903258-61-8
Essential Feng Shui
Publicado por Cassell and Co., ISBN 0-7063-7854-7
Feng Shui in a Weekend
Publicado por Hamlyn, ISBN 0-600-60378-4
Practical Feng Shui
Publicado por Cassell and Co., ISBN 0-7063-7634-X

AGRADECIMIENTOS

Quiero dar las gracias de manera especial a Brenda por encargarme que escribiera este libro, y a Alison: ha sido maravilloso volver a trabajar contigo. Tengo contraída una gran deuda con mi esposa, con mis hijos y con mi madre por todo su amor y su apoyo mientras escribía este libro. También quiero dar las gracias a todos los que han comprando mis otros libros; he estado en contacto con algunos de ellos durante años. Y, por supuesto, también te doy las gracias a ti por leer éste.

Alamy 232; /Image Source 85. **All About Feng Shui**/www.all-about-feng-shui-co.uk 19 top, 19 bottom. **Corbis UK Ltd.** 241, 382; /Ted Horowitz 230. **Getty Images** 252, 276, 279, 304, 374-375; /Tony Anderson 291; /Jim Arbogast 315; /Bruce Ayres 103; /Jim Bastardo 17; /Jean Louis Batt 133; /C Borland/ PhotoLink 120; /Bozena Cannizzaro 142-143; /Chabruken 360; /Martial Colomb 338; /Donna Day 330; /DGP&C 318; /Digital Vision 222-223, 332; /Erik Dreyer 272; /Amy Eckert 63; /Paul Edmondson 263; /Erlanson Productions 292; /Claudia Goetzelmann 283; /Dana Hoff 181, 259; /Seth Joel 208; /Elliott Kaufman 221; /Georgia Kokolis 256; /Microzoa 301; /Giuseppe Molteni 334; /Patrick Molnar 295; /Antony Nagelmann 92; /Junshi Nakamichi 82; /David Oliver 320; /Paul Redman 348; /Trinette Reed 242-243; /Ken Reid 84; /Marc Romanelli 323; /Andersen Ross 134; /Andrea Rugg 217; /Marcus Wilson-Smith 312; /Phillip Spears 267; /Don Spiro 261; /Tim Street-Porter 235; /Stephen Studd 13; /Friedhelm Thomas 299; /Simon Watson 355; /Mel Yates 327; /Yellow Dog Productions 251. **Octopus Publishing Group Limited** 71, 98, 131, 145, 149, 170-171, 195, 204, 219, 308-309, 311, 368;/Mark Bolton/Design: Geoffrey Whiten, RHS Chelsea Flower Show 2001 341; /Mark Bolton/Design: Karen Maskell, Frederick Warne & Co., RHS Hampton Court Flower Show 2001 342; /Peter Pugh-Cook 196, 367, 370, 371, 376; /Colin Gotts 182; /Walter Gardiner 363; /Mike Hemsley 91, 157, 215, 307; /Rupert Horrox 184; /Alistair Hughes 172; /David Loftus 83, 166, 190; /Tcm Mannion 74, 80, 94, 124-125, 139, 140, 155, 164, 168, 247, 264-265, 297; /Peter Myers 2, 10, 24, 64-65, 66, 68, 73, 75, 87, 104, 107, 122, 123, 129, 130, 146-147, 148, 150, 152-153, 161, 163, 169, 200-201, 203, 206, 353, 378; /David Parmitter 11, 226-227, 245, 288; /Ian Parsons 81, 86, 89, 101, 240, 275, 356; /Adrian Pope 303; /Mike Prior 358, 365; /William Reavell 135; /Howard Rice 344, 347; /Unit Photographic 317 372; /Ian Wallace 191, 225; /Mark Winwood 239; /Steve Wooster 337; /Jacqui Wornell 88; /Polly Wreford 25, 33, 72, 186, 186-187; /Mel Yates 67, 137, 381. **Imagesource** 78, 96, 174-175, 188, 192. **Papa Architects Ltd**/www.papaarchitects.co.uk (Stockists: +44 (0)20 83488411) 70, 126, 144, 154, 159, 213, 236. **Photodisc** 8. **Science Photo Library**/Garion Hutchings 15. **TopFoto**/Charles Walker 22.

Editora ejecutiva Brenda Rosen
Editora general Clare Churly
Editora artística Sally Bond
Diseñador Patrick McLeavey
Ilustraciones Ruth Hope, Trevor Bounford, Sally Bond
Archivo de imágenes Jennifer Veall
Jefe producción Louise Hall
Edición española Equipo editorial de Gaia Ediciones